拿筆的排灣族勇士

走讀浸水營古道

徐美賢 著

Cudjuy Kaucakic

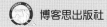博客思出版社

作者序

　　這一本書為什麼要加註人文歷史，因為，台灣的歷史，幾乎被這些不同朝代的歷史人物，好奇過、欣賞過、利用過、誘騙過、蹂躪過，甚至相互抗爭而爆發無法挽回的生命 (nasi) 慘案。從不同朝代的視野來看台灣生命的歷程，台灣就是台灣，時至今日、她始終屹立不搖的生存在這個詭譎多變的地球。

　　提筆想要寫這一本書最初衷的想法和觀念是很單純，主要是想藉靠口語化、簡述化方式，把拜讀過、經歷過的人、事、地、景、物整理，依年代、路線呈現留傳給下一代族人，使後代子孫很清楚直接了解這一條具有生命歷史的土地（涵蓋我們的傳統領域），觸動族人對這一塊土地更加的珍愛和養護，使她生生不息。當然，或許有一些族人會覺得我們何苦要翻開不同時期的歷史呢？別忘了，歷史是一條恆河，流過了就永不再返回，同樣的，歷史何嘗不也是一面鏡子？可讓我們警惕殷鑑不遠，避免或減少重蹈覆轍，一失足成千古恨的慘痛代價。

註 1：引自參考《浸水營古道－一條走過五百年的路》徐如林、楊南郡，2014，282 頁。

　　所以，這一條漫長的歷史糾葛，一再的牽動台灣歷史演變的神經，而這一條幽幽古道恰好是台灣歷史的縮影，也因為這樣，深居在這一條古道要衝（東西部）上的大力里社族人，幾百年來深受其擾。

　　文化是維護承載部落生命的延續，幾百年來如果沒有文化的滋潤與灌溉，力里系統的族人早就分崩離析、一盤散沙，尤其生活遷移他方的骨肉

親友，要不是傳統領袖、地方幹部、仕紳的牽引領航呼喚，有可能漸行漸遠否認自己是力里系的族人，所以，每一年的收穫祭、每五年的祖靈祭，記得回娘家的路，我們雙手歡迎一起共享家族天倫之樂。

歷史滾動到現在 (2021)，台灣所有的人民，不管是哪一個族群，都已經警覺到健康養身的重要性，全體國人掀起一股登山、爬山、健行的熱潮，浸水營古道幾乎是熱門首選的路線。

當楊南郡、徐如林兩位教授賢伉儷，於民國 92 年 5 月完成浸水營古道調查研究計畫，林務局隨之在民國 94 年以自然工法完成浸水營古道整修，全體國人「重新發現」古道掀開了對歷史古道的好奇與嚮往，西部方面由專業的接駁車定點式駐足，再由力里社區發展協會專業人員導覽解說，綜觀一般山友們的觀念，只要我走了一趟東段健行步道，就算完成浸水營古道踏查，其實是大錯特錯，東西段都有密不可分的歷史現場與經典故事，就看您要不要去真正了解她的廬山真面目，也就是楊南郡教授建議的「前菜、後菜，兩天一夜」行程規劃，東部方面則以健行方式踏查古道上所能見到的人文史蹟，發生過的歷史事件，所以，這條古道的功能是多元化，除了試著去了解歷史沿革，既可以健行運動又可以近距離與動植物相見歡，再來又可以被滋潤享受大自然的芬芳氣息和芬多精。

本著對力里系部落族人後代的期許，藉以這本書的撰寫、敘述、紀錄、分享，讓後代子孫們明白大力里社輝煌的過往歷史，也清楚知道台灣近代

史滄桑的歷程，更對先民們在這塊土地上奮鬥過程有更深切的體認。

　　第一篇史觀的調查探究說明，楊南郡、徐如林兩位教授賢伉儷，已非常清楚告知大家歷史的真相，第二篇所敘述的是個人經歷過、接觸過以及耆老們口述過珍貴的紀錄，在文化習俗上、人文史蹟上、狩獵文化上、動植物認識上、傳統領域上、古道動線上都有其一定的脈絡與價值，期望族人們對於自己的內涵、價值觀有所調整和洞悉，身為力里系的族人，我們不能捨棄那淵博的歷史情結與根源，我們流著共同的血脈，只不過因朝代主政者更迭及無法阻擋的「天災偶然」，迫使造成「雙手一攤」的無奈局面。

　　這本書之記錄希望透過「小故事小啟示」的敘述方式，促進大家對這塊土地的重新認識與重視，也對自己的歷史有所反省與思考，檢視自己「我來自哪裡？」的胸襟。

　　我個人覺得這一條古道雖然沉寂 20 幾年，但她始終沒有改變其筋骨，依然屹立不搖在歲月的波濤中洗禮，甚至生氣蓬勃重出江湖，當然，這要感謝楊南郡、徐如林兩位教授賢伉儷，用畢生的生命細踏咀嚼日夜晨昏，才有「重新被發現」的曙光和契機，也才能重見天日、雲開霧散，使喜愛山林的國人有機會巡踏歷史的痕跡。

　　末了，感謝楊南郡、徐如林兩位教授賢伉儷給我太多的感動，我把這一本《浸水營古道－一條走過五百年的路》當成「聖經」來疼愛研讀，感謝曾經與我生活過的蔡天助師父 (kamanga i qadam)、戴等頭目 (vuvuanga i puljaljuyan）、高美枝頭目（mamazangiljan kinanga i tjuku）、陳家財頭目（mazazangiljan amanga i piya）、徐龜六先父（kamanga i baljay）、黃水龍老村長（rangaran anga asuntjiyu）、吳金治老村長（sinmerangan anga a suntjiyu）、曾新民耆老（vuvuanga i giyu）、蔡金發耆老（vuvuanga i qarangbaw）、詹文能耆老（sakipu）以及仍然健康陽光的宋教勝耆老（kama i quwang）、阮春富耆老（kama i cudjuy）、高美香頭目（mamazangiljan kina i avuavu）、柯文瑞前輩（kaka i rayup）、徐萬力二哥（kaka i giyu）、王水流（kama i paljay）、李文貴（kaka i qadam）、杜吉明前輩（kaka i giljaw）、馮英義前輩（kaka i rakui）、王玉花姊妹（kaka i kay）、劉明福、傅玉珠賢伉儷（kaka i cingul djupelang）宋文聖主席（kaka i piya 現任春日鄉民代表會副主席 vususiki）等人的敘述與協助，也感謝當時「力里部落誌」編輯群的努力，也感謝趙仁方、陳東瑤兩位教授所著「台灣大武苗圃越冬蝴蝶谷蝶類生態研究」，提供不同的寶貴的視野。

更要感謝陪我類似出生入死尋找日據時期吊橋遺址的洪加田耆老（kama i qaljayup）、柯文瑞前輩（kaka i rayup）、毆吉明前輩（kaka i kevan）、邱銀能前輩（kakai varacung）、林志雄學生（qebaw）及陪我尋找日幕瀑布的好友弟弟劉清吉會長（qebaw）、從事傳統文化靈媒工作的柯千花（babing），個人智慧認知有限之下幫我校對的陳玉賢校長、曾昭雄老師、徐如林老師、陳文龍（giljaw 季亞夫）老師、最重要的文化傳承工作，協助繕寫校對排灣族語

字詞彙解秀珍（aljuy）老師，協助加持本書價值的伍麗華（saidai）委員、鍾興華（calivat）副主委、柯自強（rangarang）鄉長、戴文柱（utasang）議員、陳文祥頭目（rangarang）。

作者序 (排灣語)

aicu a qadupu aku pizuwanan tua sicuayayan a caucau milimilingan sengsengan，azuwa taiwan a kemasicuway kinatjenglayan、pinaqaqeciqeciyan nua putjamaliyaliyan a sihu mamazangiljan，ljakua nu tjakipaqenetjen kemasicuway patjetucu，atja taiwan kamayan sakamaya minasinasi icinaqevan tua kalevelevan。

vencik aken tuca qadupu aku vinarungan ini kana kuresure，avan ca caucau、sengesengan、kadjunangan、pinacunan、nanemanemanga asinivecik，ulja kemeljan a tjaivilivililj a caucau mareka tja aljake katua vuvu。

tjakinemnemen，aicu pinacalivatan anga tjaraizuwa limaiday a cavilj，saka aicu itjuazaljum djalan a sicuwayan，sipacacikel nua i hitu daitu，cemalivat a caucau、gung i ralekerek，mavaravar aiqinaljan katua i qangtjuy a marekatja caucau。

aicu a bunka avan nuna djemadjas patulu tua tjanasi i qinaljan，masalu tuatja mamazangiljan、daihiyu、suntjiyu、lidjidju、lintjiyu，saiku a remasutje tjanuitjen a mapuljat，saka timitja ana patjavat anga asematjuzuma tjasikataqaljan，nu masalut、maljeveq paqentju maya remaulaw a tjumaq，uljana mecevucevung itjen ana hugaraka mapuljat。

kemasicuway patjetucu，timitja i taiwan a caucau，lja pairang kacalisiyan kemeljang anga kiljivak tua kinacavacavan，vaikanga a djemavac kiundu a semagadu，saka aicu i tjuazaljum a djalan，tjalja nanguaqan a djavacen itaqadaw maipat i taidu。

masalu ta sinsi a marecekelj a ti 楊南郡、徐如林，minkuku sivapuq saka rusa cavilj，qacuvungen a paljilji a djalan sa papinquten a kiningkiyuwan，minkuku sivapuluq saka sepatje a cavilj，murisengsengan sa rukuzi a semandjalan nua sandingka（林務局），qacuvungen a karakuda ca djalan，saljinganga itjen a vaik a djemavac a paljilji，ukinamakudangata a mudingan，ljakua nutjakinemenemen aicua i kaledep、kacedas，uri rusa qadaw itavengin maqati a mapacun ana sicuayan、milimilingan、kinizuanan、umaq、pusivitayan、kimeng、kakiduluwan、mareka kasiyu、cemel、hana、vangalj 、jaravaravac a nanemanemanga、minelayalayap a qayaqayam、i puzaljuman a nanemanemanga。

saljingaken tua mareka tja aljak tja vuvu，nupacun tuca qadupu a sinivecik、kiluku，ulja izuanga kinljangan tua uzaiyan、sauqaljayan、paravacana na se ralekerek kasicuayan，ulja izuangauta kini paqentjan tua tja taiwan，tuna kemuda kisamulja muri sengesengan，saka izuanga tucu anasauqaljay、suljivatj。

aicu a qadupu a sangasan a vecik，pakatua sicuayayan a sengsengan、caucau，sikamasanmusalj katua sakamasantjilu avananga ca kupinakazuanan，sa avananga susu uta nua ramaljemaljeng 、kakudanan、puringay、qemaljup、kinlangan tua garaugavan、cemuvuq i kadjunangan、tja gadu、pana、veljiwan，ulja izuwa kinlangan nua tja aljak atja vuvu，satjakudai mapavalivalit a sihu、qemudjalj、cemlalaq、venali，avane nu tja si patjavat satje ka mavadavadai a seralekerek。

asini vecik pasemalaw nuca qadupu，ulja izua a tja kinlangan tua nimitja a kadjunangan，satje kinemenem tua tja bunka，kivadaq itjen kemasinu angta a kudjamuq？ masalu tua sinsi a marusa，vaikanga a qerepus 、mavadavadai anga a cimaru、kaqadavan anga atja djalan，sa tje ka maqatiyanga a djemavac a maipat i daitu。

a vilivililan tjuruvu a kusaluwan，sinsi a marusa marecekel 楊南郡、徐如林，kusinan sisiyu a pacun a sinane qadupu niyamatju，maqacuvucuvun a kene masalu tuasinidulu nua ramaljemaljeng，kamanga i qadam、mamazangiljan vuvuanga i puljaljuyan、mamazangiljan kinanga i tjuku、mamazangiljan kamanga i piya、kamanga i baljay、kamanga i rangarang ana suntjiyu、kakanga i sinmerangan ana suntjiyu、vuvuanga i giyu、vuvuanga i qarangbaw、kamanga i kipu、kama i quwang、kama i cudjuy、mamazangiljan kina i avuavu、kaka i rayup、kaka i giyu、kama i baljay、kaka i qadam、kakai giljaw、kaka i rakui、kaka i kay、kaka i cingul djupelang、kaka i piya、pusaljatje apaljilji tuana tjekeza ati kama i qaljayup、kaka i kevan、kaka i varacung、situ qebaw、pusaljatje a paljilji tua sapuljupulju a matjariparipang ti qebaw、murisengsengan tua pulingaw ti kina i babing、pusaljatje a pacun mumalj tua vincikan ti gutju sinsi 陳玉賢校長、sinsi 曾昭雄老師、sinsi 徐如林老師、pinaiwanan a sinsi ti aljuy、bunka a sengesengan ti giljaw、lipuing kaka i saidai、yingmingkay a vuljuvuljung kaka i calivat、kasugagu gutjiyu rangarang、hituking ging utasang、mamazangiljan malingaling rangarang。

凡例

（一）頭目名、家族名、人名的順序排列，以中文繕寫，再以族語括弧加之，以便熟悉。

（二）時間的表示，葡萄牙、荷蘭 (huranda) 時期以西曆為主，清朝時期以西曆為主，再以皇帝年號為輔，日據時期則比照清朝時期書寫辦理，民國時期以西曆為主，再輔以民國年號，使其一目瞭然。

（三）文中內容或第五篇特殊符號挑選出來之詞句單字，以粗體呈現表示力里系獨特之腔調音符，例如括弧一（一）是慣用詞調、括弧二（二）是無此念法，但是不管是（一）或（二）認證考試時，必須轉換成中排灣標準書寫法，為此，筆者非常擔憂力里系之腔調念法，有一天後代子孫可能會帶向過往歷史成為絕響，是禍是福由自己評斷吧！在結語篇（五）已語重心長呼籲，大家共勉之。

（四）植物族語名稱，如沒有經常使用之則無命名，例如深山裡的穗花杉、根節蘭、水冬瓜、琉球雞屎樹等。比較特殊的是蕨類，凡是可以吃的都統稱為 (mukaw)，山蘇則另類命之 (lukuc)，而腎蕨因可以製作成長官來賓的頭飾，取名為 (ljavucuvucu)，杉類統稱為 (sam)。

（五）野生動物形容詞：山豬 (vavui → na qecengel)、山羊 (size → demangasan)、山羌 (takec → quljizar)、水鹿 (venan → rugaduwan)、熊鷹 (qaris → luizeyan)、一百隻 (tjegadu)、二百隻 (rusanga a gaduwan) 以此類推。

（六）山（地）名形容詞：罹難的地方 (sapuljupulju 日慕瀑布)、多雨潮濕的地方 (tjuazaljum 浸水營)、生長箭竹的地方 (tjuacekes)、陰暗的地方 (itjuaseleselem 大漢林道 23.5k)、懸崖峭壁 (tjuasekuya)、歸崇小社 (pasanavalj)、制高點 (ljaljizavan)、分叉路 (sikavaday)、匯集會合的地方 (cevucevungan 力里溪與七佳溪及茶茶牙頓溪與姑子崙溪)。

（七）人種名稱：中國人 (gaisiyuzing tjukuku)、日本人 (djipun)、荷蘭人 (hurangda)、漢人、閩南人 (pairang)、客家人 (kirang)、原住民 (kacalisiyan 斜坡上的子民)、排灣族 (paiwan)、卑南族 (piyuma)、布農族 (bunung)、魯凱族 (rukay)。

（八）都會鄉鎮名稱：台北 (taihuku taipaq)、台中 (taitju)、台南 (tainan)、高雄 (takaw)、屏東 (hidu)、枋寮 (pangliyaw)、玉泉 (iyadaw)。

（九）本書寫作內容表述避免艱澀措辭，以易讀易懂為重要原則，期能以清楚的脈絡呈現，以利一般人或年輕族人閱讀順暢無礙。

（十）為尊重原著者的智慧財產權及披星戴月的辛勞，特以新細明體摘錄呈現，期望讀者、族人、朋友們一目了然，筆者自己則用標楷體示之。

（十一）為保留並使力里系族人習慣原音腔調，仍沿用諸多的 h 符號出現，但提醒力里系的族人，考試認證時得以國家頒布認可之標準音符 r 為主。

推薦序一──承載部落歷史的浸水營古道

　　tjuazaljum（浸水營）古道，是一條跨越原住民族部落傳統時代、荷蘭、清朝、日本至民國時期，歷經不同朝代的殖民與統治，始終與力里部落的歷史與文化相維繫未曾斷裂。500年前力里部落與古道早已存在，對族人而言，這應該就是祖先們一步一腳印，在自己的生活領域相互往訪、前往耕地或獵場的交通道路，但曾幾何時，外來者入侵後，這一條路卻成為探金、納貢、學術調查、行軍、赴任、戰爭、討伐、山地警備、山訓等殖民者管理經營與使用，任由其以他者立場運用與書寫敘述，完全看不到這條路徑原來主人的角色或影子。適逢農委會林務局委託楊南郡、徐如林賢伉儷二位老師調查浸水營古道相關的人文史蹟，並於92年5月完成調查研究計畫，同年底，我有幸參與二位老師的導覽解說，親赴浸水營古道體驗「過去」的歷史與文化，在漫長歲月中，古道依然屹立存在，但是部落與族人卻已歷經不同朝代的更迭替換，因此對浸水營古道與力里部落或鄰近其他部落，卻讓我常思考其相互間的依存關係與命運。

　　今年初，在一個喜宴的場合接獲cudjuy徐美賢老師的大作─《悠悠古道之昔今－再續前緣》，讓我格外的開心與振奮，因為看到族人以自己的成長經驗與部落耆老的口述，書寫這一條古道與部落的歷史與文化。對於浸水營古道與力里部落，已有許多學者專家的研究與出版，但是由在地族人自己撰寫述說有關自己部落的故事，這是第一本。作者cudjuy徐老師，在部落出生長大，擔任教職工作三十餘年，一生中投入教職生涯桃李滿天下。cudjuy徐老師是我們同儕中的菁英，為人誠懇認真，對部落總是充滿著熱情與關懷，學生時代不管是讀書、體能，總是超越群倫，從他的人生經歷來看，是部落不可多得的人才。教職退休後改行當部落文化復振的志工與解說員，將後半生投入部落歷史與文化工作的推動，過著退休後的斜槓人生。在從事部落文化復振與浸水營古道導覽解說工作中，運用其豐富的生命與人生經歷，將從小對部落的熱愛與傳統知識的學習養成，逐步累積文獻資料的爬梳與部落耆老的口述調查記錄，運用在每一次的導覽工作上，如今已將其彙整書寫成冊，成為一本內容豐富多元並具部落歷史文化特色的解說叢書。

閱讀這本書的時候，令人親身遊歷其境之感，不僅可以瞭解力里部落原貌，同時一覽tjuazaljum（浸水營）古道數百年來，族人穿梭往返的歷史身影。此書，首先是以歷史回顧的方式，介紹每一時期在不同的侵入者如何經營運用這一條古道，因而與排灣族南部的大聚落－力里部落，為了固守傳統土地，與外來入侵的荷蘭人與日本人發生爭戰。從歷代不同時期，這一條古道肩負著南台灣東西兩側重要的交通要道，成為連結排灣族、卑南族與平埔族的聯絡管道；接著，是以tjuazaljum（浸水營）古道屏東端西段的春日鄉力里部落為起點，分段式的將每一區塊的部落地景地貌、人文歷史、文化祭典、農產特色、自然生態與動植物等，鉅細靡遺的導覽解說，一直延伸到台東端東段的大武鄉加羅坂部落，藉其部落耆老的口述與豐富文獻資料的參考，把山林知識與周邊環境特色介紹給登山、健行、研究與愛好山林者，體驗自然的呼喚，同時能夠了解這裡的過去與現在，以增進對力里部落及tjuazaljum（浸水營）古道的認識及歷史意義。

　　為山九仞，終非一日之功，作者cudjuy徐老師終其一生不負部落的期待，以其流暢、樸實不華的文筆，將田野調查的資料、照片細膩周詳的呈現，其中也不時地將族語書寫穿插，以凸顯排灣族與山林知識，有著密不可分的文化關係與土地情感。在醞釀多年後完成此書，這是作者將其部落的生命點滴，透過其親身的體驗與部落耆老的口述，才能成就這一套完整的解說大全。我們期待在本書的基礎上，有更多的部落有識之士，往後更能在自己部落的歷史與文化的研究上，有主體性、完整性的突破現狀，彙整出版更多屬於自己民族歷史與文化的讀本。

行政院原住民族委員會　副主委　鍾興華（calivat）

推薦序二──以筆代刀的現代獵人

上學讀書從來就不是個人的本事，而是被家庭、部落、社會、國家所栽培。讀了書，就成了以筆代刀的知識份子。

「徐美賢」曾經幫自己服務的力里國小編「校史」，也為自己的部落寫了「力里部落誌」，說他是一位知識份子，絕對名實相符。

這一次，徐美賢主任已從教職退休，成為浸水營古道的導覽解說員。做為力里部落的知識份子，他沒有鬆懈使命，藉著雙腳行踏古道，將所聽所見的人事地景用筆整理、記錄下來，端出《拿筆的排灣族勇士－走讀浸水營古道》。

口述傳統面對殖民文化所出現的斷裂，這本書，投注很濃烈的感情，仔細翻閱，這是一位長者的企圖，他試著留下要給後輩傳承的歷史。

徐美賢試著蒐羅所有關於「力里」傳統領域的書籍，努力閱覽，對照著老的訪談、田野的調查，把這條古道承載的人、事、地、景、物，羅織成為一本書。光是這種試著把歷史的話語權帶回來的豪情，就已經讓字裡行間嵌入了祖先的光。

裡頭不只機關重重，寶藏也處處。許多因為環境不再而自動消失的「語言」，因著徐美賢的巧思而復活。他寫道：「日暮瀑布（tjariparipan）附近有二棵（rusa qapuluwan）高聳粗壯（vavaw qural）的穗花杉（tjuamikakarang/女子蹲下的樣子）宛如毗鄰而居的姐妹倆。由西下往東上看，右側較粗，直徑約 46 公分，左側直徑約 38 公分。穗花杉原隸屬力里社傳統領域土地，現在則歸屬林管處，亦即所謂的國有林班地。山下的平地人會以優渥高價（pavayan tuliyaw tua paisu）的方式，慫恿（kematju）族人偷採挖（cakaven）小棵或截枝（kinluqan）移植販售，據悉這些被移植或插枝的國寶樹拒絕延續生命（inika gawi a valjut）……」，能夠如此敘述，絕對只有「土生土長」的在地原住民可以做到。也許徐美賢想要告訴我們：當代原住民都應該「努力寫」，每一個部落都應該在世界的洪流中努力活出自己的名字。

如果您還沒有準備好，就開始讀《拿筆的排灣族勇士－走讀浸水營古道》；如果您已經迫不及待，就開始跟著徐美賢那樣寫！

立法院立法委員

伍麗華 Saidhai Tahovecahe

推薦序三──以汗水、淚水、使命、生命完成的部落史觀

　　猶記 2004 年，屏東縣原住民部落大學開辦初期，請我開設一門與春日鄉有關的部落文史課程。愁思許久，想起當時，常利用假日騎車，帶著讀國小的孩子，往大漢林道附近傳統領域走訪，對沿途豐富生態景觀與壯麗山川景色，讚嘆不已，埋下了我想更深入了解的種子，陸續開始找與浸水營古道相關的文獻書籍，成為我開設一浸水營古道上的傳統聚落這門課的基礎。後來，這門課於最後結束前，部落大學安排了一場浸水營古道踏查活動，刻苦銘心的與學員走完約 8 小時的行程，這段歷程經驗，是我與浸水營古道的初次緣份。

　　後來的數年，從教職身分轉為公職，不論自行前往健行、公務道路會勘、部落產業訪視等，春日鄉浸水營古道的踏查，次數多了，但對古道週邊的文化歷史與生態，大多是從部落耆老口傳與文獻得知，要更深入了解古道脈絡，得需花更多時間去爬梳，對每日忙於公務的我，難度很高。

　　去年初春，欣聞本鄉退休教師徐美賢理事長，開始著手撰寫有關浸水營古道的書籍，常看到他騎車往山上跑，或在家埋首整理手稿與照片，閒談中可略知滿懷信心，共同期許早日完成其著作。在台灣有關浸水營古道領域出版的文獻，不乏知名學者專家的書籍或是政府單位的研究報告，有其參考價值，但其內容角度，多為歷史與現況描述，總少一些在地溫度與視角，為完美下的小小遺憾！

　　這本書可貴之處，是在地老師退休後，除了現有書籍文獻資料的爬梳為基礎，更加上 30 年來的親身雙腳踏查經驗，如農耕、狩獵到近年的導覽解說……等，轉化成故事般的文字敘述，是本書最為精采之處！更是春日鄉珍貴的文史資料。

　　相信您會跟我一樣，讓這本書，成為您家裡不可缺少的寶！

屏東縣春日鄉鄉長

柯自強

推薦序四──部落歷史與文化的傳遞者

　　徐君邀請我寫推薦序感到無比的榮幸，我與徐君同為力里系部落的知識份子，對部落的社會責任勇於擔負，看者 kaucakic 的簡介，都有我們一起努力的身影，在社區發展協會的勞心，在文化事務的用心，在學校公務上的細心，在任何需要他的地方總是盡心盡力，而在教職退休後，持續在他所喜歡的傳統文化努力堅持，這個堅持就是希望透過這本書來讓世人了解，浸水營古道不是只是道路，而是通往原住民歷史生活文化的脈絡裡。

　　由部落手來詮釋部落事，徐君用現代的書寫為框架，用部落的觀點作核心；書中先以各個時期的文獻紀錄，來走讀古道的歷史變化，這是需要整理何其多的文獻書籍，這就是徐君的憨實；再以多年來在古道上解說的經驗，來分段詳說各個路線間的故事與脈絡，而這些路線間的故事是需要訪談多位地方耆老才能獲得，這般扎實記錄口述傳統文化的精神，使得這本書多了一股土味，因此在這本書讀起來就是有這特別的感覺，看似繁雜卻讓人親近，尤其是有重要詞語用族語呈現，好似 vuvu 在跟 vuvu 說故事，就像徐君在書中提到過，這本書出現的意義就是把歷史文化傳承給下一代的繼承者，這核心思想就是莫忘祖先的智慧與辛勞。

　　楊南郡與徐如林所著的浸水營古道一條走過五百年的路這本書，讓世人知道浸水營古道也啟發了徐君對自家傳統領域的關注；而徐君書寫這本書會讓世人知道浸水營古道不只百年的故事，而是條排灣族千年山林智慧文化的歷史呈現，也是啟發原住民族人書寫傳承自身部落的史觀；在此感謝徐君為浸水營古道作的努力，更敬佩他為排灣族歷史文化的傳承所作的貢獻。

屏東縣議會議員

戴文柱

推薦序五——口傳付梓 守住最後保壘

　　這條路是走出來的！祖輩們一步一腳印到定居到創造生活，我們早已不知究竟經歷了幾代。若這一切沒人書寫，猶如我們在自己的土地上流浪，雙腳沒能真正落地。得知家族有人終於記錄成冊，心中喜悅與感動難以言喻。

　　年輕時，父親曾帶著我站在大漢山上，面向東方一句一句述說他的生命歷程。從最早出生在茶茶牙頓山（quvulj）部落開始，童年遷至山腳下新社pusavikiyan，12 歲那年又跨到北面山頭浸水營古道上的出水波大社 tjaucukes。之後，1940 年代 30 歲不到，日本政府展開遷村政策，家人不願屈就政府安排，決定和母親回到力里母社，兩百多名力里社與歸崇社親族勇士，順著古道將家中物品一件一件搬運。看似大半輩子都在古道東段部落流轉，其實，長輩常常説，以前沒有台東屏東縣區分，力里母社上的族人，本來就在古道上創建很多部落，傳統領域從西部台灣海峽到東部太平洋，而今日卻是國家將行政區域劃分，再加上遷村，政府將力里部落群分散了。若以中央山脈為界，東部的力里系部落群，就是過往家族創建好幾個部落的結果。

　　這些記錄，口傳留了下來外，日本人類學家當年建立本家族譜內容，有更明確的內容。也就是説，父親幾次搬遷的情形，在幾代以前的祖先們，一直都是如此。會因季節、爭戰，而輪次在上述古道東段的部落群居住。幾代以來，不會只在一個地方定居，出生可能在力里母社，但入土為安時可能在其他古道上的其他部落，從姑仔崙溪到茶茶牙頓溪流域乃至力里母社，著實可見古道與力里母社的緊密關係。只是無奈，百年來世界局勢巨變，影響層面之廣，台灣每個部落幾乎從根拔起，古道上的力里部落群也一樣。從清朝到日治時期，祖父及父親遇上了，致使古道東段的族人們與家族分離。所幸在我成長過程中，當兵、娶妻及人生大事，父親依舊帶著我，到台東各部落告知，如今，堂弟cudjuy 美賢集結多年來採集的古道故事編輯成冊，為家族留下最美好的印記。

　　家族有豐富的口傳歷史，每一段故事幾乎與台灣這片土地近幾百年的島內遷徙有關。最早有被日本學者收錄，本家被矮黑人詛咒之民謠，還有卑南族人西遷時與家族爭戰，也有清朝在牡丹社事件後開山撫番年代，將部分力里社族人遷於古道東段。另外，還有西段枋寮林家結為親戚，打通古道貿易路線。以

上有些故事還僅留存在口傳階段，有待相關文獻繼續發展與研究。然而有否學術價值，這條路的文獻內容，一直是非在地人研究，難免只以現有紀錄闡述古道歷史，其中負載的觀點與取材方向，有時與部落口傳歷史存在極大的差異。好在 cudjuy 出現，從部落、家族角度出發，彌補這分缺憾。

只用口傳，不用書寫種植技術，我們可以種一整座山的芋頭；只用口傳，不用文字研究，我們可以養上千人的大部落。口傳文化有沒有力量，我們族群能延續到現在就能知道答案是肯定的。也因為口傳無法像文字切確記實，族人會謹守祖輩們說的每一句話，因此口傳有巨大的能量，甚至是祝福。cudjuy 就是被祝福的家人。

猶記 1982 年，他剛結婚新居落成，父親在眾家族前賜其家屋名 kaucakice，此名為其四代前本家的另一個主家名，掌家者，是 cudjuy 的曾伯父我的曾祖父 piya kaucakice。曾祖父併入本家 malingaling 後，家名 kaucakice 不再使用。經過四代百年後，才被父親賜予，並成為 malingaling 家族這一代的 parakaljai 家臣。由此，堂弟被長輩祝福擁有天命，是被祖靈揀選的孩子。這份祝福在他身上得到最大的驗證。成長過程中，民國七〇年代初師專畢業，任職部落老師、主任，教導的是大社會知識內容，但繁重的教職生涯卻沒有阻擾他對家族部落的使命。執教職同時也服務部落，擔任長達 12 年的力里社區發展協會理事長，並舉辦過 4 次以上的 maljeveq（人神盟約祭俗稱五年祭），堅持掌家族祭竿；另外，課餘之外也有超過三十餘年的獵人生活，以往常被部落前輩帶往家族東段姑仔崙溪與茶茶牙頓溪領域打獵，每每取到獵物都會依古禮分食，從山林知識到部落文化習慣，不忘遵守獵人倫理。

幾十年來，cudjuy 走在古道上，古松蒼勁霧氣濛濛，常讓人有模糊而神秘之感。他的出現，就像千年前，家族從大武山南向尋找新天地那般充滿未知。直至今日，我們都已住在古道山腳下與古道並不遠，但遙想老部落的故事、文化，在他面前，我們卻像是遠歸的孩子，如今他堅負家族 parakaljai 的使命，帶領所有人，重新接上祖靈的路。台灣社會近年來，對原住民文化的重視與多元文化共融的景況，相較過往，已有大大提升。我們深知，尊重，其實是學習

與感受才會學到的一件事。要如何學習？出書只是第一步。然而回頭看部落內在，部落環境多年來受外來文化衝擊，有油盡燈枯之感，現今大力母語重振之外，更需要部落自然環境與生活文化的連結，浸水營有數不清的動植物，而一景一物都有文化意涵，浸水營有眾多的部落及軍事遺構，而一磚一瓦都牽動著部落生存與族群關係，還有太多太多的故事等著我們發掘與研究。面對世界多變，觀光客及外來人口日漸增加，未來這條路會有什麼新變化，我們很難預料，下一代能否像荷蘭時代、日治時期，祖先們曾用生命守護捍衛這塊大地。我們年歲漸大，cudjuy 和我都深知責任比生活更重要，傳承實在急迫，而這條路在經濟、生活及文化都足堪稱是族人最後的堡壘。因此出書只是階段總整理而不是結束，未來還有很多事要藉由這條路藉由 cudjuy 的天命實踐與書寫，讓更多族人找到真正回家的路。

浸水營古道傳統領袖 drangadrang malingaling 陳文祥

【作者】

家名：kaucakic（考查給子）族名：cudjuy 漢名：徐美賢。

籍貫：台灣屏東排灣族，出生：1959 年 9 月 12 日

學歷：力里國小春日國中省立屏東師專 69 級國立屏東師
　　　範學院國小主任儲訓班排灣族語認證合格

【經歷】

（一）民國 67 年屏東師專主辦「第九屆全國文武大專校
　　　院運動會」擔任聖火隊成員之一，前往桃園慈湖點
　　　燃，親踏擁吻台灣土地光榮返回母校，完成歷史艱
　　　鉅的使命。

（二）屏東縣獅子鄉草埔國小內文分校導師。

（三）屏東縣春日鄉力里國小導師、組長及兼任排球隊、
　　　巧固球隊教練。

　　1. 男女童巧固球隊，民國 83 年曾榮獲台灣省南部七
　　　縣市雙料冠軍。

（四）屏東縣牡丹鄉高士國小教導主任。

（五）屏東縣春日鄉古華國小士文分校主任。

（六）屏東縣春日鄉古華國小總務主任。

（七）屏東縣春日鄉力里國小教導、總務、人事主任及兼
　　　任足球隊、田徑隊教練。

關於作者

1. 2004 － 2005 年（民國 93 － 94），男童足球隊打開國際視窗前往泰國芭達雅、中國大陸廣州，榮獲佳績，載譽返國，亦為教練團之一。

2. 2016 － 2017 年（民國 105 － 106），男童樂樂足球隊，曾榮獲全國南區冠軍。

3. 在力里國小服務期間（民國 73 － 83，90 － 103），指導男女童田徑隊參加本鄉鄉運，稱霸蟬聯總錦標，至退休為止。

（八）屏東縣春日鄉力里社區發展協會總幹事一任。

1. 任內協助規劃現今使用之活動中心廣場。

（九）屏東縣春日鄉力里社區發展協會理事長三任。

1. 任內協助規劃現今使用之力里慢速壘球場，並成立力里黃蜂慢速壘球隊，帶動慢速壘球運動風潮。

2. 任內完成重點示範部落文化景觀建造工程。

3. 任內與羅瑞生博士共創推動有機農業發展，進行契作經營模式。

（十）屏東縣春日鄉力里系英雄會總幹事三任（勇士報戰功 semupu 繼續傳承）。

（十一）屏東縣春日鄉文化藝術勇士協會常務監事、理事。

（十二）屏東縣春日鄉力里系族群文化協會常務理事。

（十三）屏東縣春日鄉體育會會員。

1. 排魯運動會青少年、社會組足球隊擔任教練榮獲冠軍。

2. 全國原住民菁英杯社女排球賽，擔任教練榮獲冠軍。

【出版】

（一）力里部落誌執行主編。

（二）力里國小校史專輯執行主編。

【附記】

（一）已從教職退休，現為春日鄉浸水營古道導覽解說員兼講師。

（二）平時熱心公益擔任志工，主動協助部落各項事務之推動與執行。

目　錄

第一篇
走讀浸水營古道－再續前緣

第一章　看見歷史和古道的緣分

台灣被稱為 Formosa，這個美麗（nanguwaq）的命名，是來自於 16 世紀航過台灣島附近的葡萄牙船艦，看到連綿的高山和翠綠的平原，興奮的船員齊聲高呼：「IlhaFormosa!」（美麗島！）。

第一節　葡萄牙時期：
（1582.7.16 － 9.30）77 天

從文獻我們可以知道：明萬曆 10 年（1582）7 月 16 日，一艘滿載金銀貨物，隸屬葡萄牙人中式大帆船（junk, 戎克船），在台灣海峽航行時，於小琉球附近觸礁破損，隨著潮水漂流至枋寮沙岸，這些船上搭載的 300 多人幸而存活，與平埔族馬卡道人放索社和平相處 2 個多月，利用這一段時間，把破船殘存的部分集合起來，再加上砍伐枋寮一帶的大樹，重新建造一艘大船，終於當年的 9 月 30 日從枋寮海岸出發，10 月 4 日回到澳門（葡萄牙人有經商駐地特權）。

這是歐洲人第一次與台灣的接觸，原先大航海時代歐洲各國航行經過美麗的福爾摩沙島時，為什麼始終沒有登陸的原因：「中國船員常告誡他們：此島有殺人獵頭的（番人）習性。再者他們也猜想島上應該沒什麼值得交易的貨物，才會過門而不入。」

經過這一次的意外插曲，開啟了台灣嶄新多變多元的未來和命運，因為，由他們的口述，得知台灣是道「地」物產豐富、土地肥沃、森林茂密、人群謙和、刻苦善良的美麗寶島。

註 2：引自參考整理《浸水營古道－一條走過五百年的路》，徐如林、楊南郡，2014，頁 21 － 24。

第二節　荷蘭時期：
（1624 － 1662）38 年

早在 1602 年，荷蘭成立「聯合東印度公司」，簡稱 VOC，其東方總部是在巴達維亞城（現在的雅加達）。1604 年，荷蘭艦隊進佔澎湖，但大明帝國不理不睬，加上疫病橫行，經勸離開澎湖。1622 年 7 月 11 日，荷蘭艦隊再度攻進澎湖，向明朝請求互市，想要打開中國的貿易大門，但明朝官吏仍相應不理。

1624.2.20，明朝總兵俞咨皋奉命攻打據守澎湖的荷蘭，經過頑強抵抗，仍就被驅逐（pavaiken），只好轉進台灣島，在大員（安平）登陸，建立熱蘭遮城。

1637 年荷蘭派商務員率領 12 名荷人，15 名漢人，乘船由海路繞過鵝鑾鼻前往卑南社，尋求頭目協助採金，無奈遭遇海上風暴而折返。1638 年 1 月荷蘭長官不死心，即派出約翰林哈上尉率領 106 名荷蘭士兵，加上瑯嶠頭人所率領的 200 名社眾，延著瑯嶠→卑南道的陸路前往，後來被稱為現在的阿朗壹古道。沿途大小部落均表示臣服，只有知本社群的太麻里社頑抗，但當洋槍對上刀箭時立判優劣，因此當下焚毀住、田園做為懲戒。

1641 年荷蘭聯合東印度公司在卑南地區第一次召集各部落頭目，rara 眾族第九代家長 marungana 正式被荷蘭人指定為大頭目，接受了一根杖頭上面鑲有銀質 VOC 圖樣的藤杖，所以，稱 rara 家族為「尊貴的家族」。從此以後，marngana 正式成為聯合東印度公司東部代理人，統轄台灣東南部阿美族、魯凱族、卑南族、排灣族的各部落，甚至遠在中央山脈以西，屬於排灣族的力里社也參與其中。收取每年一度的糧食和鹿皮，等待荷蘭船隊前來載運。

自 1652 年起，連續 5 年，每年在東部召開「東部會議」，雖然，對於前來參加會議的各部落頭目或代表，均授予藤杖、披肩等信物，但並未減損 rara 家獨特又崇高的地位，儼然成為東台灣的總頭目，甚至被肯定視為卑南王了。

1642 年 1 月起，荷蘭開始積極策劃採金行動，但一直都沒有訊息與進展，僅探出應該是更北方的花蓮，1643 年 5 月探金隊在花蓮美崙溪口登路，再前往傳說中盛產金地的哆囉滿（立霧溪口）去探查，他們發現當地的原住民所擁有的金子，其實是由溪中淘洗出砂金，再熔化成塊的，因此，試想蘊藏量豐富的金礦，應該是在更遙遠的高山之礦脈就在立霧溪源頭，中央山脈的合歡山、奇萊山連峰山麓，但以當時的狀況，那是人類足跡無法到達的絕地，1656 年後，荷蘭採金隊夢想劃下休止符。

註 3：引自參考整理《浸水營古道－一條走過五百年的路》，徐如林、楊南郡 2014，頁 24－38。

力里社的抗爭

　　早期蠻荒時代，由於有出草之習俗，力里社族人常順著力里溪下平原到馬卡道族的地界出草，也常騷擾、阻擾荷蘭人往來卑南的行旅，一向被荷蘭東印度公司視為「麻煩製造者」。

　　西元 1646 年 12 月，力里社為了舉行五年祭，下山到馬卡道族的加祿堂社、大茅茅社，加蚌社等部落外圍，總共馘首 9 個人頭，這些人都是公司的甘蔗工人，為了安撫蔗工的情緒及杜絕力里社人的馘首行為，當年於熱蘭遮城召開的台灣會議中，一致決議要嚴懲力里社。

　　西元 1647 年 4 月，公司派出一名上席商務員、一名上尉率領 120 名士兵平埔族原住民聯軍數百人，第一次大舉進逼力里社，要求頭目交出兇手並無條件歸順。力里社悍然拒絕而展開雙方激戰。荷蘭士兵和聯軍，殺盡來不及逃匿的社眾，焚燒大小房舍 400 間，並搗毀賴以為生的田地，藉機迫使食宿無著、飢寒交迫的力里社人乞和。沒有想到力里社人的背脊骨很硬，他們不但不投降，反而得到了位於南方的割肉社（今古華村）和率芒社（今士文村）的強力支援，成為堅強的盟社，到了當年的年底，力里

社再度出現下山到加祿堂社，一次獵取了 8 顆頭顱。

　　荷蘭公司為了全面剿滅力里社即盟友，苦無對策便想出了一個妙招，鼓勵所有鄰近的原住民，全力追殺落單的力里社人即盟友，並頒佈優厚的懸賞，每獵得 1 個力里社人頭顱，賞 4 疋棉布，生擒活抓 1 名力里社人，賞 10 疋棉布，這是第二次對力里社人全面展開獵殺行動，重賞之下必有勇夫，力里社眾可以禁得起直接對戰，但不堪這樣長期受到四面八方的威脅，因而向荷蘭聯合東印度公司表達歸順乞和之意。所以，從西元 1648 年起到西元 1656 年這 9 年間，力里社為了表示臣服之心，每年都派代表參加「南路地方會議」理所當然也領受荷蘭人所贈予的鑲銀藤杖、香菸草、棉布等禮物。

　　雙方彼此相安無事的狀況，到了西元 1657 年 6 月底發生了具大變化。原來個性溫和的南區政務員歐桂瑞，因感染熱病發高燒而病逝，由原本的翻譯員諾登臨為受命代理其職務。諾登這個人具有德國人的血統，骨子裏深藏著「極端認真、擇善固執、依法辦理」的性格和原則。還娶了馬卡道族女子為妻，生了 4 個孩子，是 VOC 職員中少數能說馬卡道語的人。西

元 1657 年 9 月，力里社眾又到枋山海岸加祿堂社附近出草，獵回 3 個人頭，諾登知道了非常氣憤，決定想出策略好懲戒力里社。

諾登的想法是：強制力里社遷移至林邊溪馬卡道族放索社的地界，一方面就近控管，另一方面可以一舉解決他們盤踞在東西向的浸水營古道上，騷擾、阻擋公司的交通。再則，以放索社優勢的人數，可以進行文明教化，同化洗禮住在山上「野蠻不馴」的力里社眾，真的是觀念、想法、標準不同，南轅北轍。放索社頭人們雖然內心不願意，但他們已經聽命慣了，只好逆來順受，因此，有部分的社眾只得趕牛車南下，到現在的水底寮一帶，砍伐森林，開闢土地，建立了一個小部落，成為後來水底寮聚落的雛型。聽聞這樣的命令，力里社人全體社眾全力反對，再次以抗命和出草方式表達不滿。

諾登的第二部曲：再度利用「以夷制夷」、「以番制番」的方式，削弱力里社的力量，這也是 VOC 第三次祭出的獵殺行動，他用出的條件是：每割下 1 顆力里社人的頭顱，可領取 2 疋棉布，活捉 1 人賞 4 疋棉布。最惡劣的是鼓勵、慫恿、命令同屬五年祭集體的排灣族族人古樓社和七佳社，在此，我們必須鄭重的表達我從耆老口述中的心得：「從那個年代過後，演進到現在，我們一直保持著相互包容、欣賞、尊重的態度，所以，一直以來，在深山歲月裡到遷移至現址，我們都是友好友善關係的優秀民族。」

力里社人不想讓北邊的同屬族人為難，做不該做的事，於是再度屈服假裝接受命令，同意遷到放索社，但同時也要求，不想參加「南路地方會議」，而要到卑南去參加「東部地方會議」，VOC 在西元 1657.10.2 發文同意。力里社人並不是真心要遷到平地，偶而派幾個人到放索社，有一搭沒一搭的，假裝開墾整地，沒多久又不告而別溜回山上了。

這種情形在諾登的心眼裏非常生氣，於是 1661.3.23，親自帶士兵和翻譯員前往力里社，當面質問頭目，揭穿陽奉陰違、假意服從的行為。諾登當下命令沒有任何理由，即刻將整個部落遷移下來。經大小頭目、勢力者們、社眾一番會商，決定要向 VOC 公司講清楚說明白，表明為了守護家園、田園、土地、森林、山川，他們絕對不遷移到平地的理由和決心。

西元 1661.3.28，力里社大頭目率領一群勇士前往加祿堂，要與 VOC

談判，自己帶幾名部下進入大門廣場，已有很多人在等候立刻包圍這7人，大頭目昂然無懼，他用右手拿出番刀握著刀柄，大聲的說：「這是我的手，這是我的刀！我們寧可死在刀下，也不要遷到平地得病而苟延殘存！」，說完雙方展開激戰，外頭族人聽到VOC翻譯員槍聲嚇跑逃竄了。剩下虎落平陽留困的7個人，就算再勇猛善戰也是寡不敵眾（因為這不是電影情節），身受重傷的大頭目，一面奮戰，一面不停的鼓舞手下奮戰到底當血肉成河時，也是大頭目及勇士壯烈犧牲、戰死異地的光榮時刻。（這是VOC一手導演第四次滅族獵殺的行動。）

西元1661年4月13、14日，趁著力里社頭目陣亡，群龍無首之際，VOC諾登下令派遣馬卡道平埔族等3社及排灣族4社，組成聯軍去攻打力里社和割肉社，但兩個部落的勇士們早已獲得消息，在部落入口的山徑架設柵欄，小徑上布滿倒插竹尖的陷阱，類似銅牆鐵壁的防守，讓聯軍無功而返。

這一次讓VOC顏面無光，十分不滿，就在一個月內4月25日再派遣西拉雅族2個社將近300人，不辭遙遠的路途前去攻打力里社人，不幸的是有3人被馘首，帶回去準備舉行已經停辦多年的「傳統馘首慶功活動」。這是VOC展開滅族獵殺的第五次行動。也是最後一次，因為，國姓爺鄭成功的船隊，已經逼近大員（安平）外海了。

註4：引自參考整理《浸水營古道－一條走過五百年的路》，徐如林、楊南郡，2014，頁45－54。

基於不同的立場角色而引發的抗爭撕殺，以歷史滾動的當下氛圍已說明了：「強者為王，適者生存」的最佳寫照。當國姓爺鄭成功來了，荷蘭人VOC走了，原住民的山林秘境也暫時恢復平靜與歇息，力里社人的日夜居家生活也恢復常軌。

試想這個歷史的轉捩點當時如果成真，沒有活出歷史的枷鎖，豈不是力里社這個地名、名詞早已走入歷史，而我們族人現在的「話」是不是也順理成章成為平地話，真的我呼籲現代的力里系族人，摸摸良心對先輩先人的犧牲守護、奉獻生命，我們應給予最彎曲、最謙懷的態度鞠躬，表示最崇高的敬意，並把這種精神、血液因子移植在每個人心中。

原來在那遙遠的年代裏，我們力里社的先人先輩們，為了捍衛自己的主權、土地、家園、生活環境、生命

財產，勇敢的站出來捨身守護、守護再守護這是我們先人偉大的智慧和勇氣，時至今日，就是我們常放在嘴巴說的話：「撒苗撥種、延續傳承、團結合作、最經典的力里系精神」。

第三節 明鄭時期：
（1662－1683）22 年

鄭成功已層層包圍熱蘭遮城，加上已將城外的各社頭人勸導歸降投誠，為什麼不直接一舉攻破呢？我想應該是有下列的元素使然：不動用一兵一卒，不發一顆子彈，以不流血、不傷害的方式勸告，讓揆一及軍民能和平安全尊嚴做政權交接的移轉。

催促揆一．華倫汀，以書信的方式轉達通知逃竄在東部卑南社地區的諾登，儘快回台南投誠，保證軍民生命自由安全，為了取信於人還頒佈了「自由通行証」。鄭成功雖然釋放了這樣的訊息，諾登左思右想（venarung）還是選擇不該選擇的路（tjalan），執意的向國姓爺無法達到的卑南社地區逃亡吧！

也因為這樣這一段小插曲還是要公諸於世，1661 年 5 月 1 日清晨一行 74 人，連夜往南邊出發了，在枋寮過一夜，5 月 5 日轉向東方前往卑南社地區，在這一段時間向西打探或書信來的消息，全是華倫汀的勸降

書，後來的信則語帶威脅，國姓爺的大軍即將攻入卑南，屆時要殺光你們這些頑抗份子。

逃亡到卑南至今，已經過了八個多月，物質上匱乏，精神上極度不安，但應該是人類的本性和天性，諾登就油然而生想出了這樣的辦法，諾登親自帶著 29 名手下，靜悄悄地前往七佳社以便觀察東港、小琉球間是否有荷蘭船艦，在七佳躲藏了 2 天，從山上高處果然遙見荷蘭船艦，喜出望外便寫了一封信，派 3 名士兵送到艦長，於是第四天親自來到東港海邊登船與艦長密談，約好一個月後的 2 月 2 日，在這個地方不見不散來載他們。第五天諾登一行人離開七佳社遣回卑南社，召回分守在各地的荷蘭人，再度帶領著 81 人，心驚膽戰，千辛萬苦地回到西部海岸。

西元 1662.2.9 適逢冬季，氣溫極低，所幸放晴，戰敗投降的荷蘭人，為了尊嚴的離開台灣，當天早上穿上最整齊的服裝，軍樂隊的鼓號響起，在揆一的一聲令下，一隊隊的依序離開熱蘭遮城堡，揆一在海邊把城堡的鑰匙交給國姓爺的代表，向他辭行後，大步登上快艇，頭也不回地駛離台灣。

註 5：引自參考整理《浸水營古道－一條
　　　 走過五百年的路》徐如林、楊南郡，
　　　 2014，頁 55 − 70。

如果是我的話：「我會緩慢腳步再回首看看台灣最後的一片雲彩，並向她致上最高的敬意」，殖民地台灣島，這一天起真正的換了新的主人。

附記：是故，在老七佳石板屋也曾經短暫 5 天住過 29 位荷蘭人，而且最高層級類似現在的參謀總長。

鄭成功取得台灣的統治權後，卻一點絲毫興奮快樂都沒有，其原因不外乎有下列實質原因：

在中國大陸戰場上節節敗退失利，兵敗如山倒。再者清廷下了遷界令，沿岸各地的人民都必須向內陸遷移 30 里，使鄭氏船隊無法做生意，更無法獲得糧食補給。

十幾萬大軍的糧餉令他頭痛，逼得他必須命令軍隊分批到台灣各地去屯墾，但從開闢荒地到收成，總要有一大段青黃不接的日子。

不得已的做法，委婉驅趕平埔族，佔有他們的土地和糧食，雖然國姓爺三申五令，不許侵占「番人」的土地，不許偷盜他們的糧食、牛隻，違者嚴刑峻罰，甚至處死。然而面對如此的慘況只好睜一隻眼，閉一隻眼。

令人惱怒的是他的長子鄭經，竟傳出與乳母通姦生子的醜聞，國事、家事，種種不如意的事接踵而來，竟然逼得狀盛之年的鄭成功猝然逝去，距離他入主台灣，僅有 5 個多月，得年僅 39 歲。鄭經續位，陳永華任諮議參軍（相當於現在的參謀總長），他是一位難得的人才，最為令人津津樂道的軼事，就是創見前無古人，後無來者反清復明的社會地下組織一天地會。

明鄭時代的 22 年裡，台灣都是作為「反清復明」、「反攻大陸」的基地，主要工作是放在平原的開墾屯兵，鹿肉皮、蔗糖的外銷，生絲、香料的轉口貿易。在鄭家軍文武百官心目中，只有明朝所失去的「神州大陸」，完全沒有功夫理會「傀儡番」（泛指排灣族、魯凱族），當然更不會去管到後山地區。

這 22 年間，因為明鄭對於深山的原住民有敬而遠之態度，因此浸水營古道恢復到荷治時代之前的狀況，當時被稱為「傀儡人」的排灣族，利用浸水營古道將山產獸肉、獸皮、鹿茸、黃藤、薯榔等背下山來，交換火藥、槍枝、海鹽、鍋具等日用品，所以，原漢之間保持距離，相安無事。

力里社人依然盤踞在浸水營古道上，伺機收取過路費，而卑南人依舊掌握進出東西部平原的主導權，而少數平埔族及漢人通事，迫於無奈，冒險到東部討生活。

清康熙 22 年（1683 年底），台江內海爭奪戰歷史重演，只不過勝敗更迭，施琅原本鄭家軍的大將，因故降清，攻打台澎時勢如破竹，因為他太了解老戰友的佈陣，荷蘭人當時可以苦撐 9 個多月，而鄭克塽居然不到 2 個月就投降了。由以上兩個事實的翻轉可以證明情資情報的絕對性和重要性，何斌叛逃降明、施琅叛逃降清就是鐵證。

註 6：引自參考整理《浸水營古道──一條走過五百年的路》，徐如林、楊南郡，2014，頁 71 － 73。

第四節 清朝時期：
（1684.1 － 1894）200 年

一、牡丹社（pudan）事件

清同治 10 年（1871），琉球船遭遇海難，倖存者登陸後，被台灣南部排灣族牡丹社原住民殘殺 54 人，3 年後（1874）日軍派兵 3000 多人，在瑯嶠灣（現在的海生館）登陸，很快地達到懲兇的目的，但沒有得到優厚的戰利品，遲遲不退兵。

固守在海岸營房的日軍不幸遭受「台灣風土病」─瘧疾的攻擊，病死人急速增加（mapazulju），連自己當醫官（kuisang）也無法倖免。但清廷是基於厚道息事寧人，亦或顢頇無能有待查證，甘願以 50 萬兩白銀，換得日本退兵，史稱「牡丹社事件」。

牡丹社事件戰爭規模雖然不大，影響卻很大：（1）琉球王國承認琉球歸屬日本。（2）其他的附屬島嶼，如釣魚台列島，都成為日本屬地。（3）日本軍方看清了滿清政府的厚道、顢頇無能，因此，敢在 20 年後（1894 年）發動辱國喪權的甲午戰爭。（4）滿清政府開始重視台灣，由欽差大臣沈葆楨承擔「開山撫番」的政策執行。

二、「開山撫番」政策

執行後，收到許多正面的效果，計有：清朝「開山撫番」三條崙秘密山徑：

1. 清同治 13 年（1874），官方開闢的第一條開山撫番道路：金崙溪往諸野葛社，沿著稜線往上爬到中央山脈衣丁山南鞍，再向西古樓社（崑崙坳），經來義、丹林直到潮州。

2. 清光緒元年（1875），官方開闢得第二條開山撫番道路：大武北邊（viri）的大鳥萬社入山，經過姑仔

崙社往上爬到中央山脈姑仔崙山，南下大樹林山後稜線向西，經力里社地界最後下到射寮（現糞箕湖、餉潭）。

以上兩條路徑到了日治時期已經先少被官方使用，但因相互探訪親友、勇士獵徑、移民遷徙之故，仍然受到東西部排灣族人的青睞，後國民政府自大陸撤退來台灣治理，推動家庭環境衛生政策，強力執行將古老的部落遷移至現在的行政區域以便就近好管理，老部落成為遺址後：進出老部落乏人問津，頂多少數獵人勇士在附近狩獵。然而天災地變坍方，使舊路受到嚴重毀損無法辨識，讓原來的山路本就崎嶇不平、岩壁陡峭，上下坡非常辛苦常耗體力，非一般人所能克服，因此，路徑之用途慢慢歸零，其命運也漸漸走向沉寂埋沒在山川叢林中。

3. 清光緒 8 年（1882 年）官方開闢的第三條開山撫番道路：大武溯著大武溪往姑仔崙溪與茶茶牙頓溪的會流點，沿著稜線往上向西，到出水坡即中央山脈大樹林北鞍，後沿稜線往西，經過力里社地界到枋寮（水底寮）。此路線因沿途山勢稜線緩坡好走，遂於日治時期拓修六次，成為名符其實的官道、民道、傳教之路、學術調查之路、牛路，到了國民政府亦

為國軍部隊山訓演訓重要基地必經之路，雙東警察局年度「山地清查」會合之路，奠定了楊南郡教授團隊日後尋找歷史路的重要脈絡，時至今日太平盛世，台灣國人開始重視健康養身，掀起一股登山、爬山、健行的風潮，這條古道就躍身成為大家嚮往朝聖親近台灣土地、了解台灣歷史、沐浴東南台灣後花園風采的最佳路線。

新設三條崙本營，亦即石頭營，統領為張其光。設立番學堂，鼓勵馬卡道族，排灣族子弟入學、學習漢文教育。學堂內附設「聖蹟亭」，寫有文字的紙張不能任意丟棄，必須焚燒讓它們回天界，周圍並有石雕學堂，胖嘟嘟的可愛模樣令人喜歡。

清光緒 8 年（1882），提督周大發率軍以石頭營為起點，修築西段道路。隔年 1883 年，台東（paqaluqalu）提督張兆連修築東段。清光緒 10 年（1884）三條崙一卑南道全線完工。因此，古道山路有、石頭營、歸化門營、六儀社營、大樹前營、大樹林營、出水坡營、溪底營、巴塑衛營。

台灣首任巡撫劉銘傳，對原住民（生番）採取「撫剿並施」與「軟硬兼施」的政策，發揮了作用，南臺灣、生番部落在清光緒 12 年（1886）11月起，都願意「薙（剃）髮歸順」。

三、郵遞業務

　　都是由平埔族「麻達」（未婚男子 iniyananpucekelauqaljay）的工作，這些稱為「健步」或「舖兵」的信差（郵差 yuping）專門遞送公文，民間郵件。

　　標準的裝備是身體背著 1 把油紙傘與 1 個布包油紙防水的公文袋，手腕帶著 2 個空心的鐵環，手肘處綁著 2 片鐵片，跑起來相互撞擊，噹噹作響，其作用是提醒前面的行人趕快讓路。另外夜晚（qezemezemetj）城門關閉了，守城的士兵遠遠聽到聲音立刻開門讓他進城。

　　當時與軍情相關的緊急公文稱為「飛函」、「飛書」、「快捷」及「五百里排遞」，此等公文必須日以續夜 24 小時不停止的奔跑，甚至以接力方式，以求達到最快速送達。

　　善跑的舖兵，有時在腳踝上還繫著鳥類的羽毛，標新立異展現名符其實的飛毛腿英姿。翻越中央山脈奔馳於浸水營古道遞送公文的飛毛腿，比一般在平地奔跑的舖兵加倍辛苦。

四、長老教會再度把愛散播來台灣

　　在台灣沉寂 200 多年的基督教會，直到清咸豐 10 年（1860）因「天津條約」之故，開放淡水、雞籠（基隆）、安平、打狗（高雄）4 個通商港口，傳教士才再度來台視察。（天津條約：英法聯軍，滿清戰敗，視為不平等條約。）

　　清同治 4 年（1865）5 月 28 日起，基督長老教會首任傳教士馬雅各醫師，以精湛的醫術成為推動教會發展的助力。先後前仆後繼經三條崙古道前往後山（東部）傳教散播福音的牧師、傳教士，共計有萬大衛醫師、連多馬醫師、李麻牧師、巴克禮牧師、涂為霖牧師、李主忠傳教士、李松傳教士、阮為仁傳教士、宋忠堅牧師等 9 人，對當時的社會秩序一定有正面的貢獻。（在第二篇有比較詳細之敘述）。

註 7：引自參考整理《浸水營古道－一條走過五百年的路》徐如林、楊南郡，2014，頁 115 － 136。

五、台灣結緣－胡傳

　　胡傳原名胡珊，字鐵花，號鈍夫，又號守三，因此被尊稱為三老爺，第一段婚姻娶馮氏，因太平天國作亂，遭受凌辱而羞憤自盡。第二段娶了繼室曹氏，為胡傳生下 3 男 3 女，婚後 13 年病逝。

　　第三段娶了填房馮順弟，年僅 17 歲，兩人足足差了 32 歲。為胡傳生下一子，名為嗣（ㄙ）糜（ㄇㄣ）的小嬰兒（嗣即後代，糜（ㄇㄣ）即

好苗，意謂者優質的後代）。後來成為我們的國學大師、推動白話文的先驅—胡適先生。

1.鐵漢鐵花的由來：

恩師吳大澂（澄本字）先後推薦胡傳成為自己得力的助手，兩人奉派天寒地凍的東北（黑龍江省寧安），擔任國界會勘、土地測量、戶口普查、邊荒拓墾等工作，清光緒11年（1885），兩人奉命與俄國使臣會堪中、俄國界，由於胡傳早有勘查比對紀錄，俄國使臣無話可說，只得回復到清咸豐10年（1860）的正確狀況。這其中也發生了危在旦夕的大插曲，在大雪中迷途誤入深山老林，東尋西覓找不到出路，絕糧3日，幾乎飢餓而死。調往酷熱的海南島調查黎峒情勢，身染瘴癘疾病等死，所幸靠黎族巫婆的草藥而甦活過來。

再奉命到河南鄭州治理黃河，也是險象環生，這幾次遭受大難，都能逢凶化吉，大難不死，為他贏得「真鐵漢也！」的讚譽，同儕們都尊稱他為「鐵」，這個綽號剛好與他的字「鐵花」相互輝映。

2.鐵花在台灣行腳：

清光緒18年（1892）2月26日，順利進入台北城，隨即謁見第二任台灣巡撫邵友濂，被任命為「全台營務處總巡」，形同代理台灣巡撫。

3月25日巡視南部的台南、高雄、鳳山的營盤、砲台、校閱操練、打靶、演放大砲等，並且按照各營的名冊記載一一唱名，為防止冒名頂替比須驗名正身（指紋），其他地區如恆春、楓港、枋寮也比照辦理。

4月12日前往石營盤亦稱石頭營，受到總兵江雲山的戰宴款待，第二天江總兵親自帶領槍、旗兵，浩浩蕩蕩護送胡傳上嶺，胡傳乘轎，江雲山騎馬。當時三條崙卑南道的山路共有6個營盤，計有歸化門營、六儀社（力里社）、大樹前營、大樹林營、出水坡營、溪底營。胡傳每到一個營盤都命令屯兵操槍射靶，發現槍藝乏善可陳，同時觀察到有吸食鴉片惡習，體弱多病、逃亡、死亡均有此現象，有時，守營的軍官還雇用番勇充數。

4月16日抵達卑南，由台東知州呂兆璜，統領張兆連接待陪伴，繼續往北視察，直達花蓮港再南下返回卑南。完成東部視察後，於5月5日返回石頭營，此時是端午節，江雲山特別挽留胡傳在營過節。

胡傳後來繼續奔波全台灣巡閱各地的港口、砲台、屯營，甚至也曾去澎湖巡視，在清代文武百官中，他可

能是唯一遍歷全台灣走透透的官員。在清光緒 18 年（1892）8 月 26 日，胡傳總算結束了他的「全台營務處總巡」工作，這五個多月裡，他的健康大受影響。

清光緒 18 年（1892）9 月 15 日由於他一絲不苟的個性，上級特別請他從這一天起接任「台南鹽務總局提調兼安嘉總管」，以徹底整頓帳目不清，呆帳連連的台南鹽務總局。果然，第二天二十幾家鹽商就聚資洋銀 10 萬元，名為接風，實為賄賂。清廉耿直的胡傳沒把一筆巨款放在眼裡，他以鐵腕整頓鹽務，查緝鹽商欠稅員工貪污舞弊，三個月內，帳目為之一清，盈餘額竟然比一年的收入還多 10 倍。

令人莞爾一笑的「隔隔莫、賣溜溜」一詞，在台南鹽務總局整頓後生活安定，逐於清光緒 19 年（1893）2 月 26 日填房妻子馮順弟、幼兒小嗣穈（胡適）、親人、婢女、婆子等，從上海搭輪船抵達台南。一家人團聚誓言永不再分離。

但天不從人願，一喜一憂的消息命令傳來：台東知州呂兆璜任滿調離空缺，時任台南的台灣道唐景崧，綜觀胡傳的表現，就破格任命胡傳接任這個空缺，只不過礙於胡傳沒有科舉功名，暫時只能給個「代理知州」的職銜。清光緒 19 年（1893）6 月 1 日正式接印上任，後又因故兼任鎮海後軍統領，所以，一肩挑起政、軍兩大重任。

當年 8 月份台東接二連三來了颱風災害，三條崙古道遭受嚴重破損無法通行，等到年底 12 月 3 日，胡傳家眷才從台南出發，花了 12 天的時間才在 12 月 14 日抵達台東州署，家人再度相聚，而這一段路程捲起了一些些以下小故事……

當他們一行人抵石頭營盤時，譚營官見狀，光是平地道路就已經是七葷八素，更何況是山路，簡直是不可能的任務；靈機一動就派人到馬卡道族聚落大響營，緊急召募未婚的壯丁「麻達」，命令他們帶著「番轎」來幫忙揹負。在大家同心協力下終於在天黑前趕到大樹前營過夜（現今大漢林道 20k）。

換營當然也要換帶隊官，由歐營官擔任，他是個直說坦白的人，說是心理建設，反而讓他們一群人更加恐慌害怕，整夜憂愁煩惱無法安眠。出發前，他又說道：「從這裡到溪底營，都是瘴癘瀰漫之地，終年不見天日，地氣陰寒，這些檳榔大家務必帶著，隨時上口嚼食，以避免染上瘴癘之

氣。」

所謂「番轎」，是原住民揹負人的工具，由兩片木板組合成一個 L 型的木型的木架，被揹負的人必須面向後方坐著，雙腳懸空，胸前無依無靠，因此，需要旁人協助用布條或繩索，將他們綁縛在木板上，以免滑落。當胡夫人坐上番轎時，堅決的跟歐營官說：「我們母子同命，要生要死都要在一起，我們必須綁在一起。」歐營官見此情景只好妥協，再三交代番勇務必小心謹慎。

從大樹林營（清光緒 20 年（1894）改名為浸水營）到出水波營之間，沿著稜線下坡，是東排灣姑仔崙社、茶茶牙頓社、出水坡社共同的獵區，也是古道最危險的地段，因為，近年來兵城士氣低落，生番氣焰高漲，偶有放槍擊斃軍馬、擊傷營勇兵事件發生，因此，平埔族番勇每個人都緊張兮兮，每隔幾分鐘就朝天空開一槍來嚇退警告躲藏在密林中的排灣族，果然，揹人的平埔番勇，不斷互相警誡喊道「隔隔莫、隔隔莫」，意思是「小心、小心！」而領頭的番勇，則焦急的頻頻喊著：「麥溜溜、麥溜溜！」意思是快走、快走。

驚心動魄的一段路安全下達溪底營，喜孜孜地看見各色各樣的轎子在那兒等候。其中比較簡陋的應該是所稱的「螃蟹轎」，只以一根粗竹竿出過繩環，側面而坐，2 人共抬在肩上。至少比番轎舒服一些吧！

清光緒 20 年正月，胡傳開開心心的把 3 個兒子，2 個姪兒叫過，為它們新春開課〈三字經〉、〈弟子規〉、〈千字文〉，令他驚喜萬分的是他的小兒子嗣穈，天資聰穎，一教就會，念過就能背誦出來。他自謙地說：「果然是老蚌生珠啊，我胡傳老年得此佳子，將來必能科舉功名，光耀門楣呀，此生無憾了。」如他所願，胡適先生在華人的近代史中，成為名符其實的國學大師。

註8：引自參考整理《浸水營古道－一條走過五百年的路》徐如林、楊南郡，2014，頁 137－170。

4. 因清、日甲午戰爭之贅，造成生離死別之宿命：

當清朝潰敗甲午戰爭，簽下喪權辱國的馬關條約，割讓台灣、澎湖及台灣倉促成立民主國，這二則重大訊息，遠在後山的胡傳總是最後知道消息。

西元 1895 年剛過完農曆年，海岸營哨發現日艦在台灣外海、綠島、蘭嶼巡航，胡傳研判，日軍很可能從大武登陸，以急行軍的方式走三條

崙道路，從背後攻擊台灣南部。一旦如此，身處台東的妻兒、家眷、僕婢就危險了！他不禁想起當年太平天國之亂，倉皇逃難的家人和死於亂軍的髮妻，當下決定要把妻兒家眷送回家鄉。母子倆得知要被遣送回鄉，堅決不走同聲哭道：「爹地年事已高，日常生活需要照顧，要走一起走，日軍來了又如何？我們一家人生死同命，絕不分開！」胡傳心中鐵定不能心軟正色地說：「糜兒天資聰穎，將來科考連中三元，光耀我胡家門楣就全靠他了，日軍一旦登陸，我軍中敗類份子勢必伺機作亂，亂軍之中，即使是我，也難保親眷安好，如果萬一讓糜兒死在亂軍手下，我胡傳勢必抱憾終生……」說到這裡，已經老淚縱橫，泣不成聲。夫人被丈夫的真情流露嚇到了，她真的不敢想像，唯一的心肝寶貝，如果死在亂兵手中，那是多麼悲慘的事！身為母親有責任義務保護自己的兒子，因此，她終於改變心意，答應要帶著孩子先走。

西元 1895 年 2 月 6 日，胡夫人、家眷、僕婢傭婦等一群人離開（vaik）台東，走浸水營古道返回台南並乘船返回故鄉，但這一別就真的別了。

西元 1895 年 7 月底，才等到孫振鐸來台東接替知州，這一段期間，胡傳身心俱疲，曾經被譽為「鐵漢」的他，那鐵塔般的身軀瞬間崩潰了。

8 月 1 日，胡傳從台東啟程，但是這個時候的他已經喘得無法說話（inikamaqatiaqilengal）、行走（djemavac），連轎子都坐不穩，僕人只好把他綁在擔架上，抬著他艱辛的走浸水營古道返回台南。8 月 15 日，55 歲的胡傳從台南搭船，18 日到達廈門住進旅店，於 22 日等不到家人見最後一面，在急促喘息中盡然長逝了。他的後事，都由當時在廈門的友人張經甫代為安排，封棺運回安徽績溪老家。

但傳言中，在中國文化大革命時期，因為胡適在中共眼中，他是依附國民黨的「大毒草」，一群紅衛兵到安徽績溪去挖掘祖墳洩憤。當他們破開胡傳的棺木時，發現裡面裝的是一具無頭的枯骨和一個木雕的假頭，紅衛兵和鄉民頓時大驚失色。如果這個傳言屬實，那麼，胡傳生命的最後一段時光應該是慘不忍睹可言，因為，那些領不到飽薪的官兵，可能群情激憤要脅這個老長官，而平時被壓榨的番勇，更可能在暴怒之下，割取他的頭顱揚長而去。胡傳的遺體運到廈門後，友人張經甫替他訂製一個假頭，讓他有個全屍入殮，為了不讓他的家

人更難過，編造一些情節，假托他是病死的。

胡傳真的是生錯了時代，但拜讀他的真實又傳奇的故事，令人景仰敬佩，真可謂：「一代漢子偉人。」

六、改變台灣歷史 50 年－甲午戰爭

清、日甲午戰爭之起因，主要的導火線是因朝鮮半島東學黨之亂，雙方為了自己國家利益，展開平定之舉，結果擦槍走火，一發不可收拾，遂於 1894 年 8 月 1 日正式宣戰，當時歐美各國軍事專家，均認為清軍的北洋艦隊會佔上風，但開戰後為什麼事實不是如此呢？根據日後的文獻記載，有以下的原因：慈禧太后辦理 60 大壽，重新修繕頤和園，花了千萬 200 銀龐大經費。此外，清光緒 15 年（1889），為了皇帝的大婚也曾花了 550 萬兩巨額。為了籌辦上述事宜，國庫被掏空，因此近三年各種軍購、維修停滯，相反的日本這一段期間，不斷的充實海軍戰力。最後造成北洋艦隊的炮彈是砂石、煤灰、火藥裝填不足，其實擊中了也不開花。

日本派出密探，發現清廷海軍士氣低落煥散，生活起居漫無紀律。終於在 1895 年 3 月 23 日清軍被日軍重擊占領澎湖群島。

清軍甲午戰爭潰敗後，於 1895 年 4 月 17 日經由李鴻章大臣、姪兒李經方會同日方代表伊藤博文、陸奧宗光於日本馬關（亦稱下關）簽訂史無前例的喪權辱國的「馬關條約」，割讓台灣、澎湖。

1895 年 6 月 2 日清廷代表李經方在基隆外海日艦與橫濱丸上、樺山資紀完成台灣的交割，但可笑可恥的是，因李經方不敢踏上台灣土地，創下史無前例的「不在現地清點、交接」的世界首例。

註 9：引自參考整理《浸水營古道－一條走過五百年的路》徐如林，楊南郡，2014，頁 171 － 199。

第五節 日治時期：
（1895.1 － 1945）50 年

一、曇花一現－台灣民主國

被母國拋棄、島民上下萬分悲憤不甘不願被異族統治，地大業大的仕紳們與官紳們與官吏們幾經會商，可依循（pacuwal）留法大臣李季同建議：成立台灣民主國。於 1895 年 5 月 23 日正式成立，宣告獨立宣言，舉行升旗典禮，升起黃虎旗，力求各國承認，恭推台灣巡撫唐景崧為首任總統，首都為台北，年號為「永清」。這同時清廷頒布一條嚴厲的命令，不得抗旨，其內容大概傳達的是：「在

台灣的文武百官們必須內渡回母國，不得有任何的抵禦抵抗舉動避免雙方嚴重死傷，而且落入日方不遵守條約的理由和罪名，將引起更強大的鎮壓行動。」

二、掀起一波波死守、棄守台灣的浪潮

1. 北台灣：

1895.6.1－6.3吳國華、張兆連所率領的清軍、義軍雖抵抗苦戰，仍就相繼失守瑞芳、基隆。日軍拔高懸砲台的藍地黃虎旗，潰敗的殘餘部隊湧入台北城，為此，治安開始大亂，相互鬥毆殘殺，爭奪財務，火燒漫天。唐景崧深知為了自身的生命安全，環顧大局，傍晚時分逃到淡水匿藏於英商輪船逃回廈門後，繳回巡撫官印，並以自己因抗旨不內渡上書請罪，清廷考量他是被官紳們逼迫挾持，身不由己，赦免死罪，但須革職，時年55歲的唐景崧回到桂林，終日鬱鬱寡歡，唯一的娛樂是教唱戲曲，後來，竟成為桂劇的創始者。

6月5日上午，固守在南崁的邱逢甲，聽說唐景崧已潛逃，咬牙切齒，恨之入骨，但到了下午想法就急轉彎，他認為：「此地非我葬身之地，需變計早去，父母在世，應求自己平安。」為了不留軍餉資敵，捲走10萬兩，從台中帶著家人逃往廈門。

台軍大將林朝棟世聞上述二則訊息，心思盤算台灣民主國大概已經事不可為了，於是就召集了手下的台勇，先發放餉銀再勸告大家各自返鄉種田。

1895.6.14台灣首任總督樺山資紀率文武百官進入台北城，以清代的布政使司為臨時總督府。6月17日下午2時整，舉行盛大隆重的始政式，發射禮砲21響正式宣告統治台灣。

自從唐景崧潛逃後，大家都勸進在台南的劉永福大將軍接任，但劉一直堅拒不從直到6月25日總督寄發勸降書給劉永福時，為了表示禦敵決心及安定民心，6月26日正式宣告就任台灣民主國第二任大總統，以台南大天后宮為總統府。

2. 中台灣：

日軍安頓北部後逐步南下攻陷城池，到8月25日已來到彰化八卦山近郊，全台義軍大統領吳湯興、黑旗勇將吳彭年兩位同時率兵布陣在八卦山準備迎戰，結果雙方死傷慘重，尤其劉永福頓失左右手大將，兩位英勇指揮奮戰，不幸戰死沙場，為台灣犧牲。1895年10月26日這一天，是全台灣最慘烈的抗日大戰，始稱「八卦山大役。」

3. 南台灣：

不認輸骨子硬的劉永福，心裡盤算退而求其次決戰南台灣，為了籌募軍餉派吳桐林到廈門、中國沿海各省募款，結果只籌募到 1500 兩白銀，內地官士紳不顧台灣大局，袖手旁觀，推託委拒，甚至傳達口令怒斥劉永福輕舉妄為，會給日軍藉口，會給朝廷帶來災殃，和之前被捲逃的百萬軍餉，簡直是天壤之別，此時此刻，劉永福感嘆心道：「內地諸公誤我，我誤台民！」遂使產生放棄台灣民主國的想法與意念。

10 月 10 日，劉永福探知，日本征軍即將大量湧入抵達，第二師團由枋寮海岸登陸，第五旅團由嘉義布袋登陸，準備南北夾擊台南府城，10月 16 日，劉永福第三度發函乞和，日方不回函而是直接發布全面作戰，緝拿「戰犯」劉永福的命令，劉永福此時心中自有一把尺，表面不動聲色，暗中已經委任安排逃逸路線，10月 18 日，在府城召集民眾安撫民心，10 月 19 日到安平對守軍精神講話，誓言重申奮戰到底與日軍決一死戰的決心。不料當晚夜深人靜之際，劉永福卻帶著孩子親信假扮老嫗，祕密的搭乘接駁船，登上原先安排好的英國輪船逃回廈門，10 月 21 日，日軍長驅直入台南府城，這個先天不良、後天失調的台灣民主國，遺憾地在誕生不滿 5 個多月劃下歷史休止符了。

註10：引自參考整理《浸水營古道－一條走過五百年的路》徐如林、楊南郡 2014，頁 189－214。

三、拓修浸水營古道前後六次

第一次：明治29年（1896）4月，枋寮陸軍守備隊派工兵隊拓修，並於現在的屏鵝公路水底寮段建興街口，開設路標和石碑，石碑上刻著醒目的「左卑南道」，指引旅行者循此道可往後山（指台東地區），遺憾的是現已佚失，同年 5 月日本陸軍再編成一個大隊登陸台東，開始進行掃蕩殘留於東部的清兵約剩下 1000 人左右，此時的卑南族、阿美族、瑯嶠十八番社等頭目己經歸順日軍，經多方圍攻夾殺後殘兵向日軍投降，日方還挺不錯的措施，考量人道立場將這些殘餘、清兵，護送回唐山落葉歸根。台灣東部總算納入總督府的管轄之下，完成全島「平亂」之歷史壯舉。

明治 31 年（1898）後，台灣逐漸脫離軍政時期，陸續改由警察負責維護治安，明治 34 年（1901）7月，古道正式改名為「浸水營越嶺道」，明治 38 年（1905）2 月新設力里警官駐在所，同時完成 tjakulju 至力

里社拓寬捷徑步道，也就是→我們現在所稱的「日治時期往返老力里之古道。」

第二次：明治39年（1906）2月起，東西兩廳（台東廳、阿猴廳）分別整修清除古道上的灌叢，尤其西線部分大幅度修正路線，由水底寮經新開，崁頭營東上歸化門，不再經過清朝時期的石頭營。明治40年（1907）10月1日起，官方公告以「浸水營越遞送郵便線」又稱為「力里郵便線」，取代「瑯嶠卑南遞送線」，日警把原本由馬卡道族擔任的郵遞工作，改為派令排灣族力里社執行。大正4年（1915）6月，為了加強浸水營越嶺道上下山的控管，新設歸化門警官駐在所（現今大漢林道4k處）。

第三次整修是大正6年（1917）6月，為了各方人士來往安全而不必涉水（tjemelju），新建姑子崙、加羅坂吊橋，隔年完工通行，大正8年（1919）5月，新設出水坡警官駐在所於清朝營盤遺址上，大正15年（1926）3月，駐在所內外常發生清兵鬼魂鬧擾事件，日警心神不寧，無法安心執勤，尤其是夜黑風高之時更為甚之，不得已撤離改建新出水波駐在所於原址西方（上方）約1.2公

里處，此處基地狹小，由於無水源引道，生活起居極為不便，二年後，不得不委請當地靈媒巫師殺豬拜拜又回原址。

第四、五、六次整修於大正10、11、12年（1921 － 1923），連續三年拓寬路幅、降低坡度，使之成為緩坡道，中央山脈越嶺的路線，也將原本由山頂稜線直下的路線，改為北方山腰鑿路修正，也就是我們現在所走的浸水營古道路線。

四、力里社慘案事件（浸水營事件、南蕃事件，力里系部落誌標寫著：力里社抗日事件）

1.當力里警官駐在所新設成立時，地點設於大、小社中間，可說是直接進入部落心臟管理，朝向皇民化目標政策邁進。大正3年（1914）「浸水營事件」，其實是連貫的兩件事，總督府頒布「五年計劃理蕃事業」，首要目標是針對稍微溫馴的各駐在所主管執行，而力里社的主管槙寺左市警部補接受到命令後開始擔憂，會引起動蕩對立、暴動，幾番陳情浸水營越嶺道的「蕃情」狀況良好，仍不為接納，他感認台北上層官吏頭腦壞掉了，因此，不幸的事情接踵而至，力里社頭目、社眾央求主管，再給他們最後一次機會去打獵，其實，壯丁社

眾所想的並非如此，而是累積了收繳槍枝、禁辦祖靈（五年祭）文化活動、趁機凌辱良家婦女等諸恩怨情仇，糾結在一起的滾動怨恨、氣憤、想出了具體無法挽回的念頭：

10月8日凌晨佯裝打獵隊（10幾人），由卡浪巴烏（qalangbaw）率領前往防備鬆散的浸水營駐在所攻擊，在大漢林道20k（大樹林駐在所）巧遇剛護送完郵務員返回力里社的酒井百太郎，當下來不及躲藏被馘首奪槍。10月9日凌晨在浸水營駐在所，一不做二不休將2名警察，1名婦女慣例馘首，無辜的幼兒不動。10月9日上午將通信路線剪斷，以為是東西兩廳都剪斷，枋寮支廳並未剪斷，打獵隊本以為高枕無憂要返回力里社報信狀況，途中又巧遇姑子崙社駐在所2名巡查，同樣又被馘首奪槍。10月9日下午，打獵隊返回部落附近，社眾壯丁早已聯絡盟邦古華社、士文社，獅子頭社共150名壯丁，一舉攻下力里駐在所，當時的警丁（工友）也倒向自己的族人協助反叛，將10名日本人全部殺害，置於蓄水池載浮載沉狀況悽慘，其中一名漢人通事受傷裝死，趁機逃竄向枋寮支廳報案。

2. 主管槙寺警部補面向頭目avuavu萬念俱灰地說一聲：「請原諒！」然後丟下自衛的手槍，忍忿多年的力里社頭目avuavu，立刻向前一刀割下他的頭顱，此事件被日方輕描淡寫稱為「力里社駐在所慘案件」，我們力里部落誌則正告寫成「力里社抗日事件」。

3. 那為何又被泛稱為「南蕃事件」呢？當力里社抗日事件爆發後引發群起蝴蝶效應，鼓舞了東西方排灣族、魯凱族的同仇敵愾之心，包括阿里港轄下的德文社、霧台社、枋寮支廳轄下的力里社北邊的七佳社、浸水營道路南邊的率芒社群，割肉社群，枋山支廳轄下的內文社群、獅子頭社群、巴士墨群、下草埔社（大龜文王國）、恆春支廳四林格社及東部的姑子崙社群、茶茶牙頓社群、大鳥蕃社群等，都響應了力里社反抗行動而紛紛起義，史稱「南蕃戰爭事件」。

4. 由於戰火漫延四起，單憑日警地面部隊已無法鎮壓，第五任總督佐久間左馬太只好低頭，向海軍請求支援派遣軍艦，日方派遣第十艦隊旗下的「薄雲號」和「不知火號」，分別駛往楓港外海和枋寮灣，以艦砲密集的射向排灣族所據守的山區（現今的春日鄉、獅子鄉、枋山鄉），震動整個山谷、人、動物，為此動盪不安不敢有所動靜，夜間則以大型探照燈

射向山麓，猶如夜間的兩個太陽。由於受到艦砲重擊加上地面部隊援軍增加，力里社族人壯丁們集結於現在的的大漢林道 7k 處斜坡小山丘，死守抵抗日本地面部隊，阻擋日本軍衝破防守線前進力里社，無奈彈盡援絕加之日軍火力強大源源不斷，撐不久力里社被攻陷，並且焚燒整個部落、農園，族人倉卒中逃竄至深山，所謂的深山，就是現在大漢林道 16k 進去的秘密獵徑，亦既力里溪的源頭 6 處（下一篇有敘述），因此處水資源豐沛、動植物豐富，暫時可以躲藏一段歲月，況且日本軍警不可能追逐至深山裡，他們一旦追逐到深山裡就如同迷途的羔羊，加上族人了解地形、驍勇善戰，個個都像電影情節中的「賽德克巴萊」，這不是危言聳聽而是事實。寫到這裡，剛好想到在服兵役時，有一、兩位老士官長（外省）的敘述：「金門八二三炮戰時，台灣高山族天不怕、地不怕、就怕沒有子（炮）彈。」所以，當時我發現老士官長們特別偏愛我們「高山族、山地人、原住民。」據耆老、長老轉述：在深山裡日子一久，彈藥、糧食沒了，大頭目深思熟慮考量族人生命的延續，率領 31 名壯丁，下山到枋寮日軍守備隊，表明希望停戰的意願，並交出 46 支火槍以示誠意，才平息紛紛擾擾的戰亂，和平彼此尊重相處。

五、潰散與削弱力量的陰謀策略

好一個潰散與削弱力量的陰謀策略：就如同我們先前所提到的台灣民主國命運，力里社族人用五個多月光景，用生命拚搏日軍、警的槍砲，仍就無法挽回改變既定的歷史宿命，事件平息後，日方採取了下一波改變族群歷史的策略－強迫部分族人遷移。

1. 大正 14 年（1925），日警將西部力里社共 21 戶，133 人集體（tjuruvuruvu）遷至東部茶茶牙頓社。

2. 昭和 2 年（1927）40 戶遷入歸化門社。

3. 昭和 6 年（1931）36 戶遷入歸化門社。同年 11 月，因親友的勸說，9 戶自動遷入歸化門社，合計遷出的有 106 戶，經過幾年刻意的強制遷出，遂使部落社眾分散，無力再對抗官方，蛻變成為可以任意役使的「良蕃」。

六、歷任總督巡查浸水營道路（第 7、11、12、16 任）

大正 8 年（1919）6 月 3 日，第七任總督明石元二郎率隨員，護衛共 150 人，住在巴塱衛（大武）支廳的官舍，並列位於山上半山腰的巴塱衛

神社參拜，眺望太平洋黑潮。隔天凌晨5點出發，蕃人腳程奇快無比，抬著轎子飛奔上坡，到達出水坡駐在所視察新建的官舍，隨員的文武官員、記者都已經氣喘吁吁，得以有機會喘一口氣，歇息一下。接近中午抵達浸水營駐在所用餐，下午1點到達中央山脈分水嶺（州廳界），西段阿猴廳，廳長率大批官吏、員警以及力里社頭目，壯丁共一百多人，在這裡等候多時了。

交接後大家互道辛苦，並改由力里社壯丁抬轎子，下午2點40分到達大樹林駐在所時，因南台灣夏日的暴雨，大家衣衫都濕透了，咬緊牙關向西下前進，到達歸化門社時已然天黑了，所幸，少數警官有帶手電筒加上力里社頭目，社眾帶著容易著火的油杉才能顛仆前行，回到台北後宿疾感冒再度發病並且轉變成肺炎了經過三個月細心診治病情好轉，10日中搭船返回日本參加閱兵演習，沒有想到在船上肺炎再度發作且急遽惡化，船抵達日本九州時，即刻送進福岡醫院急救。直到10月24日深夜仍回天乏術，加上急救中突然引發併發症腦溢血病逝，得年55歲，家屬遵照他的遺願，將遺體運回台灣，安葬於台北三橋基地。

第11、12、16任總督巡行，其路線的先後安排均一致的，都是由東部巴塑衛（大武）為起點，西部枋寮為終點，唯第16任總督中川健藏是比較特殊的一位，因在昭和7年（1932）8月25日下午5點抵達力里駐在所視察，並在大頭目（mamazangiljandjaljasupurangarang）石板屋過夜，溫馨感受石板屋冬暖夏涼的靈氣舒適，根據耆老口述，為了迎接這位大人物發動了大小社社眾，將整個部落、行政區域大整理，可說是前所未有、一層不染的乾淨，就連石板階（街）道都要擦拭，不允許有任何灰塵殘留。同時，中川健藏也是最後一次利用浸水營道路巡視的台灣總督，因為，三年後，昭和10年（1935）「壽卡越嶺車道」（今南迴公路）完工通車，所以，總督或高官乘轎巡行的大場面，就成為絕響走入歷史了。

七、前仆後繼學術大調查

日本取得台灣統治權後，有許多的學者，對於這個「帝國新領土」的南方島嶼，充滿了浪漫的想像與想要一探究竟的好奇心。明治29年（1896）6月，為了盡快瞭解這一塊新領土，日本國會編列撥出專款，補助東京帝國大學，派遣人類學、地質學、植物學、動物學學者來台調查，

諸如森丑之助、鳥居龍藏、伊能嘉矩、入澤片村、鹿野忠雄、移川子之藏、宮本延人、馬淵東一、小島由道、小林保祥、淺井惠倫、佐佐木舜一、金平亮三、三本由松、工藤祐舜、正宗嚴教、鈴木重良、福山伯明、清水英夫等，其調查報告應典藏在中央國家圖書館、博物館、台灣大學，如有意願有興趣探研的朋友們，可以撥冗時間去調閱、借閱，在此不予贅述。

倒是二次大戰後，國民政府遷台，我國有許多的學者，也不遑多讓傾巢而出，如廖日京、林渭訪、徐國士、蘇鴻傑、楊秋霖、郭耀綸、楊勝任、呂勝由等共同深入山區進行調查研究工作，累計紀錄浸水營地區植物共 126 科 756 種。其中單是蕨類植物共 240 種，其商數高達 11.3，為台灣全島之冠。另外，冰河時代孑遺植物，台灣穗花杉的生長地，分布在茶茶頓溪、力里溪源頭流域，它是台灣特有種，也是瀕臨絕種的珍稀植物，葉子呈鐮刀型，民國 96 年左右陪友人來這個領域巡獵場，領我的耆老告訴我，這個就是珍貴的穗花杉，不能採伐。林務局會會同森林警察法辦，親眼目睹觸摸，它的材質應該是非常堅硬且生長緩慢。它在這個區域生長得很快樂，適合氣候、土質，所

以，我發現數量蠻多的。（第二篇另有補充敘述 sipazuljuapasemalaw）。

註 11：引自參考整理《浸水營古道－一條走過五百年的路》徐如林、楊南郡，2014，頁 215－264。

八、特殊的行業－牽牛割

tjemiyaktuakung

浸水營古道也稱作「牛路」，早期荷蘭時期在台殖民時，主要目的是種植甘蔗、製糖，外銷以賺取厚利。因此，自印尼引進黃牛作為耕作，搬運及拖動糖廠榨汁石輪之用。到了明清時代，也因移民開墾所需，自中南半島、華南地區進口水牛。到了日治時期，配合官方政策「農業台灣」，日本商社在台灣西南部大面積開闢蔗園，牛隻的需求量更大，因此在東部放養黃牛和水牛，數量多時可到兩萬多頭以上。牛具有群居性，服從性之特質，帶頭的牛一走，其他的牛會尾隨「領牛」，所以，「領頭牛」的選擇是非常重要。「牽牛割」是一個很辛苦的行業，須配合牛群的行進速度，沿途餐風宿露是經常的事，最不願意發生的事是：牛隻有時因長途跋涉而病倒，或突然牛性大發，互相衝撞而跌落山谷，雖然獲利高，相對的風險也很高。浸水營古道最後一個「牽牛割」的是枋寮人黃朝福，民

國 60 年，還牽著牛走浸水營古道到枋寮販售，不過盛況已不像以前，之後，農會大力推廣耕耘機，牛的功能漸漸沒落，而這個行業自然而然就走入歷史了。

九、日治台灣本土決戰之始末

1.我們常說「失敗為成功之母」，相反的「成功也是失敗之母」，日本這一段漫長的 70 年從成功到失敗之路，有其歷史可循並可做為借鑑：

明治 7 年（1874），日本軍方不顧天皇反對，發動攻打南台灣的牡丹社之役，這場小戰爭，因為清廷的昏庸軟弱，給日軍相當優渥的巨額賠償，勝利凱旋而歸，卻埋下日本軍國主義的種子。

1894 年甲午戰爭，也是因為清廷的軟弱無能，讓日本取得台灣、澎湖，更獲得相當於當時日本全國年度總預算 3 倍的賠款。

明治 37 年（1904）2 月，日本在中國東北地區發動日俄戰爭。但俄國本身的首都莫斯科發生大規模嚴重的暴動，牽制了俄軍的調動，因而僥倖的獲勝，「關東軍」在滿州地區得以成長茁壯，成為日本國會無法控制的怪獸。

爾後日本關東軍藉著在中國東北的勢力，進而咄咄逼韓國朝廷，最後在西元 1910 年設立總督府，一舉併吞韓國。

1931 年九一八柳條湖事變，奉系軍閥張學良奉命不抵抗，將整個東北地區讓給日本。

1932 年關東軍扶持遜位清帝溥儀，將長春更名為新京，建立偽滿州國。這一段期間，軍國主義的少壯派軍人完全不把首相、內閣大臣放在眼裡，甚至凡與軍部主張持反對立場者都被暗殺了。

到了 1937 年，更將勢力擴充到華北地區，終於引起中國長達 8 年的抗日戰爭。

1941 年 12 月 8 日，日軍發動偷襲珍珠港，想要一舉殲滅美國在太平洋上最大的海軍艦隊基地。同一天，日軍也發動了對英屬婆羅州島的攻擊，英國守備軍撐不住而將這個大島被日本占領，被俘虜的英軍送來台灣監禁。

1942 年年初前三個月，日軍瘋狂式的貫徹「南進政策」執行，接連攻下，西班牙殖民地菲律賓、英國殖民地馬來半島和新加坡、荷蘭殖民地爪哇島。

1942 年 6 月 4 日凌晨，日本想要複製偷襲珍珠港模式，偷襲美國西太平洋的另一個海軍基地－「中途

島」。未料美日這一場海戰是太平洋戰爭的轉振點，也是日本由興盛轉敗亡命運的轉振點。中途島海戰日軍嚴重徹底的潰敗，接下來的一年，日軍在太平洋各個島嶼的據點，都處於挨打的地位，但是日本軍部倡導「寧為玉碎，不為瓦全」的武士道精神，每隔一陣子，就會傳出某個島嶼全體「玉碎」的消息，而每一次玉碎的結果，就是幾萬條年輕生命的殞落。→（四、五年級生，應該看過這2部電影（中途島、珍珠港），您就會明白其中的內容與情節。

十、本土決戰的防禦工事

1942 年年初，日軍瘋狂式的貫徹「南進政策」，在深知不久之後，台灣島勢必也要面臨被攻擊的命運，而且研判美軍仿照西元 1895 年 10 月乃木希典中將曾率第二師團由枋寮海岸登陸台灣來壓制當時台灣民主國的抗日勢力。台灣總督府頒布嚴令要有「本土決戰」的終結決心，台灣開始進行各種防禦措施。海拔 1704 公尺的大樹林山（今大漢山，1688 公尺），原本日軍就設有監視哨，不分晝夜巡看南台灣的台灣海峽、巴士海峽，太平洋一帶的動靜，日本為了因應本土決戰，已擬構準備在大樹林山頂建設雷達戰，唯必須拓寬浸水營步道為 3 公尺寬，才可以供吉普車通行的軍用道路。

昭和 18 年（1943），古道西段開始拓寬，由於當時人力、物力匱乏，由「勤行報國青年團」負責施工。招募對象為 16－18 歲男女青年，其成員大部分都是原住民，包括平埔族、排灣族和少數漢人，這些工人的工具只有鋤頭和簸箕，糧食只有沾鹽巴的飯糰和清水，然而，勤行報國青年團日夜趕工，不到 3 個月內就大功告成拓寬 20 幾公里的車道。又為了本土決戰的需求，大樹林駐在所又被重新建造起來作為軍營使用，據耆老口述：「直升機可以上下起落，也就是說有停機坪設施。」可見得規模很大，而重建工作的建材、物料、均由力里社、七佳社負責運送，從崁頭營（新開附近，現今大漢林道起點）以人力背負上來，據耆老口述：「依重量輕重來分配人力，1人組、2人組、3人組、4人組……或多人小組」，可見得是多麼的艱辛。與此同時，招募 20 歲以上的男青年成為高砂義勇軍，前往南太平洋為日軍當砲灰出生入死，力里社有 17 名族人親戚再也沒有返回台灣故鄉魂歸異地，所幸，日本當局若干年後基於人道立場而有所一些補償。

昭和 19 年（1944）日本政府宣布本年為「本土決戰年」，因此，又在大響營、隘寮一帶興建「陸軍飛行場」（現稱應是陸軍航空基地）。當時駐防台灣的日本兵力計有：陸軍 5 個師團，共 20 萬人，海軍 4 萬 500 人，加上可作戰的台灣人。

防禦工事從枋寮海岸線延伸至山麓，在海岸方面，日軍召集民伕，挖掘深深的壕溝，並埋下無數的軌條，以防止美軍的坦克車輕易的長驅直入，在山麓方面，枋寮鄉和春日鄉的山腳地帶，挖掘十幾個山洞和無數座防空洞，作為隱藏軍營、倉庫迎戰之用，為此日軍特別修築輕便鐵路通往山（防空）洞，以便載送武器、彈藥、糧食等，作為長期打對抗戰之準備，最典型的代表作遺跡是在現今：枋寮鄉玉泉段和春日鄉歸崇段，這一地段之小山丘底下全是四通八達的防空洞、作戰司令部。現今往接近春日鄉古華村右側之小山丘（蝙蝠洞），如法炮製，亦是如此。

再往前推，1942 年 2 月起，美、日軍在菲律賓進行激烈的攻防戰，遠東軍總司令麥克阿瑟將軍，雖數度登陸呂宋島又被迫撤退，因此留下了那句名言：「Ishallreturn！」（我必將回來），到了 1945 年 2 月初，美軍終於徹底擊潰駐守呂宋島的日軍，也讓麥克阿瑟實現他的誓言而進入馬尼拉，開始擬定攻占台灣島的作戰計畫，根據事後的查證了解，當時美軍確實也如日軍司令部所研判的將從枋寮登陸。但此計畫被當時的美國總統杜魯門否決，美軍勢必傷亡慘重，因而美軍跳過台灣直接攻擊琉球沖繩島，使台灣逃過一劫。

高砂義勇軍在南太平洋戰爭前線陣亡者，若干年後其家屬接收一些傷亡慰助金，這慰助金對家屬來說不啻是二度傷害，心靈的沉痛和嚎哭，遙想當年正值青春年華，勇赴沙場，不幸「為國捐軀」魂歸異域，連遺體骨灰無法返家，造化弄人、情何以堪！無怪乎，台灣光復後，凡是族人要去當兵服義務役時，前一晚必定圍舞歡送，當事人也必定佩掛肩帶，寫著斗大耀眼的「為國爭光」，深怕一去不復返何年何月何日何時再相逢，這樣的氛圍是受到南太平洋戰爭、國共內戰、823 砲戰、兩岸緊繃解嚴前等等洗禮的影響，如今太平盛世、事過境遷成為一段往事和歷史。

十一、後續的感嘆與感性

1945 年 10 月 25 日（民國 34 年），日軍徹底得潰敗撤離台灣，把台灣轉交給來自中國由何應欽將軍所

率領的接收委員們，我在想，當日軍陸續離開時其心中是怎麼想的？心境是怎麼調適的？回首想想漫長的 50 年，可以使一個人由幼兒茁壯到中壯年，他們在台灣所做的一切，不管是大大小小、點點滴滴的各項事務，心中可曾懺悔過或肯定自己的作為？

這些歷史的承載事實就交給歷史吧！身為台灣人的我們對日本軍國主義者是功是過就由自己去評斷吧！楊南郡教授和徐如林教授賢伉儷寫得更透徹感性：「成功、失敗，禍福相倚，歷史是一條不斷向前流的長河，過去了，就無法再重來，生逢戰亂，就像是處在夏日暴雨溪漲的河流裡，無論賢愚，同樣被捲入滾滾洪流，只能聽天由命的等待事件的平息。」又寫道：「日昇日落，曾經不可一世的日本軍國主義，紛紛以自裁、死刑結束生命，還真令人不勝唏噓之感。」因此，歷史事件發生與演變就是這麼殘酷，所以，千千萬萬不要讓歷史的悲劇重演是為上上之策。

註 12：引自參考《浸水營古道－一條走過五百年的路》徐如林、楊南郡，2014，頁 265－282。

第六節 民國時期：1945 年至今

一、國民政府播遷來台

中國接收台灣那一天起，也就是以前我們所熟悉的「台灣光復節」，而今社會的氛圍好像變質了，不再是興高采烈的慶祝「台灣光復節」取而代之的是歡欣鼓舞的過耶誕節（聖誕節）。

以為第二次世界大戰結束後，世界秩序應該會平靜平息，但是，中國又重演爭權奪利的戲碼，複製歷朝歷代的戰亂，發生生靈塗炭、民不聊生、自相殘殺的悲劇—「國共內戰」。當年杜魯門總統因厭惡孔、宋家族的貪污，不願意幫助蔣介石所領導的國民軍，以致節節敗退，中國全面赤化，不得以民國 38 年退守遷來台灣至今。

台灣這一塊美麗的寶島，歷經戡亂戒嚴、平穩解嚴，慢慢的、辛苦的走向開放民主、自由社會、彼此尊重的國家，我們何其有幸生長在台灣，現在，不管您是哪一族人，我們都是道道地地、獨立自主值得被世人所尊重的「台灣人」，至於歷史的功過塵埃就由自己去深思評斷吧。

二、浸水營古道東西段延續的故事

太平洋戰爭末期，美軍雖然跳過台灣，直接去攻擊沖繩島，但美軍曾多次轟炸台灣，所以，戰後的台灣觸目所及都是殘破不堪的景象，唯一值得慶幸的是東、南台灣大自然的生命力及台灣人民艱苦中求生存的意志力值得肯定。

浸水營古道東西段此時成為林務局的管轄和經營，浸水營駐在所至出水坡駐在所一帶，沿路上有一大片的原生九芎林，它的樹皮會隨著成長變粗而自動剝落，經常保持光滑，因此又被雅稱為「猴不爬」，由於它生長緩慢，材質緻密堅硬，是早期作為砧板的首選材料，而其他樹幹可做為其他用途，燒火取暖、煮食原住民食物（山芋、芋頭乾、地瓜、山產），與黃荊埔姜是同等級的最佳材料，族人平時會採集堆積置放於工寮、住屋適當的位置，備用燒柴，煮熟出來的食物香氣、口感特別醇厚，現今雖有瓦斯替代，但仍受族人的喜愛，我想這乃是我們原住民生活哲學的最佳寫照。這一段路程的中間右方，有一顆高大蒼勁，造型奇特的九芎，我自己取名為「九芎王」。

另外，走出出水坡駐在所繼續向東下行，走了一段路，在一個平台上的左路旁，有一顆高大粗壯的樟樹，約5個人才能圍一個圓圈，我也給她取名為「樟樹王」，所幸，它生長在路旁，如果生長在人跡罕見的地方，早就被「山老鼠」移植做掉了。

再追溯日治時代昭和2年（1927）起，力里警官駐在所的巡查山野福太郎，因專長領域使然，曾經全力指導力里社眾，在部落附近周圍大量種植相思樹，經過20年林務局接受時已蔚然成林了，主（粗）幹製成的相思炭數量多價格穩定，正是當時一般民眾最需要的日常燃料，而其他支幹亦可作為煮食的燃料。

靠山吃山的鐵證：民國48年起，林務局正式公告，讓民間投標取代利用「雜木」燒製木炭的權利，民國50年代，沿著浸水營古道兩旁就是設置了許多大型的木炭窯（cacaru），燒成的木炭又稱「火炭」，剛好可以利用古道以人力車、牛力車或人力一擔擔挑下山運出去販售，也是當時原住民經濟來源之一。由於炭窯四周的夯土壁面，因高溫而燒結硬化，經過幾十年的風吹雨打，仍然屹立不搖的在深山林下。目前，西段大漢林道旁的老力里附近、力里山附近、大漢林道16k附近及東段古道之出水波附近，仍可看到當年留下來的大型炭

窯，讓我們不禁興起懷舊之情，憶起遙想當年族人辛苦生活的情景。

西部枋寮及東部大武居民以及東西部當地原住民，在戰後生活困頓之時，相繼沿著浸水營古道入山鋸砍薪材，一路順便採集穿山甲、黃藤蔓及捕獵野生動物販售換款補貼家用。

靠海吃海的鐵證：自清代以來，每年冬季農閒時，西部海岸一帶的人，會互相邀約前往大武討海它們在舊稱「客庄」的尚武海岸附近，搭建臨時簡陋的茅棚暫住，然後用竹筏在近海捕撈黑潮帶來的洄游魚類。而提到的「客庄」是泛指外客居住的地方，並非是客家人的村莊。

民國 50 年代起，南臺灣開始掀起發展養殖漁業，所需的鰻苗、虱目魚苗都必須從海中撈取，而大武海邊，正式盛產魚苗的地方，同樣的西南部的人一樣結伴而來，同時挖一個 6x7 尺不等的水池，用乙炔燈或大型手電筒照著海面，才可以看得見魚苗的雙眼所發出的閃光，眼明手快的人立刻一把撈起這珍貴的「白金」，運氣手氣好的人，一個魚苗季就可以賺足一年的生活費有了豐滿的收穫後，將魚苗連同海水裝在不透水的米籮內，走山路時因搖擺使米籮內的海水會不斷地激起火花，反而含氧量大

增，存活率相當高，販賣到西部魚塭養殖業者後，每個人都喜孜孜，因為荷包滿滿的，這些討海的人有一個共通的現象，那就是寧可走浸水營古道山路，因為南迴公路的票價對他們來說是很高，況且車（路）程相差不到 3 小時。

註 13：引自參考《浸水營古道－一條走過五百年的路》徐如林，楊南郡 2014，頁 283 － 286。

三、西段力里社集體大遷移紀事

摘錄自力里系部落誌戴李冠玉口述／戴文柱整理頁 195

只因為這一句名言「凡走過的必留下痕跡」，也想再一次勾起那一段深層的回憶與情感，讓這一本無關碩、博士論文的紀錄顯現在江湖與族人共享，也讓後代子孫咀嚼想像。

遷徙之前，原有大小社聚落，此次遷移大融和不再分成大小社，遷移的過程中，老中青少男女皆展現原住民團結合作的精神來投入世紀大搬遷工程，根據參與事項前所未有且艱辛萬苦搬遷工作的老前輩們敘述如後：

大小社聚落同時遷徙，也不分聚落相互幫忙支援搬運家產及房子建材。

遷居之前，各住戶先選定地點再蓋簡陋茅屋，然後依序搬運建材，較

輕的東西由各住戶家人自行運送，較重的如屋樑、木板、直柱（kasiu）就發動全村壯丁輪流搬運，甚至家有牛群的也義務幫忙拉運，充分展現力里社族群的生命共同體。約一年時間的大搬遷後，原先臨時搭蓋茅屋，也因陸續運來原有建材而慢慢改建成較堅固耐風與侵襲的鐵皮屋，到現今的加強磚造和鋼筋水泥樓房。

　　此次遷徙各住家所有家產、建材、家畜等全部搬運。唯一祖先辛苦建造石板屋當中的片片石板，迄今仍然遺留在舊址「老力里」中，彷彿「埋藏在綠色叢林中的寶藏」

四、部落尋根之旅－心情告白
摘錄自力里系部落誌徐美賢撰寫，2004，頁 202 － 206。

　　此篇幅應當許多族人已閱過，基於世代子孫能有所遵循的軌跡，依然讓她面見世界重溫舊夢當時的心境：

　　童年至求學階段從來沒有人告訴我，我們是從遙遠的深山裡遷移下來，始終認為現在的家園就是從古至今原有的家邦，直到有一天長大了，服務教職後才輾轉得知有所謂的「老力里部落」才恍然大悟。也因為如此，經過一、二十年來之社會學習和服務，內心深處裡，總是無法彌補心中對「她」的嚮往和渴望，並時時縈

繞在腦海中永不磨滅。在時代潮流的滾動下，由各媒體報導中，得知台灣各地原住民紛紛掀起「部落尋根」的活動，燃起強烈之慾望推動實現多年的夢想。因此，幾番日夜省思後，為了先人祖產的保存和維護，毅然決然與吳天福議員、翁玉華所長、吳金治村長、力里系頭目們商討溝通，取得共識後召開尋根祭祖說明會，獲得村民熱烈的支持和肯定，遂於民國 92 年 4 月 6 日（日），全力里系老、中、青、少約四百多人，浩浩蕩蕩，以破釜沉舟的心情終於踏上那曾經是屬於我們的「土地和部落」。

　　由頭目、地方耆老、村長、壯士們引領大社、小社百姓一步一步走向學校遺址廣場集結會合，四、五十歲男性自動自發整理廣場周圍雜草後，大家席地而坐，場面聲勢浩大，令人感動，首先由理事長徐美賢說明活動意義及未來展望，吳金治村長說明整理家園、祭祖活動注意事項，高美枝頭目講古說今、鏗鏘有力，吳天福議員呼籲帶動大家舉手一起向「天」發誓：「共同維護遺址風貌，若有人刻意破壞，搬遷石板，就是大家的敵人，亦是祖先上天的敵人，絕不寬恕。」接著林德清賢伉儷說明重建部落可行方案步驟及應遵循的原則，羅

瑞生教授大力宣導原住民自然生態環境之重要性及保育維護之方法。機會教育宣導歷時一小時二十分結束，由家族長老分頭帶領各住戶一起尋找自己的家，進行室內外清理雜草蔓藤小樹，接下來就是用最原始傳統的方式人手一杯小米酒拜天、拜地、拜祖先，緬懷先人拓荒獵耕、胼手胝足、慘澹經營的精神建造家邦，感恩祖靈庇蔭繁延後代子孫，福祐平安發展，繼往開來。每個住戶舊屋門前石版上擺設許多小米酒、奇拿富、山豬肉、豬肉、魚蝦、小米糕等等祭品。

老村長黃水龍（當年 80 歲 sarangarang）耆老陳述往事時說：「民國 47－48 年，奉准當時所謂的「政府德政」目標，全村配合政策舉家搬遷至現在所居住的力里村（4 處聚落群），在那個時代裡，山區羊腸小道崎嶇難行，交通運輸工具匱乏，所憑藉著只是牛力、人力方式徒步緩行，從老力里突破重圍經過重山峻嶺，險象環生，歷經艱辛萬苦的里程，發揮原住民特有的雙手和赤足，終於完成壯舉。」不過據戴等（當年 90 歲）頭目耆老回憶當時說：「真的捨不得離開早已生生不息，根深蒂固，有生命、有情意的土地，在山頭的另一邊回頭遙望部落即將消失在眼前時，每個人都停歇腳步，駐足良久，內心掙扎著、哭泣著，再回首不知要等待何時？」那種大時代裡的悲情豪壯刻苦銘心之感受，生在太平盛世的我們，絕對無法體會理解其中刻苦銘心的滋味。

事隔 45 年的今日，我們以謙恭的心、沉重的腳，小心翼翼地探訪重回「她」的懷抱，解開心中許多埋藏多年的疑惑和渴望。我們心中沒有任何的埋怨和憎恨，只有無限的感慨和婉惜，首次踏上故土家園，我們深知只有以更寬宏大量、慈悲為懷的胸襟，來看待這一段歷史無奈的演變，因為，我們了解當年有當年的時代背景，當時有當時的政策制度。從宏觀的角度、微觀的立場，我們深深感受到「文化」不管是外族統治、改朝換代、政黨輪替，她始終是在歲月中澎湃迴盪著她的軌跡，歲月愈久遠愈彌堅，令人動容。我們盼望透過這樣的尋根祭祖活動，激盪教育年輕朋友、後代子孫：「明白自己家園的發源地、進一步窺知部落的原始風貌、深刻體認先人祖先共同努力的足跡、共築石板屋智慧的結晶、共創家園互助合作的集體精神」。遙想當年古老的年代，為了求取生存與延續族群的生命，祖先們靠著集體智慧孕育出與大

自然共生、共存、共榮、共舞的生活文化哲學，例如：「集體合作開鑿板岩、共同搬運一起建造，造就了嘆為觀止的石板屋家園，為了不受外敵侵略，會精挑細選難攻易手居住環境，更以輪耕的方式栽種農作物，使土地生生不息。」使得我們長久以來一直保存著擁有自己的生活方式與文化模式。

雖然，咱們的石板屋已不復當年完整無缺，加上置身於荒煙蔓草中，乍看之下彷彿一座又一座廢墟的城堡，令人心疼不捨，所幸當時遷村，頭目耆老們商議決定，只拆除帶走屋頂木質橫梁與直柱，屋頂石片則拆卸下來置放於客廳一隅，其餘，三面石牆、地板、門柱、仍完整如初，未因歲月浸蝕或人為因素而有所破損，可清晰推估其原始風貌。對於五、六十歲（當時民 92 年）以上的長輩們，對老部落的印象應該是鮮明純真的，因那是你們童年、青少年共同的記憶，對於七十歲的耆老們，內心則應該是更歡騰喜悅悸動，因為，這裡曾經是你們共同生活成長、奮鬥墾荒、播種收成、把酒吟唱、讀書運動最深刻的回憶，也是你們流血流汗、叱吒風雲、塑造黃金歲月的年代時光。當

老村長黃水龍耆老領著吳天福議員、吳金治村長、羅瑞生教授、林德清賢伉儷及本人做各家戶巡禮時，所看到的景致場面是多麼溫馨感人，每個家族成員都在細說當年的點點滴滴，有歡笑、有快樂、更有觸景傷情號啕大哭流淚，一幕幕叫人感動萬分，非筆墨所能形容，更令我動容淚流滿面的是，有好幾位老人家撫摸親吻著疊牆石板用哭聲嚎出共同的心聲話：「沒有想到我這一生中（或一輩子）還有機會回來，此生無憾，謝謝、謝謝。」

當我欲到達自己未曾謀面的「家」時，腳步沉重了，兄姊、姪兒們、孩子們早已把家園整理完畢，等待我一起祭拜祖先……。雖無緣在這裡出生，此刻的心情達到未曾有過的悸動，百感交集，眼淚又再度潸然淚下，當靜下心來深深吸一口氣，感受到「她」是那麼的原味自然，輕撫每一片石板，「他」是那麼的親切有力，彷彿祖先們就在周圍與我們話家常，享受天倫之樂。

感謝祖先給我們這麼優勢的地理環境，安全無慮得以代代相傳至今，雖然，在歷史的軌道上曾經為了捍衛家園，保護族人生命財產安全，維護固有傳統文化憤而起義抗荷抗日，造

成頭目族人重大傷亡而壯烈犧牲，奠定後來學會相忍為族人之應對相處生存之道。雖然，在改朝換代政策制度更迭中，也曾開過我們的玩笑，搬遷遠離故土家園，但並沒有把所有的文化資產破壞殆盡，還留下彌足珍貴、經得起歲月洗禮的「斷垣殘壁」。

末了，依舊是要割捨道別，惟凡是留著力里系血脈（djamuq）同胞族人，我們有著共同的理想和約定：

不變的真情，那是熱愛我們的部落遺址。
不變的約定，那是維護我們的鄉土家園。
不變的理想，那是珍惜我們的文化資產。
不變的期待，那是重返我們的傳統領域。

五、角色換裝的浸水營古道

50 年起至 70 年代左右，古道成為國軍陸軍野戰部隊、海軍陸戰隊山訓長征的訓練基地，在浸水營駐在所下方附近沿路兩旁都有士兵所挖掘的行軍戰壕、散兵坑、至今都還很清晰、為了因應當時的時代背景，警政署強硬規定，每年一定要巡視浸水營古道，東部大武分局、西部枋寮分局均要派 3 人小組的警察、義警在州廳界會哨，名稱就是我們聽過的「年度山地清查」，以防止匪諜躲藏滲透或「山老鼠」猖獗破壞山林，往山上的

原住民部落，都會有檢查哨的設置，其功能目的是如出一轍。

民國 57 年，當時還沒有發生所謂的「中美斷交」事件，美國為了自身的利益，以建立完整的太平洋防線，來圍堵中共的空軍，美國國防部特別撥鉅款給台灣，於海拔 1704 公尺的大樹林山頂，建置雷達站。配合建設，需要運載大批的建材與物資，台灣國防部商求林務局將日治時代的浸水營古道，拓寬成軍用卡車道，並延長至大樹林山頂，全長 28 公里，完工時，將大樹林山改名為「大漢山」，車道也命名改為「大漢林道」。值得一提的是，有一路段修改或不慎攔腰破壞遺址，例如：入山口就放棄崁頭營到歸化門駐在所，而是修改從 tjuacuqu 到歸化門，因為，此路段比較平緩，而留下三公里的步道，就是現今新開村所修繕的登山步道。另外，在 14k 原本是清朝六儀社營盤遺址，因當時還不了解要保全它，就直接貫穿中間，使遺址分為上下兩半，殊為可惜，這是林務局官員林慶信無奈的口述。

建置雷達站軍事設施與軍營，大漢山山頂被剷平成為一個大平台，剷除的高度為 24 公尺，後來加達 8 公

尺高的設施，所以，現在的高度為（1704-24=1680+8=1688 公尺）。

其實在這一段期間，林務局在西段古道上視野廣闊的山頂上，為了森林安全的維護，設置了兩處森林防火瞭望台，以防範監控森林火災不發生，第一座就是大漢山山頂，因讓出此地給國防部建設雷達站，只好遷移至大漢山西稜的具馬奴山山頂，標高為 1111 公尺，另一處是大漢林道 11k 力里小聚落北上方，標高為 1170 公尺的力里山，力里山為雙母峰，南側現已歸還給土地主人，開墾為瞭望台有機農場，現在，當然衛星資訊發達不需要浪費人力而全部撤廢了。

在東部方面，早期的林業管理經營模式與現代模式想法不同，當時認為應砍除沒有用的雜木，栽種單一樹種，稱為「林相變更」，因此茶茶牙頓溪流域南北岸都開闢成林道，砍伐原生種，改種柳杉和福杉，在浸水營駐在所至與出水坡駐在所間行進時，還可以清楚看到大片的人造林和殘留的林道。民國 57 年代起，林務局在茶茶牙頓溪與姑子崙溪匯流點，原清代「溪底營」營盤地上，設立「大武苗圃」，還聘請美國林業專家前來指導，選擇合適的樹種。苗圃內之「林相變更招待所」設施相當完善，平台後方闢有直升機停機坪，9 間客房、電燈、電話、貯水池兼作小型游泳池、罕見的抽水馬桶、搪瓷大浴缸等，都是為了「美國專家」而特別購置的舶來品，對於當時台灣的物資及鄉下特偏的生活條件來說，簡直是「非常奢侈」總統級的套裝生活環境。時至今日，在苗圃所培育的樹苗，殘留下來的有梅樹、台灣櫸、光臘樹現已長成大樹，尤其栽種於古道兩旁的檸檬桉樹，又高又直，灰白和水泥電線桿一般的樹幹，蔚為奇觀，令健行者驚奇嘆為觀止，紛紛拍照留住永恆。而今因應世界潮流脈絡，多方鼓勵「生物多樣性」之「多樹種造林」策略，促使動植物的棲息地能夠與大自然共生、共存、共飲、共舞，與當年對照可説是此一時彼一時，不可同日而語呀！

林務局推動造林時，原住民為了討生活，改善生活環境品質，紛紛的大量投入林班造林工作，雖然工資不是很豐厚，但一、二個月省吃（喝）儉用，還是會有一筆薪資帶回家，解決家中所需的必需品及子女們求學所需要，我就是活生生的例子（後面再敘述）當時的三、四、五年級生，

未能升學或去平地工廠上班的男女，首選的工作目標就是去林班造林、播種、補種、砍草等工作，為了排解白天一層不便的生活乏味，領薪餉時就會去平地買一把吉他，不管是個資、合資，反正大家一起共用共享。大部分原住民的族人都具有自自然然的音樂天賦，如音感，聽了一、二遍就會哼唱，撥弄琴弦，當年林班地的工寮採取大通鋪式，男女分床，若是一對夫妻則用夾板隔著，每當晚餐過後，就會聚集在工寮廣場，練彈練唱而且無師自通、相互揣摩學習，久而久之就會拚出一條活路變成一首詞曲歌，這樣的現象傳開來後，變成一種時尚和流行，後來塑造成一首首的經典名歌—「林班情歌」。也造就了灌錄製錄音帶的時尚，現在要聽山地情歌就不必去林班工寮聽現場演唱會，只要花個小錢購買錄音帶就可以在家裡、田間播放、百聽不厭，在老一代我比較熟悉的計有：蔡美雲、陳育修、李碧蓮、包曉娟、廖元通、伍金柱等，比較新一代的則有藍石化、馬春美、甫秀花、柯美金、尤信良、胡忠仁、黃惠娟、胡雅晨等……。這些一首首的名歌，還是深受五年級生以上的族人喜愛，至於再過多少年以後，就不得而知。

六、沉寂多年後，古道雲開霧散

民國 60 至 80 年代期間，浸水營古道幾乎被台灣大多數的人民遺忘了，其原因有三：台灣經濟起飛，以前往返古道營生的人，包含牽牛割、捕撈魚苗、捕捉穿山甲、山豬等獵人，都不再利用它了。再者，大漢山雷達站建置後，中點成為軍事重地，加上大漢林道 6k 建置檢查哨管制，一般平民望而生離，就連我們自己族人也常反應「極不方便」進出。更有，古道繼續成為陸軍野戰部隊，海軍陸戰隊山訓用地，一年一度或上下半年各一次的警察會哨（山地清查），除了他們及力里系族人勇士狩獵之外，沒有人再有意願靠近它。

宋教勝耆老口述「唯一始終不變繼續進出古道的莫過於力里系族人，勇士們結伴前往姑仔崙溪源頭、茶茶牙頓溪源頭、沿著古道遠至出水坡駐在所狩獵，所以，這一條古道應是沒有荒廢，只是變成獵人們之獵徑狹窄步道罷了。直到 90 年代後保育意識觀念高漲及原古道拓寬修繕正式啟用後，族人勇士們才收山不再前往該地區狩獵，筆者年輕時也曾由老師父蔡天助、洪加田帶領造訪過姑仔崙溪源

頭、茶茶牙頓溪源頭，至今仍然印象深刻。

據楊南郡教授撰述，民國 65 年 7 月完成百岳攀登，也先後完成合歡古道、八通關古道人文史蹟調查之後，想到南臺灣應該也有更多的古道連結到台灣的歷史，於是就鎖定南台灣浸水營古道之踏查，他堪稱是「台灣古道之父」之崇高地位，也容許我稱頌肯定其夫人徐如林老師為「台灣古道之母」，因為，他倆所做的貢獻前無古人，後無來者，無人能及，值得我們台灣人民深深的敬重。

我們繼續翻開兩位教授對這一塊土地疼愛與執著的故事：民國 81 年 10 月起因內心驅動使然，採取自助人助的方式進行調查，跟林古松先生先訪問移居到平地的力里社、歸化門社、出水坡社、姑子崙社、加羅板社等原住民耆老，也二度帶領著台灣大學、東吳大學、屏東技術學院的登山社員，緩緩地進入傳說中「全台灣歷史最悠久的浸水營古道」，踏查古道的現況。他們驚訝的發現才荒廢 20 年的古道，已經完全的被大自然收回去了。他們憑著文獻記載，在稜線左右尋覓，因濃霧瀰漫，難分辨東西向，有時爬上樹梢來辨別地形，有時爬上樹頂卻是無邊無際墨綠色的樹海，常捫心自問我們身在何處？夜晚累了，只能餐風露宿，紮營觀望月亮，等待東昇日起。所謂皇天不負苦心人，各營盤駐在所遺址逐一出土，尤其，出水波遺址地的發現高大如城牆的壘石，讓我們受到極大鼓舞。

民國 82 年 8 月，楊教授把將近一年來調查的經過、古道的歷史背景，大略的連載在台灣時報、中國時報上，卻引起南部登山界、鄉土工作者熱烈的迴響與興趣。登報連載後所產生的群起連鎖效應無遠弗界，有許多愛護鄉土的志同道合山友自動自發擔任志工，一起帶鐮刀、鋤頭、鋸子上山砍草，整理古道和營盤駐在所等史蹟，其中，有一個人讓人津津樂道的傳奇故事人物，自稱「赤腳伯」的登山山友陳國明先生，每週帶一批團隊走一趟古道，順便沿路清理。曾經奄奄一息的古道，現在又充滿人氣復活起來了！原本，古道就是有機體，因眾人的利用而壯大，若不被使用就漸漸呈現荒煙瀰漫而消失了。就如同我們的住家、山上的工寮，久了沒有人居住就會引起陰濕氣霉氣蛀蟲腐爛的現象。這一條和台灣歷史息息相關的古道，在眾人的努力下，終於雲開

霧散，重見天日，重新在江湖的舞台上站起來。民國 90 年代，林務局進行國家步道系統的整建計畫，再度委託楊教授團隊繼續調查古道的人文史蹟，經過 10 年的光景，發現昔日荒煙蔓草的景象，已經被清晰的足跡所取代了，真是可喜可賀。

希望這一條不僅是官道，也是屬於常民的古道，更是屬於牛路的古道，所深藏的歷史事件和歷史意義，繼續承載台灣歷史的道路。

七、古道新開的故事

這裡所指的新開，就是枋寮鄉新開村，前幾年因不了解歷史背景，還未拜讀楊教授的這本「聖經」，而有所誤解，以為他們要強渡關山，主宰整個浸水營古道，當因誤解而瞭解真相後，反而應該給他們舉個大拇指，按個無數的讚來肯定他們，且看看楊教授的調查、說明、引導、感動的記載：

還在 80 年代時，新開村民不承認自己是平埔族馬卡道人，但 82 年 8 月當楊教授發表文章後，立刻引起共鳴承認自己的祖先，尤其當時張吉雄村長率領村民，將日治時代開闢的新開村崁頭營到歸化門駐在所（小社）這一段 3 公里較陡的步道整理

修復起來，雖只能健行，車輛無法進出，但無疑地給愛好登山爬山健行的山友們另一條選擇，此步道視野遼闊可眺望台灣海峽、高屏平原、高雄市 85 大樓、小琉球都盡在眼底。當國軍拓寬大漢林道，並沒有尋著這一條古道，而是選擇比較緩坡的 tjuacuqu 路段開闢接到歸化門駐在所，從此我的迷惑也解開了。

民國 89 年初，新開村舉辦了「古道新開」系列活動：

1. 健行 3 公里「行春」開場。

2. 搬出古老的牛車，可惜不是最早的板輪牛車（可能已經當柴燒或自然損壞作古了）。

3. 準備「飯湯」的道地野菜粥，體驗昔日馬卡道人祖先的生活。

4. 耆老講古和古謠吟唱：無論是本地居民、回鄉遊子、慕名而來的遊客，大家都認真的傾聽老人家說起陳年往事，而古謠吟唱的悽愴旋律，讓在場的所有人為之頻頻拭淚。

楊教授自豪欣慰的是：因為浸水營古道的調查發表，讓一個民族恢復自信心，更把自己馬卡道族人的服飾圖騰穿在身上，宣告自己是百分之百的台灣原住民。

民國九十二年，完成古道人文史蹟調查報告後，林務局提出整修古道的計畫，最令人感動的是當時楊秋霖組長，堅持用「近自然工法整修」方式，要讓古道修舊如舊而不要走樣變樣。例如：遇到路段有凹溝時不必填土，而是就地取材搭建小路橋，路況不致泥濘、比較陡坡路段也就地取材，考量人體工學設置階梯，並在道路兩旁繫綁繩索，以利山友安全行進。另外，古道沿路重要的人文史蹟據點，根據楊教授的文獻紀錄，林務局參考內容設立簡易的牌子解說，讓山友了解概況，才不虛此行，如果只是走……走……走馬看花，那倒不如在家睡個大頭覺。浸水營古道曾經有過 20 年「暫時停止呼吸」，現在它重新站起來了，希望它能長命百歲、千歲、萬歲，活得更好、更久，繼續扮演見證台灣的歷史。

註 14：引自參考《浸水營古道－一條走
　　　　過五百年的路》徐如林、楊南郡
　　　　2014，頁 287 － 329。

第二篇
走讀浸水營古道—西段古道行腳

第一章 大漢林道下現代路線解說篇

由第一篇歷史人文史蹟篇的整理概述，應該有了初步的基本概念和輪廓，現在就以實際的場域場景去堆積，觸類旁通、旁敲側擊走一趟浸水營古道，首先，就踏駛進來的路線來做分享；不管是由北南下或由南北上的旅人山友可開到枋寮火車站作為終點站，搭乘大眾交通運輸火車、遊覽車也是如此，另一條選項是自行開車、搭遊覽車也可以直接駛進春日鄉七佳社福館（七佳 7 - 11 旁）及力里停車場，我們都會有牌照合格的接駁車載運上山，其路線是這樣：

1. 枋寮火車站→水底寮→新開→玉泉→七佳 7 - 11 →歸崇段→歸化門社遺址→大漢林道 6 公里檢查哨。

2. 枋寮火車站→水底寮→新開（崁頭營遺址）→歸化門駐在所→大漢林道 6 公里檢查哨。

3. 力里社區停車場→歸崇段→歸化門社遺址→大漢林道 6 公里檢查哨（三條路線均在大漢林道 6k 處會合）。接著，要上山前必須先簡單扼要了解山下幾個地方的人文史蹟、文

化習俗、部落特質，以增進您的內涵與常識。

第一節 枋寮

早期有茂密的森林，「枋」字閩南語之意就是「木板」。

明萬曆 10 年（1582），葡萄牙人的戎客船在小琉球觸礁破損，因潮流關係被漂流至枋寮沙岸，300 多人與平埔族馬卡道人、放索社人和平相處，2 個月後，協助重新修護才離開，由於這些人受到台灣之美的感動及人情世故伸出援手的溫暖，台灣美麗的寶島不脛而走地傳開了，開啟了台灣（Formosa）美麗島之雅號。

清康熙 33 年（1694）從華南、漳州這一帶移入眾多的漢族移民至此。日治時代縱貫鐵路的終點，昭和 11 年（1936）南迴公路的起點，1943 年太平洋戰爭，日本帝國主義在南洋節節敗退，判斷美軍一定會攻打台灣，因此，把本島列為死守「本土決戰」的最後一擊，所以，把枋寮重兵部署，設施層層堅固，當時是防衛南台灣之要塞。

民國 80.12.16 南迴鐵路開始營運，也是作為任務艱鉅的起點。南迴鐵路開通後，枋寮火車站變成東西向重要的中途站（sasekezan），許多貨倉、建築被閒置，文化部引進了藝術村的概念，邀請不同領域的藝術家進駐，把公共空間活化、藝術化，使經過駐足枋寮欣賞的人，更增添具有人文藝術氣息。

　　由於臨海（pasapitje i ljavek），當地的各色各樣海產小吃大吃，應有盡有，任君選擇。如果要住上一宿枋客文旅、大小民宿可上網查詢或問當地人再做決定。

兼具多元功能的藝術村。

跨越枋寮漁港之拱橋視野遼闊。

這棵榕樹仍然佇立於此目睹古今人們熙熙攘攘往來東西部嶺（領）壞，仍然屹立不搖於此。

路頭石柱並沒有因時代變遷而遭受破

第二節 水底寮

因為森林繁茂而且有積水窪地而得名。清朝、日治時期，因為比較靠山區，「換番交易」非常興盛，逐漸形成街市，直到民國 50 至 60 年代還是如此，我本人也是躬逢其盛的受惠者，遙想當年還在讀小學時，先父每逢農曆過年前，總是會精挑細選準備好多的山產農作物，而我就側坐在大型腳踏車的前面縱桿，風塵僕僕的前往水底寮「以物換物」，當然，父親有既定認識的兩家好朋友，不必沿街換賣換物，我猜想他們雞同鴨講的對話，應該是日語，因為當時我也聽不懂，我們換來的是一年才吃得到的各色各樣年糕，現在回想起來，有時吃完了還會舔手指呢！

現今榕樹圓環即是清朝時期「開山撫番」往東部越嶺道的起點，當然，也是日治時期浸水營古道的起點。

三欉榕（三棵榕樹）內有「嶺頭路」立牌石柱，可證明古道、越嶺道之起點。

這棵榕樹仍然佇立於此目睹古今人們熙熙攘攘往來東西部。嶺（領）路頭石柱並沒有因時代變遷而遭受破壞，仍然屹立不搖於此。

第三節 新開

前一篇「古道新開」已略有敘述。

因歷史朝代、時空背景更迭，西段浸水營古道路線已變遷，改變為現今之大漢林道 0 公里起點（新開苗圃入口處、日治時期 1906 年為入山起點）至大漢林道 23.5 公里終點，到達此處左邊叉路又改變身分為浸水營古道 0 公里起點，至姑仔崙吊橋過橋為終點，總長為 15.9 公里。

有幸參與春日鄉公所、國立屏東大學合辦之「春日鄉導覽解說訓練課程」，在最後一天課程特別安排於民國 110（2021）年 9 月 27 日（一）踏查清朝、日治時期浸水營古道西段 0 公里至 2.5 公里的場域。這一條古道本已荒廢無人問津，經由楊南郡教授披露才重見天日，促使新開社區族人覺醒，並於民國 89 年年初辦理「古道新開」系列活動，距離現在將近有 21 年多的時間，筆者相當汗顏，這麼悠久優質乘載歷史的古道，就在家鄉附近活耀著竟然到現在才親臨踏訪，愧對先輩先人披荊斬棘、篳路藍縷、艱苦拓荒的精神。

經過實際踏訪的結果，描述以下之心得與諸君分享：

一、路線

由新開苗圃左轉進入當年的崁頭營駐在所為日治時期入山起點，往東沿著稜線下方緩緩上坡徒步前進，以當年人類的腳力、體力、耐力、毅力相當符合「人體力學」，更遑論是牛、馬的傻勁、拚勁和衝勁。走到 1.2 公里處平台上，第一座涼亭正等著您駐足休息，繼續緩坡上行漫步至 2 公里處，第二座涼亭也呈現在眼前，此處視野變得寬廣遼闊，往西鳥瞰前方盡是枋寮平原、潮州平原、沿海地區、台灣海峽，往左右兩邊瞧一瞧、望一望，都是一大片的刺竹群落，我想該區域的社群族人，在七、八月份竹筍季節應該不會缺貨，此時距離終點站「歸化門駐在所」還有 500 公尺，這一段反而比較直線上升陡坡，沿途踏查中發現有一些比較特殊的植物：如柚葉藤：細藤攀岩樹幹，可採集曬乾後剝皮，製作背網袋上圓圈圈材料。

台灣海桐：童年時期製作竹槍，果實成熟後為最佳的子彈，仿照早期「勇士們影集」躲貓貓作戰遊戲方式，樂此而不疲。

山枇杷：猴子與螃蟹故事，果皮生殖器。

龍船花：九月份剛好是紅花盛開的季節，為自然大地補紅艷的彩妝，美不勝收。

過山香：葉片香味既清新又濃郁，聞到了令人舒爽。

皮孫木：樹汁有黏液性，螞蟻、夏蟬、小小鳥沾到了很難脫逃，粗壯聳立在古道上。

其他常見熟悉的植物如：相思樹、白山氏、黃荊、九芎、血桐、構樹、五節芒、甜根子、猿尾藤、葛藤、大葉雀榕、咬人狗、桑樹、紫背草、姑婆芋等等……。

二、動物

那一天只有瞧見猴子、松鼠、蚊蟲及不知名的鳥鳴聲。小叮嚀與建議：這條健行古道極為適合休閒半日遊，但若能再擇一結合以下行程，必能有充實豐富的文化、農事、歷史古道之旅：①老七佳石板屋巡禮解說。②力里、歸崇有機農園農事課程體驗。③力里山登山步道健身。④晚上住「頭目民宿」，感受「當頭目」的滋味。⑤第二天啟程再前往另一個「時光隧道」－東段浸水營古道。

若有一日遊或二日遊行程，相信會更為豐富充實多元，讓您回味無窮好想再來一次、二次、多次，過程

中一定會配合道地之時節原味餐或獵人餐，在您的人生閱歷上充實留下精彩不朽的篇章。

古道起點說明示意圖，讓山友們清楚明白歷史與路線。

雀榕鬚根修長，給他裝扮成如同清朝時期的辮子，別有一番另類感受。

新開社區左轉為清朝時期通往石頭營營盤，直走為清朝、日治時期通往崁頭營營盤、駐在所遺址，也是既浸水營古道西段之起點。

曾昭雄老師沿路解說。

高聳直立的皮孫木

柚葉藤 (singuc) 生態群落

分叉路，左為新開苗圃古道起點，右為大漢林道起點，於5公里處會合。

大漢林道歸化門駐在所遺址

第四節 玉泉

石頭營：建造於清同治 13 年（1874），主要是因應日軍強佔瑯嶠，攻打牡丹社，清廷為充實國防，積極採行「開山撫番」政策，加強枋寮港口沙岸防守，扼守後山出入口的山腳下地帶，兵力約有 500 名。四周為大石塊所砌成的高大圍牆，牆內有數棟營舍，占地有 2 甲多，東、西、南、北 4 個城門，為了符合依山面海的風水觀，營房正門朝西。但經過歲月時代的更迭，現在只剩疊石圍牆，要回想石頭營，只能從民國 50 年代美軍對台灣的航照圖去觀看。

聖蹟亭：清兵穩定後隔年（1875），為了教化原住民（熟番），總兵張其光特別設立「番學堂」，並建字紙一座，用來焚燒寫有文字的紙張，用意是要敬重文字。因為古人相信文字是聖人所創，凡是字紙皆有靈，此亭因而被稱為聖蹟亭。周圍有胖嘟嘟的小孩石雕，雕出上學用功的模樣，討人喜愛。

荷蘭時期 1641 年後至 1662 年，計 21 年，明鄭時期（1662 － 1683）因官員乏人問津，古道暫時恢復平靜歇息，但這條古道仍然是東西部排灣族人之獵徑，清朝時期 1874 年後至 1895，計 22 年，這條古道又恢復受到清朝之重視而設置不同路段的營盤，石頭營營盤（現為枋寮鄉玉泉村之行政區域）就是入山的起點，沿路經過歸化門社、崁頭營營盤（現今大漢林道 7k）、力里社上方暨六儀社營盤（今大漢林道 14k）、大樹林前營營盤（今大漢林道 20k）、大樹林營盤駐在所（今浸水營駐在所遺址、東段古道 3.5k）、出水坡營盤駐在所（今東段古道 9.5k）、溪底營營盤（今東段古道 15.7k）、大武支廳（今大武分局）。

焚燒字紙的聖蹟亭

第五節 七佳

　　這個部落的組合，從民國62年代起因為颱風天然土石災害之故，經過春日鄉公所、屏東縣政府的多方協調輔導，建議從舊七佳搬到現址，而其他力里系、歸崇系部分的族人為了安全不得不跟著遷移，而白鷺系早先已遷來當時還是屬於枋寮鄉段，所以，這個部落的組合非常多元特殊，但族群非常團結合作，最具有震撼力和特色的就是舞蹈－七佳勇士舞。

　　您一定聽過「老七佳石板屋」，擇日可以安排去探訪，體會先人們的智慧，體驗冬暖夏涼的民宿石板屋，不過，要上山得須跟石板屋文化協會預約，不得擅自進出。

　　體力足夠的話可挑戰登石可見山，標高為1521公尺是春日鄉第二高峰，唯石可見山這個大家都已耳熟能詳的山名，經由徐如林老師校對這本書時，有了新的說明與見解，徐老師寫道：「石可見山的（見）字，其實是聯勤地圖的錯字，應該是（旦），其原本是cekadan（七佳旦／七佳山），日本人地圖用片假名，國民政府繪地圖時音譯成石可旦，製圖人員誤寫成石可見」。至於是否沿用石可見山或修正，應交由七佳系族人、相關單位，專家學者，共同研議討論再公告於世。

　　春日鄉北三村力里、七佳、歸崇每五年都會辦理盛大隆重的祖靈祭祭典文化刺球活動（之前名稱為五年祭）。

進出老七佳必經之橋

從瞭望台農場遠望石可旦山稜線群

入口意象大門

老七佳入口平台廣場－實體模型石板屋。

屋頂一片一片鑿敲血汗得來

兼具人文靈氣之頭目家屋

　　現在的七佳村自強一路儼然已成為春日鄉北三村及鄰近枋寮鄉玉泉村、來義鄉南和村的市中心，二十四小時超商不打烊，購物、飲食、提款真是方便。除此，每週一晚上的夜市，彷彿嘉年華會，平時藏於農務家務的鄉民都冒出來。當然，只要口袋夠深有充足可愛的新台幣，連早餐都可以隨心情變換選擇。再者這裡排灣族的傳統美食是不能漏的，攤位跟部落族人的盛情一樣，應有盡有，各種有機無毒蔬菜，諸如：芋頭、甘藷地瓜、山蘇、咖啡等，生活機能順暢無礙，不亞於平地更添增部落風味。

族人設攤，物品豐富多元，應有盡有

蘇木良 (cudjuy) 君販售的小米甜甜圈。

第六節 歸崇村

山友們如果選擇的路線是玉泉→七佳→歸崇→歸化門社的話，您務必會經過相當醒目的地標－枋寮分局歸崇派出所，如果是由力里社區發展協會 umaq 食堂負責帶團踏查古道，為了團員自身的權益，必定會請該團負責人於派出所辦理登記備案的程序，常言道：「人有旦夕禍福，不怕一萬，只怕萬一」，走一趟古道順利平安是皆大歡喜，萬一出了狀況需要動用相關單位、社會資源，此時，如果有登記備案救援時效絕對會事半功倍而不致造成遺憾。

歷史脈絡有上部落、下部落之分別，恰好以歸崇派出所做為上下的界線，歸崇村在文化脈絡上屬中排灣族以力里社群系統為主，因於日治 1930 年間遷移之族人主要從力里社分出，些許台東大武（sakayasai

社）及士文社族人遷。目前仍保有三名傳統領袖 taljimaraw 家族（張美花 avu）、ljupeq 家族（吳桂梧 sauljaljuy）、tagaw 家族（李明美 tjuku）分別統領上、下部落、靈媒、收穫祭、迎送祖靈祭等較具完整性的排灣族傳統文化，現以簡述方式敘寫歸崇（村）部落傳統領袖之近代遷移史。

一、taljimaraw 家族概況

taljimaraw 家族原屬力里系統，後從力里舊社遷至力南段名為 rasi 士文與力里交界的區域，接著再遷入 kalevuan（歸崇舊大社），最後定居於現居於現在的歸崇現址，族人稱之為 tjuaresir 的地方。（力里舊社→力南段 rasi →老歸崇大社 kalevuan →歸崇現址 tjuaresir。）

另外，來義的 tjaljakavus 稱 taljimaraw 為 ruvaniyaw 所屬的說法，前任當家 tjuku taljimarwu 表示，也許是前五代之 vuvu rangarang 是由力里 kaduduljan 家族（ruvaniyaw 系統）入贅 taljimaraw 的關係，至於其他細節的部份 tjuku taljimaraw 則表示並不清楚。

家族真實故事－巾幗英雄威震南疆四品蘭翎義首林李招 sauniyaw taljimaraw，清道光乙酉 1825 年生，兄弟姊妹三男二女，長兄 rangarang、次男 kuljelje、長女 balu、次女 sauniyaw、么子 ljamer，sauniyaw 排行第四，媒嫁林萬掌為妻。當時原漢衝突不斷，直至 taljimaraw 家族和林家和親後，方得改善。

林萬掌娶 taljimaraw 家族的 sauniyaw 為妻後十年，土地財富、武力遽增，建了二進、閩南式九包五脊翹宅院，以林萬記之名設立的「萬記」商行，利取「漢、原」兩界，林家勢力在咸豐年間達到顛峰。此一民族融合故事，不僅是一齣歷史傳奇戲幕，更是台灣開發史的奇蹟。

林萬掌逝世時，其長子有才十五歲、有得十二歲、有春四歲。年三十四歲的 sauniyaw，肩負龐大家業之重責，在社會動盪不安的環境下，不但要對外展現林家的實力，對內更要安撫軍心。在總總不利的條件下，sauniyaw 不畏賊匪，才智雙全，除了鎮住軍心並同心協力自給自足外，亦能廣濟布施，每逢年節濟助遊民，此一善舉傳遍地方，「內寮頭家媽」雅號因而得名。

常言道：有智婦人，賽過男子。當時 sauniyaw taljimaraw 對時勢頗

有見解，更能明以大義，sauniyaw 擁有屏東縣山區原住民的力量，威震四方，眾人拱之。鳳山縣境遇有事變，sauniyaw 均能勇當調人，排解糾紛，不致動亂發生。同治元年獲欽加二品銜調台灣南路等處地方協辦林文察、欽命按察使司銜台澎兵備道兼提督學洪毓琛、補用道署台灣府正堂陳懋烈、五品銜署鳳山縣正堂即補現正堂羅憲章，聯名贈「錦繳遺風」匾額乙方。

二、ljupeq 家族概況

ljupeq 家族是從台東大武 sakayasai 社遷移至力里社的 riumalj 領域裡，加上些許從士文社 kulalangaw 族人移住，後來便開始了在 riumalj 的生活，當 taljimaraw 家族遷至 kalevuwan 時，ljupeq 家族也被日本人鼓勵遷至老歸崇小社 pasanavalj，最後再隨著 taljimaraw 家族從老歸崇小社 pasanavalj 到歸崇現址 tjuaresir 上部落一起生活，成為現今的歸崇村。

（台東大武 sakayasai 社→riumalj→老歸崇小社 pasanavalj→少許 kulalangaw 移住→歸崇村現址 tjuaresir）ljupeq 家族也有動人的傳奇故事－力壯如山的兩兄弟，比較著

名的兩件事為①吹息沉木 ②劃繩墾荒（註 15）。

註 15：參考資料引自《歸崇文史紀錄》歸崇社區發展協會，民國 100，頁 24－29。

tagaw 家族概況：（李明美、李政森姊弟口述，徐美賢整理。）

tagaw 家族原世居力里大社，為力里社頭目家族系統之一，在 1914 年 10 月爆發力里社抗日事件慘案，被迫帶著族人遷移至力南段 tja mulur 的地方，後遷移至歸崇段 ljeceljec 地段，再遷移至現今大漢林道 5k 下方 pusekaman，最後再遷移至現在居住的地方－歸崇村。

在這漫長的遷移過程中，上一代的族人並沒有把有生命的祖靈屋跟著遷移下來，仍孤獨深居在古木蒼天的老力里，祖靈常託夢給現在頭目繼承人李明美 djuku，清楚的告訴主人執意下山遷到現在的家，經過幾番與力里系統頭目、家族、靈媒、部落族人商議討論達成共識，遂選定於 2014 年 9 月 9 日這一天，由家族李政森 pulja ljuyan 君、姊夫鄭國欽 bui 君帶領兩位靈媒賴秀香 qedeves 女士、柯千花 babing 女士、三位勇士及親友族人，誠心誠意、簡單隆重前往老力里迎祖靈祭拜儀式，再小心

翼翼引領著祖靈下山，安放於歸崇村玉山路 22 號李氏頭目家族所建構好的祖靈屋，並於 2014 年 11 月 9 日宴請部落族人蒞臨寒舍正式舉行安厝儀式，共襄盛舉，一起宣告見證歷史的轉型與真相，從 1914 年 8 月起至 2014 年 11 月 9 日止，共計 100 年之久的歲月造成空窗期獨居山林中，現在已撥雲見日回歸主人的懷抱，李明美女士（djuku）成為歸崇部落名符其實的頭目家族之一。

特此一提，分享告知族人及山友們，umaq 食堂是道地排灣族開設的店原住民族風味餐 umaq 食堂，坐享美食之際，佐餐的是餘暉彩霞盡大地美景與蟲鳴鳥樂天籟之聲，品嘗 umaq 食堂獨一無二所調理的多元風味餐，絕對讓您「回味無窮、不虛此餐。」請主動聯絡花掌櫃電話：0981658300。

三、古道上文化藝術工作者

原住民在音樂、繪畫、雕刻三大領域，有其自然而然之天賦基因，就看自己有沒有發現自己的優勢，或是否有伯樂發現造就成為千里馬。

umaq 食堂

歸崇拿撒勒教會圍牆浮雕，此處亦是歸崇段「現代浸水營古道」的入口處。

背景圖為日本畫家三方悌吉於 1935 年來台在屏東排灣族力里社，留下這張排灣族畫（引自秋惠文庫）柯學嘉提供。

(cudjuy) 與他精巧的藝術

這位主角是筆者國中小同學，也因為同學在人生的過程中成了莫逆之交，漢族姓名叫陳振國，家戶個人族語名稱叫 mazengzeng cudjuy，在克難環境中成長茁壯，因興趣國中畢業後學得一技之長－摩托車修護技能，學成後獨立創業，在本鄉歸崇村玉山路161號開摩托車修護專賣店龍勝機車行，就近照顧鄰近鄉名族人。

事業有成後不忘自己的第二專長和興致－原住民文化雕刻藝術，cudjuy 年輕時也是彪悍的勇士獵人，縱橫踏訪千山萬水。彪悍豪邁難掩巧妙藝術天分，樸拙精巧盡收眼裡。常利用工作之餘撿拾漂流木，化腐朽為神奇，作品琳瑯滿目，佳芭萊創作木雕藝品休閒館就在龍勝機車行斜對面，舉凡原住民大中小型桌椅、排灣族特色匾額、住戶門牌、製作標本、收集農業時代農具古物、各種造型多樣之裝飾品、男性頭飾、排灣族連杯等等，都是經過他的智慧和巧手獨創

一格並開花結果。

希望我這位好朋友在這一條路上能繼續執著地走下去，展現傳承排灣族特殊的雕刻文化藝術，使後代子孫有更多的學習空間，也歡迎各地的族人同胞蒞臨指導參觀。

第七節 力里村

這個部落的遷移史非常複雜與悲情，在前一篇有敘述，僅就以現在的狀態來簡述。力里山（1170公尺）是登山爬山客一日遊的最愛，沿路還

從歸崇農路眺望現今之力里村

清水有機農場歷史最為悠久常傳授經驗之精華，使農友受惠良多徐清水長老、彭月枝執事一對賢伉儷，是教會中有情有義的福音傳播者。

余義雄、潘松美夫婦上下山同進同出，共同努力打造力龍山有機農場。

青娥有機農場女主人因一人獨撐，常有許多農友、教友、親友主動義務協助農事。

有三家農莊可提供餐飲、露營服務。

日治時期（1925）建照完成的力里伏流水圳，提供力里、南和、歸崇、七佳、大響營（台糖）畜牧場一般用水和灌溉用途。

停車場內有：春日好品市集、祭司台、祖靈屋，辦理祖靈祭的場所本部落已有 7 家有機認證農場和 3 處領域無毒友善農場分別是：清水農場、萬綠農場、青娥農場、文明農場、瞭望台農場、力龍山農場、力健農場、老力里田園。

每一年收穫祭、每五年祖靈祭均按時慎重辦理，尤其祖靈祭號召在外的力里系族人回娘家團聚。

力健有機農場除經營農場外亦可提供原味、風味餐服務。

萬綠有機農場與瞭望台有機農場是徐萬力、曾春花夫婦經營的農場兼原民風味餐。

具有排灣族五年祭（祖靈祭）之入口意象。

爲感念鳥居信平立銅像紀念

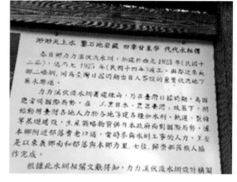

日治興建力里伏流水圳儲存塔出水槽將近百年歲月，仍屹立不搖與力里伏流水圳建造歷史始末。

陳文明老師書法家退休後從事經營文明有機農場

malingalin 頭目家民宿

力里系部落祖靈屋與祭祀廣場

110.1.4 春日鄉公所辦理浸水營古道「觀光文化資源調查」健行之旅。

因共飲力里溪加上南和大橋牽引，兩岸村民彼此建立深厚的民族情感。

瞬間即是永恆，山頂上的雲彩相互依偎扶持，看顧台灣的生命大地。

第八節　歸化門社遺址
（kinaliman）：大社（kalevuwan）、
小社（pasanavalj）

歸化門原本就是力里社的耕地，日治大正3年（1914）發生力里抗日事件，遂於昭和2年（1927）40戶遷入歸化門社（pusekaman. tjualjangi），昭和6年（1931）將36戶農墾戶（kinaliman.tjuaqaw）遷入歸化門社，11月再與（ljupeq）士文系吳桂梧7戶、力里社2戶遷入，合併約為85戶，並獨立成為歸崇社。

歸化門駐在所，設於日治大正4年（1915），其地點就是現在的大漢林道4公里處，在歸崇小社附近，所以，歸崇社獨立後也分為大社、小社，當然，民國後就是個完整的歸崇村。

註16：引自《浸水營古道－一條走過五百年的路》楊南郡、徐如林，2014，頁242。

第二次世界大戰末期（1943），日軍為因應台灣本土決戰以防止或迎接美軍登陸，特於枋寮沿海地區延伸至春日鄉山麓，設置堅固厚實的防禦工事，此三張圖為歸崇段丘陵地當時司令部指揮所，山丘下方全是四通八達的坑道防空洞，備有軍車、大、中、小型之大砲、機槍，日軍死守台灣的決心可見一斑。

各任鄉長是承先啟後的橋樑，柯自強鄉長向保育隊成員解說歸崇部落的歷史演進。李清標前鄉長，退而不休發揮耆老傳承文化責任工作，利用暑期辦理歸崇部落收穫祭－協助擔任部落遊學講師，在自己的農莊田園以精闢的解說傳達製作芋頭乾流程，使後代子孫了解先人們的智慧與辛勞，體驗原住民食物得來不易。

歸化門社社長石牆遺址（大社）歸化門社石牆遺址（小社）。

第九節　力里國小的歷史軌跡與沿革

　　「文化」不管是外族統治、改朝換代或政黨輪替，他始終是在歲月中不斷的澎湃滾動她的軌跡，而且是每天撥弄著喜怒哀樂動人心弦的樂章，何況，她在一百一十二年的悠悠歲月中，仍然屹立不搖，必有她可歌可泣動人的旋律。感謝政府當局對於鄉土教育重新思考與價值肯定，使我們有機會回過頭來，重新翻閱拾起過去我們曾經擁有過的記憶。透過各種方式，拜訪詢問、蒐集資料，務期所編輯之校史，不致偏離史實，盼望這一本校史初輯，能喚起校友們許多美好的童年回憶，引發對鄉土文化價值的共鳴，留給子孫見賢思齊的寶貴資產，培養愛校、愛部落、愛鄉、愛社會、愛國家的習慣，進而建立地球村愛世界的宏觀胸襟。僅以忠實淺顯的文字敘述方式，將本校的歷史軌跡與沿革粗略地呈現給大家分享。

一、老力里國小時期

　　1.光緒 31 年（1905）日本在老力里欲實施日化教育，後因多方障礙之故而延辦。

　　2.民前 1 年（1910）日據時代正式創辦力里蕃童教育所（ralekerek kakituluwan nua kakeriyan）。

民國 61 年筆者畢業前夕於舊力里國小校門口留影，左後方為當時的校長室，腳踏車則跟歸崇同學借騎（抱歉忘了哪一位？），家裡的腳踏車沒有這麼新型，而是大型的 kamucu。

歷史性珍貴的照片，筆者非常榮幸畢業典禮時代表全體同學由校長李啓福先生雙手中接過象徵最高榮譽的畢業證書。

當時，四位惺惺相惜的同學一起合影，由左至右分別是張正福君、徐美賢君、可安君、陳振國君。

3.民國 19 年（1930）日據時期改名為潮州郡力里教育所。

4.民國 25 年（1936）十一月日據時期，又改為高砂族日語教育所。

5.民國 34 年（1945）十月台灣光復後，正名為力里國民學校。

6.民國 39 年（1950）十月本省行政區域重新劃分，改為屏東縣春日鄉力里國民學校。

7.民國 40 年（1951）七佳國民學校奉令合併本校為力里國民學校七佳分班，四－六年級必須長途跋涉（semuladruq tua djalan）來本校就讀，因此，除了住在簡陋的宿舍外，亦可依親住宿，備感辛勞。

二、舊力里國小時期

民國 47 年 10 月奉准響應當時所謂的「政府德政」隨村遷建至現在的力里活動中心及停車場、河床周圍。在搬遷的過程中，聽老一輩的敘述，可窺知一些蛛絲馬跡，在那個時代裏，山區道路崎嶇難行，交通運輸工具匱乏，所憑藉著只是牛力、人力和徒步緩行，從老力里經過崇山峻嶺，險象環生。

中高年級的學生自己扛桌椅，低年級的扛椅子，其餘學校還堪用之設施器材，由教職員工、部落百姓合力

民國 61 年第 17 屆畢業班部分同學於觀賞園入口處留影，時隔一個多月 7 月 22 日因災害隨即走入歷史。

第 17 屆畢業照，也是本校在舊力里國小最後一班之應屆畢業生。

校園景觀一偶，令人懷念，母校曾經給學子們許多的酸甜苦辣時光。

災後克服萬般困難，照常供應營養午餐，師生家長內心感恩有加。

那個物資匱乏的年代，吃一個大大的饅頭，喝一口熱騰騰的湯，是多麼滿足喜悅的事呀，老校友們您還依稀記得這些點點滴滴的往事嗎？

一步一步艱辛扛下山，而一天只能集體搬運一次，所幸當時的孩子們有吃苦耐勞的傻勁與意志力，終於完成歷史壯舉。值得一提的是，據老一輩陳述，當時，真的捨不得離開早已根深蒂固有生命、有情義的土地，在山的另一邊回望即將消失眼前的家園時，每個人都停下腳步，駐足良久，內心掙扎著、痛哭流涕著，再回首不知何年何月何日何時再相會？那種大時代裡的悲情豪壯、刻苦銘心，生在太平盛世的我們，恐怕無法體會理解其中的滋味與感受。

民國 48 年 8 月春日國校歸崇分校奉令歸屬本校。民國 57 年正式改制稱為屏東縣春日鄉力里國民小學。

民國 47 年至 61 年這一段十四年歲月中（未發生土石流災前）的力里國小，整個校園環境面積遼闊，綠樹成蔭，花團錦簇，景色宜人，有三座不同功能的操場，校舍為瓦房建築，古色古香，第一前庭為三百公尺運動場，第二前庭為升旗嬉戲奔跑追逐的地方，後院則是師生共同經營的菜園，充實供應營養午餐菜餚之不足。在這裡曾經翻土除草揮汗如雨，也曾經歡樂採收成果、飽足肚腸。由衷感謝當時用心良苦經營營養午餐的李啟福校長，使我們全校「山上的孩子」三百多人，不至於饑腸轆轆、營養不良。在創業維艱的發展歲月中，學校正邁向現代化目標努力前進著。

三、新力里國小時期

無奈，民國 61 年 7 月 22 日莉泰颱風侵害，造成山上土石嚴重滑落崩塌，溪水爆滿衝破堤防，使整個校舍及相關檔案流失淹沒，所幸李新通老師、傅漏鴻服務員及時將歷屆畢業證書存根帶走逃難離開。滿目瘡痍的

從廢墟中搜尋一些還可以堪用的建材、公物與其他相關的物品。

部落族人自動自發加入協助校方後續清理工作，發揮雪中送炭之義舉。

不放棄挖掘任何還可能堪用的公物，或許在重建學校時能派上用場。

校園無法原地重建，學校受創被迫二度遷移重建至現址（七佳村自強一路92號），至此，學校須重新歸零出發，慶幸社區百姓發揮原住民同舟共濟的傳統精神，地方仕紳發動義務勞動，協助學校展開重建工作，更感動的是在歷任校長無怨無悔的經營、師生通力合作之下，使台糖蓄水池徵收校舍操場逐漸擴大增建，軟硬體設施充實改善，持續扎根，才有今日稍具規模雛型的力里國小呈現給大家。

追求卓越再卓越，精緻再精緻，是我們永不停歇的努力目標和教育理念，基於現有良好的根基，配合上級教育政策和校長全方位治校理念，集合社會豐富資源，全體教職員工在個人工作崗位上，絕不含糊鬆懈。必定會以愛心、耐心、信心、良心全力以赴，給天真活潑可愛的學生擁有最佳的、安全的、溫馨的、快樂的學習環境，繼續培養出更多的校友人才，以貢獻造福社會，回饋母校。把力里國小刻苦耐勞、同舟共濟、積極奮鬥、團結和諧的優良精神，繼續傳承發揚光大。走筆至此，可能有諸多疏漏之處，期盼各位教育先進同仁、校友們、社區仕紳、家長不吝指正，做為日後再版參考改進之依據，使我們的校史編輯更臻完美真實。

資料：徐美賢 2002 年引自《力里國小校史專輯》頁 22－26。

四、世紀大災難－舊力里國小的傷痕記憶與歷史見證

民國 61 年 6 月中旬，正是鳳凰花開、驪歌揚起的季節，筆者也依依不捨地完成了國小六年基礎教育，在畢業典禮中我很榮幸代表甲乙兩班從李啟福校長手中接受畢業證書，正式宣告小學階段結束，迎接嶄新的未來。

圓山分校因應「非常時期」，臨時搭建於舊七佳村（往南和大橋旁），後來遷移至現在的消防分隊，現今力里村的小朋友由「幸福巴士」載運至本校就讀。

簡陋校門口，標示著力里國小七佳分班（過渡時期），遷移至力里村時才正名爲圓山分校。

從相片隱約判斷，應該是林龜旺老師主持升旗儀式。

民國 61 年 7 月 22 日中午時分穿著雨衣由大嫂黃錦美女士（kaka i adaw anga）帶領我前往歸崇村理頭髮，其實大嫂如同我的新媽媽，食衣住行對我照顧有加。下午理完頭髮回家，抵達力里野溪，現在牌樓下方約 100 公尺處，溪水已經暴漲無法涉水，對岸有許多中壯年族人示意要我們折回歸崇的親友借住一宿，大嫂只得帶我回她的娘家歸崇村，那一天一夜風雨交加、雷電未停歇，根據大嫂的娘家老人家敘述：這樣的景象二十幾年來沒有過的，這一夜大家幾乎是半夢半醒撐到天亮。

第二天，再由大嫂陪同我回力里家，抵達要涉水的地方時，取代的是汪洋一片，已不見校舍、運動場、廚房、宿舍，校園中的鳳凰樹、芒果樹等也消失了，瞬間傻眼了，眼前一切

婦女們也加入共體時艱之搬運工作，令人感動。

都改變了。有許多的輕壯族人穿梭其間，扶持需要進出的老少婦弱，我也受惠被掺扶過關，當時發現我們的校長在岸邊跪地嚎哭，有很多的人也在旁邊蹲跪圍繞，現在想起來應該是在安撫校長，那種喪失家園的深痛是一般人無法承受的傷痕。

年紀漸長後經長輩口述方得知那一夜的一些狀況和蛛絲馬跡，如述於後：

當國旗冉冉上升後，導護老師應該是在對學生們交代各項事務。

兼顧學生體適能訓練的運動設施。

篳路藍縷的重建，先求「有」從簡開始。

　　由於連日狂風豪雨，加上當夜閃電雷雨（celalaq qudjalj）交加沒有間斷，學校兩側野溪上游發生嚴重土石流，滾滾洪流土石樹幹一夕傾瀉而下，毫無保留吞沒了整個美麗的校園，校園因而從此走入歷史。

　　當時的值夜人員，由才華橫溢的李新通老師及認真負責的工友傅漏鴻先生，深夜時分（salilim anga），感覺事態嚴重，在生死一瞬間驟然判斷，趕緊攜帶歷屆畢業證書存根即刻逃難，而免於釀成發生悲劇，此乃不幸中之大幸。

　　為了給力里國小後代子孫留下一些歷史紀錄（kiruku），僅以粗糙的

災害後，時任鄉長李新輝先生（左一）、校長李啓福先生（右二）陪同時任縣長柯文福先生（中間）蒞校視察關懷重建工作情形，可說是雪中送炭，安慰鼓勵，激起奮鬥的精神。

民國 61.7.22 莉泰颱風土石流災害，時任校長（左）李啓福先生泣不成聲。

集北三村(力里、七佳、歸崇)全體之力,使重建工作進程超前,令人感動的奉獻精神。

「精緻小而美」的校園環境景觀。

俗話說:「山不在高有仙則靈,水不在深有龍則靈」,同樣的,學校不在於校門口、校舍宏偉,而在於五育兼備的實質內涵,照樣能臥虎藏龍,人才輩出。

早期的校舍建築,鮮少有二層樓,直到民國80年代起才陸續改建增建。

這一棵刻意塑造的九重葛,是60－80年代學生們的最愛,提供了讀書休憩的最佳地點。

經過了好幾任的校長、總務主任之努力斡旋,向上級反映爭取,終於在陳樺潔校長、李新通主任任內,台糖同意將廣大的蓄水池撥給校方,隨之大興土木建造標準的200公尺運動場,也感恩繼續接任的幾位校長持續爭取經費充實軟硬體設施,如戴文柱校長(現任議員)、王秋光校長、陳玉賢校長、林伯奇校長等,當然,歷任的鄉長、議員、鄉代及中央單位長官盡心盡力協助,使力里國小紮根茁壯、枝葉繁盛。

方式大略繪製舊力里國小時期之校園平面圖及碩果僅存有限的照片，以供當時
美好的記憶及未曾謀面過的後代一些遙想，再對照今日規劃完整的新校園。

如今，學校室內外空間充足，動靜態活動順暢，師長努力不懈，各領域代表隊出類拔萃，名聞遐邇，可
以躋身為一流的國小學府而當之無愧。

◆已成歷史的舊力里國小遺址：

右邊農路是以前歸崇段山邊的河道以前的操場（運動場）已變成芒果園。

kaveliwanan 野溪貫穿以前學校的校舍、中庭廣
場。

現在的祭祀台廣場、公廁、芒果園是以前的校舍、
觀賞（花）園。

民國 70 年代前還沒有水泥橋，舊路就是由此處分叉路銜接到現在的壘球場下坡路段。

標緻的壘球場其實是以前 itjisapai 野溪流經之地。

現在的停車場就是以前的菜園。

通往派出所 (今活動中心) 至少縮短了三分之一。

為了人民生命財產安全，在 itjisapai 野溪中下游整治形成水溝道。

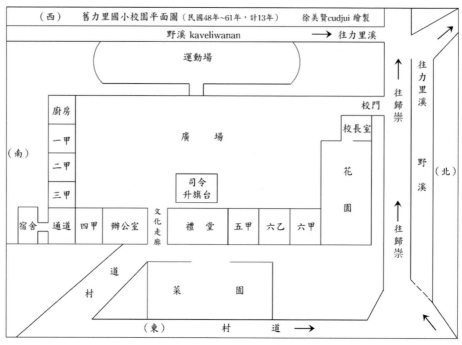

（西）　舊力里國小校園平面圖（民國48年~61年，計13年）　徐美賢cudjui 繪製

野溪 kaveliwanan　　　→ 往力里溪

運動場

廚房

一甲

二甲

三甲

（南）

廣　　場

校長室

花園

校門

往歸崇

往力里溪

野溪

（北）

司令升旗台

宿舍

通道

四甲

辦公室

文化走廊

禮　堂

五甲

六乙

六甲

往歸崇

村道

菜　　園

（東）　　村　　道　→

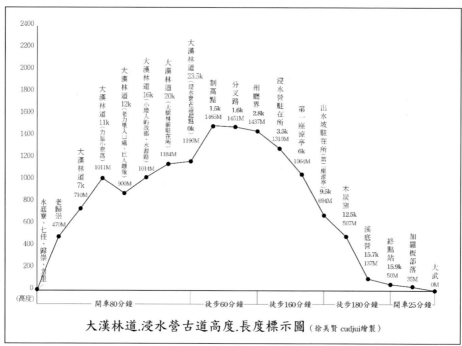

大漢林道.浸水營古道高度.長度標示圖（徐美賢 cudjui繪製）

第二章　大漢林道上 (6k － 12k) 現代路線解說篇

（路段景點介紹依歷史、地理環境、故事的順序敘述）

第一節 大漢林道 6k － 7k：

一、

　　清朝路線是從玉泉石頭營上來，而日治時期是從新開崁頭營上來，兩個朝代雖然路線修正有所不同，但終究一定會在 6k 這裡匯集。

　　早期國民政府為什麼要設置入山檢查哨，不外乎有下列因素背景：防範「匪諜」入山滲透；區隔原漢避免衝突以及防範「山老鼠」入山挖掘優質樹種而設置。因此，必須申請入山證，且要驗明正身登記方能通行，下山才能註銷，當時，原住民族人也覺得很不方便，現在已撤離了。

　　面東右邊的路是歸士農路，會經過賈茲格斯咖啡園區、下抵士文溪中游河床，可上山通達至士文村。賈茲格斯咖啡園區平緩，歸士農路暢通便捷，視為一處修身養性的好地方，夫妻檔合作採收、選豆、烘培、後製、行銷，已經有一套的機制和模式。經營管理優質，目前是我們春日鄉「春日好品」產銷合作社的經營推動者。

　　北下方平台是歸崇社早期的綜合運動場。面東左邊浸水營古道繼續前行，在 6.5k 右轉上去又是一處視野遼闊的咖啡園區－巴谷慕咖啡園區。主人戴清文（ra ngarang）、柯秀蘭（selep）賢伉儷。20 年前，男主人還在經營摩托車店，曾自創前無古人，後無來者的經典排灣族名言：「ise nai ger」意旨是讚美、美好、好的意思，至今仍然口耳相傳、琅琅上口。第二代主人戴煒爵（puljaljuyan）、許馥臻（avu），得力於父母協助，使之無後顧之憂，專心研發後製工作，品牌受到肯定，參與各項品嘗競賽均能名列前茅，其他產品陸續推出、是賞月觀日出的絕佳好場地。

大漢林道 6k 檢查哨曾經人氣旺盛，如今荒廢於此，無人陪伴看守。

張金山 (cudjuy)、夏鳳淋 (vais 前排右二) 賢伉儷

二、浸水營古道上

（大漢林道 6k－16k）野百合花消失了：

　　20 年前，浸水營古道還未開發人煙汗跡之時，仍有許多平地的朋友，會利用假日騎著摩托車往大漢林道踏青，六、七月份正好是野百合花盛開的季節，也正逢暑假期間，看到路邊的野花潔白綻放，球根、莖花無一倖免，全數帶回山下移植。20 年後的今天，從 6k 至 16k 沿路上的野百合花不見了，以客觀的立場講述我的看法：當時，大家對山林動植物之生態概念，普遍是缺乏貧瘠的，很多東西慢慢的消失，無法在一天中看見真章，等過了幾年才警覺發現，怎麼變動了、移動了、消失了，那要怪誰呢？捫心自問只能怪自己，平地朋友豪取豪採移植，山上的朋友無力無意強擋，就這樣流失殆盡，所以，大漢林道 6k－16k 野百合花盛開迎風招展的景象，只能存檔到記憶裡，如果想要一睹她溫柔芬芳、婀娜多姿、迎風飄逸的風采，可在部落周邊的田園間靠近欣賞。

　　同樣的狀況，在力里山之登山步道沿路上，早期也隨處可見她的風采，如今，六、七月份登山步道避暑之道，沿路景致黯然失色，不見她的蹤影。排灣族、魯凱族在祭儀、結婚慶典活動中，已養成盛裝原服參與的習慣（kakudanan），表示對祭典、家族最高的禮節和尊重，其中最特殊的是少女、小姐頭飾裝扮，如頭飾插上一朵野百合花，象徵著「貞潔高尚」的美德，這樣的素養內涵是魯凱族、排灣族獨一無二無法改變的傳統美德，後代子孫應銘記在心承載下去。

　　呼籲有志之族人、山友們，如果您有種子、塊根，可以發揮淨化美化古道的美德，一起來播灑種復育它的生命，讓大漢林道、力里山登山步道在每年的六至八月份，能使白色花朵重新綻放，恢復往昔的生機盎然，以饗仁山樂林者的心靈，更疼惜台灣的山林之美。

部落周遭田埂間，六月分正是他的花期，增添部落的嬌美，提醒族人欣賞他而不要糟蹋她，因爲，她是我們部落族人富有內涵的化妝師。

三、崁頭窩山

（歸化門營盤遺址）大漢林道 7k 西上方（tjualjisu）：

　　差一點遺忘漏掉曾經發生過的歷史事件，根據楊南郡教授所撰寫的跟耆老們聽來的口傳故事相對照，不謀而合，真實故事是這樣發生的：

　　清光緒 10 年（1884）3 月，三條崙－卑南道起點「石頭營」的營官潘高陞，處理馘首事件不當，引發排灣族率芒社（今士文村）圍攻歸化門營盤事件。根據楊南郡教授文獻調查是這樣寫的：

　　「石頭營所僱用的 1 名七佳社番勇被馘首，營官懷疑嫌疑犯是率芒社人，於是命令率芒社人在 3 月 18 日到石頭營與七佳社人對質，在激烈的爭辯中，雙方大打出手，率芒社人趁隙殺了 1 名七佳社人，漢人屯勇於是與七佳社番勇一起聯手，殺了 2 名率芒社人，其中 1 人還是頭目的兒子，此事因而一發不可收拾。」

　　「一波未平一波又起，10 天後的 3 月底，負責遞送公文、郵件的屯勇潘清在沿途中被馘首，台灣道長官派人前來調查，又是懷疑率芒社人所為，卻怎麼查就是查不出真相。4 月 10 日率芒社群聯合攻守同盟的幾個部落，一起反叛官府，總共聚集了數百人，準備圍剿（攻）歸化門營盤，清官兵提前聞訊，全營落荒而逃，率芒社人就放火燒毀全部的房舍。」

　　「駐守台南的台灣兵備道劉璈，非常憤怒就派遣大軍圍勦討伐率芒社群，同樣的已聞訊事先都已經逃匿深山中，官兵焚燒部落房舍，撤底搞毀田園後才撤兵。」

註 16：引自參考《浸水營古道－一條走過五百年的路》，徐如林、楊南郡，頁 121。

　　許元具耆老（kama i rangarang 筆者姑丈）口述：

　　民國 58 年後重新劃分土地時，恰好是自己的原住民保留地，青少年時期跟著父母親開墾農田時，不時地有許多物品、器皿會出土，研判應該就是營盤遺址留下來的真實佐證。

　　駐足休憩在這個制高點上，四面八方場景都在您的視野範疇內，其動靜也都在您的掌握監控之下，難怪當年清朝官兵選擇這個地方作為他們的軍事控制要塞。

為了還給歷史真相，建請上級相關單位，把原先設置在 parunga 平台上的解說牌修正移駕至該它所屬的地方，避免混淆不清繼續誤導國人，貽笑四方。若能移駕成真，必能還給崁頭窩山（歸化門營盤）清白與歷史定位，增加山友們駐足休憩瞭望的地方，發揮其地理優勢功能。

大漢林道 7k（kakaqepuwan）平台驛站西上方，即為清朝崁頭窩山（歸化門營盤遺址），視野遼闊，地勢平坦。從荷治、清朝、日治時期就是交通樞紐、人文匯集的地方，這片土地乘載看見了不同朝代的歷史，左為往老力里古道，右為當時還未開通之大漢林道，族人在此小山丘對日軍地面部隊殊死戰，阻止日軍前進力里社，保衛家園族人。

四、大漢林道 7k：

1. 清朝越嶺道經過此地與營盤遺址上下毗鄰而居，常言道：「休息是為了走更長遠的路」，因此，不管是開車、騎摩托車、登山爬山的山友及族人，一定會在此平台上歇息一下，來養護充足人車的續航力，並以大方向來簡介周遭環境。

2. 往東可以仰看力里山，往西可以眺望高屏平原、85 大樓、台灣海峽、小琉球，下看南和部落、力里橋入口意象。往南可以遠望士文村、下看士文溪，下方 80 公尺處是平原地帶，有 7 家農墾戶，台灣光復後編為建地及農牧用地，長久以來均採取無毒友善方式耕作，各傳統農作物收成時深受青睞好評。

3. 往北路線可就精彩了，且讓我敘述一些典故吧：

根據阮春富（cudjuy）耆老口述：

清朝、日治時期，來往老力里社之步道早已開通了，所不同的是，清朝採取敬而遠之，不要直接進入部落干涉，因此，在距離力里社約1公里處大森林裏處上方繞道，循斜坡而斜上銜接至六儀社營盤（今大漢林道14k），而日治時期修繕拓寬時，直接貫穿力里大小社，並於明治38年（1905）2月在大小社的中間新建力里警官駐在所，以便好管理、好監控、好役使，徹徹底底執行皇民化政策。

樹枝葉記號的功能：

根據耆老的説法敘述，從早期到現在這個平台駐足點之地形地貌都沒有改變過，是東、西、南、北的交通樞紐，該處也是農友社眾、工作伙伴、夫妻男女情侶、獵友上下山相互等待會合的地方，資訊電話未發達的那個年代裏，等候多時或等不到時，則運用智慧利用樹枝葉作記號，以置放樹梢的方向來辨別去（走）向，而最重要的是要選對樹種並且利用石頭壓在上面固定，免得被風吹改變方向誤導行徑路線。

以下做簡潔的説明：

①九芎枝葉：這是恩愛夫妻之專屬樹種，夫妻有時因其他事物不見得一起出發上下山，如果路徑要經過此處就必須照辦告知對方，別的地方也要遵循此法。

②相思樹枝葉：熱戀或交往中的男女朋友之專屬樹種，仰慕對方有意追求者，也可以用此法試探軍情。

③其他樹種雜草：親朋好友、農友、獵友均可，唯雙方溝通好講清楚説明白使用哪一種樹，免得一頭霧水。

④曾經有一位山友，本人解説完後，提問耐人尋味一時無法解答的好問題：「如果夫妻、情人吵架懷疑對方有小三或不忠，雙方處於冷戰階段，都在氣頭上還未平息，您還是很虛偽的用此樹種嗎？」，當下四兩撥千金，請大家一起腦力激盪想出對策，其中，有一位山友挺聰明可愛，提出「是我的話，決定用刺蔥表示心中的抗議，也有不滿警告之意味。」

聽了大家一起拍掌歡呼叫好，事到如今當然是無法成真兌現的承諾，因為，我們現在的生活模式與過去是天壤之別。

黃荊 (埔姜 zengla)

九芎 (djaqas)

相思樹 (tjuqulj)

刺蔥 (鳥不踏 tjanaq))

解說員說明辨別方位及樹種應用。

五、狼煙、九芎、小牧童純真的小故事

　　當兩個認識的男女好久未謀面時，且雙方的農耕地可能遙遙相對也可能知道對方的農耕地大約在哪個方位，男人到達耕作地工寮時，一定會按照依循排灣族的傳統文化習慣－燒火，讓狼煙撩繞升起，一方面驅趕蚊蟲霉氣，二方面宣告主人在這裡，三方面也是最重要的一點，如果為了表達思慕之情，會添加生枝葉，使煙繚繞的更純厚濃密，以彰顯思念之情，此時，若女方發現了並以同樣的方式回應，表示彼此心有靈犀一點通。如果，沒有回應表示沒有發現或猶豫不決，這時男人要堅持窮追不捨的信念（你心中真的喜歡仰慕她的話），中午時分再如法炮製做一遍，再無動靜，傍晚時分再加強煙火，如果一直沒有回應，那只好唱劉德華的那一首歌「來生緣」吧！

　　前一篇我有敘述九芎生長的過程及材質的特殊性，有一對老夫妻結縭一甲子，夫人年事已高時疾病纏身，由丈夫照顧得無微不至，日子久了，夫人常常泛淚並微弱的說：「謝謝……對不起……」，有一天，夫人請丈夫坐在床邊，深沉微弱的對丈夫說：「我的身體髒臭枯黃，但我的心永遠如九芎的新皮，潔淨如月。」，「我走了，我會在天上矜持的等您，緣續在人間的相伴。」

　　barunga 平台（大漢林道 7k 向東左轉約 300 公尺處），亦既往老力里

古道必經之地，這個地名大平台，早年讀小學時期，對我們力里系的牧童們來說，是我們最深刻的共同記憶，每逢假日三五成群結伴來此放牛吃草，而我家的牛可說是「領頭牛」，牛名叫意指流氓，我猜想如果牠知道了一定會很生氣，因為，事實上牠並不流氓，相反的牠是個非常溫馴、聽從主人話的牛，身體非常強健碩壯，上山時覺得懶散走路，我就騎在牛背上，牧童好友們嘖嘖稱奇，另外，牠有兩項特殊的技能，其一是在牠的右臀部輕輕拍兩下，就會用牛角技巧性的把彎凹木勾到頸部上行駛牛車，其二是同樣的牛拉車也是如此，所不同的是這一回輕拍左臀部兩下。空餘時我都會幫牠沖澡、拔除吸血蟲，輕吻牠的臉頰，跟牠建立了相當深厚的感情，步入晚年時我們捨不得販售，家人輪流採牧草、甘蔗葉餵食，有一天從專科學校放假回家，發現牠不見了，經詢問家人，原來牠已經自然老死往生了，當下我不禁感傷地哭了一場，想到牠陪伴我的童年、青少年，幫忙家務搬運載運，牠真的是一頭善良聰明聽話有情義的優質牛，時至今日，我仍然依舊憶起懷念牠的風采。牧牛時的中餐則攜帶便當，餐盒裡頭是芋頭、地瓜、小魚乾、黑豆，偶而帶著小鍋子俗稱彎月鍋或獵人鍋、限量白米親自燒材煮食，其香味不同於一般的電鍋，實際上當年的生活情況，只要有果腹的東西吃就心滿意足了，因為沒得挑剔。

彎月鍋或獵人鍋 hanggu，是材燒煮白米絕佳鍋具。

右上前進是日治時期前往老力里的古道，左下前進就是現在的力里段 1 號農路。

barunga 大平台，現在是春日鄉公所公共造林地，由此前進約 300 公尺即為大漢林道 7k cacevucevungan。

大風草

紅果薑（排灣族祖靈祭避邪之草）。

大漢林道 7k(tjuakulju) 有 7 戶農墾戶從事友善無毒農業，交通、工寮設施完善。

　　4. 大漢林道 7k（tjuakulju）南下方大平台有 7 家農墾戶當時有的還是小學生，必須一大早天未亮起床舉起火把忐忑不安地前往老力里上學，距離約 7.5 公里，沿路上還擔心野生動物出沒攻擊，所以，背袋上除了書籍課本外，腰繫間還佩著原住民刀，也因為如此，生活在那個年代的人，培養了刻苦耐勞、勇敢任事的性格和態度。（這是已退休陳文明老師的真實故事）。

　　5. 其實這一條往返老力里之古道，充滿著傳奇故事，動植物生態非常豐富，諸如：紅眼睛的故鄉、巨人的手掌、莎比亞咖啡園區、清水有機農場、清澈甘甜的野溪、氣勢磅礡之岩壁、大頭目謝家定出生曾經居住過的地方……。此古道的詳細內容日後再續寫他的真實面貌與故事。

　　6. 民國 56 － 60 年代間，大漢林道正大興土木、如火如荼展開軍用卡車施工，在大平台附近（barunga）放牛吃草的牧童們，聽到卡車上山的聲音便會以最快速的衝刺跑到此處（類似 100 公尺決賽），目睹大卡車的模樣，因為，那個年代很少瞧見「大型怪物」，就連火車我到了六年級才有機緣看見它坐上它，常奔跑之故難怪日後奠定了動作敏捷、速度力、爆發力良好的基礎。

雜草樹枝葉旋綁時就須注意該地段可能有陷阱或地質地形不良。

比亞 (tjuqeljeng) 咖啡園區，背陽半日照半日陰，品質優。

barunga 是一處大平台早期牧童們牧牛的最佳地點，圖片右路為日治時期往返老力里之古道。

自然而然顯現的肢體語言，而嘴巴講些什麼我也忘了。

食物鏈自然法則，山豬誰叫你踩踏陷阱，變成籠中豬待價而沽。

　　我的狩獵老師父洪加田耆老，我都敬稱他為洪爸爸，年輕時是春日鄉的短跑健將，傳統摔角高手，更是我們本鄉第一位自我學會「腹滾式」跳高的常勝軍，從小力行自耕農，造就了許多農務本事，舉凡墾地、燒農地、砍樹材、整地、種植、拔草、採收、人力挑重搬運、潛水射魚、竹簍捕魚、電魚、狩獵、撒小米種、種地瓜、牛犁、搗小米、稻米、接引水管、木工、割草（鐮刀割草機）、電鋸手鋸、割稻、扛穀、耕耘機翻土、製作鋼繩所獵夾、製作祭桿、製作福球、製作早期木製三輪車童玩、傳統領域、保留地土地之認識、勇士，以上種種農事務均是他的擅長精通的拿手好戲，所以，他可說是平凡中了不起的典範人物（榮獲過模範父親），現今力里村村長簡春福君（ljegelay）是他的長公子。二十年前洪爸爸也是浸水營古道上縱橫東西段的獵人勇士。

　　洪爸爸除了上述的農務技能外，其實他是一位「粗中帶柔、剛中帶細」的智者耆老，因為，他在大漢林道 7k 的田園工寮周邊，每年都會依季節種植不少會開花結果、民俗飲食植物，例如排香草（adap）是頭目貴族，製作頭飾主要的配材植物，香椿是很不錯的自然食物佐料等，山上田園工寮生活哲學相當豐富，需要時隨時採摘，提高平日生活飲食機能之便捷性。

排香草 (adap)

米 (vaqu)

菊花 (paikun)

接近成熟的紅藜 (djulis)

彩葉草

美洲合歡

花生園 (pu paketjavan)

芋頭園 (pu vasan)

旁邊就是香椿 (tjanaq)

假酸漿 (ljavilu)

六、製作三輪車經典的故事

民國 50 － 60 年代間，孩子們普遍的都沒有奢侈、多餘的童玩陪伴，一比較經典的代表應該算是木製三輪車。當時的老一輩、青壯族人難得下山去平地購物，看到平地人用腳踩三輪車運送貨物、旅客，才發明自製只能由上而下滾動式的木製三輪車。

洪加田耆老是製作三輪車的高手，2016 年原民台特別委託本社區發展協會實際錄製系列活動，從採集材料、製作組合、試車、參與人員訓練、活動場地勘查、活動流程敲定，促成史無前例的活動鮮活開辦。

參與的小朋友引頸期盼活動的時間趕快到來，分組活動的競賽規則說明清楚，也模擬演練過一、二次，活動當天個個都渾身是勁兒，全力以赴，熱鬧滾滾，活動結束時每個人都是贏家沒有輸家，皆大歡喜，因為，孩子們都異口同聲的說：「vuvu 們的老童玩，我們都學會了。」真的是感謝製作單位、承辦單位、協辦單位之用心良苦，讓這富有教育意義與內涵的活動，重新復活起來，也重新被看見流傳下來。

本人在童年的歲月裡恰巧是這方面活動的熱烈參與者，也是出餿主意的始作俑者，讓我們窺視當年的記憶說起。

國小時期，本部落道路還未鋪設水泥路面，幾位志同道合的同學組成一個集團，利用放學後或例假日坐上三輪車由上方選定一處起點，然後往下方奔馳（路面斜坡）衝到學校（現

在的停車場、力里橋下）直到停住為止，由此終點前後可以判定排名順序。但我們訂定的遊戲規則是不能「一回定江山」，必須挑戰二、三回合再累計成績，當天的「騎王」才能貨真價實的出爐。

如單純以終點距離論英雄，似乎感覺新鮮感滑落了，我左思右想想出一個妙招，距離拉長但三輪車後座橫桿，必須裝置懸掛樹枝葉，一方面有剎車功能，二方面可以製造塵土飛揚的快感、氣氛和景象，夥伴們覺得既刺激又新鮮而樂此不疲，但好景不常，已引起道路兩旁住家的民怨而稟告村長，下場是集體罰站被痛罵一頓，從今而後這個點子就成為絕響了。

又有一樁不光榮的事件值得一提，大家為了面子之爭、榮譽感，會絞盡腦汁改善三輪車的速度和續航力，當下我隨即想出家裡煮菜用的沙拉油應該可以在輪桿軸上塗抹上油，如同現在的潤滑劑功能，我的「好辦法」不久就破功了，玩伴們都仿效如法炮製，過了一陣子，家中的長輩們都覺得納悶，「很貴買」的沙拉油，近來怎麼用這麼快？平時也沒有什麼大菜煮食，這一定有什麼蹊蹺？

有一句俗話說：「真金不怕火煉」，同樣的「紙是包不住火的」。有一天放學回家，發現我的「愛車」靜靜地躺在家屋門前而且是「三輪朝天」，心裡想，慘了天大高檔的極機密被發現了，我立即的立正站好等候媽媽發落，說也奇怪那一天並沒有被媽媽捏耳朵，也沒有被長煙斗的箭竹責打，而是溫柔和顏、語重心長的用族語對我說：「cjudjuy a kualjak, kemeljang sun, aicu a silasimi, mazelizeli sina kiuwanni tjama a sema linpan, avan nu sikaizuwa nuwa tja silasimi a sisantjamai.」（美賢，我的孩子，你知道嗎？這一瓶沙拉油是你爸爸辛辛苦苦的去林班工作賺取工資買的，我們才有油可以煮魚肉菜食用。）

第二天到校轉告同學昨天的際遇，結果際遇相同，原來，我們的老人家們早就一起串聯採取策略來感化教育我們，我想當時他們應該也感覺得出來：「我們只是一群天真好奇，把點子放錯地方的孩子罷了。」果然，我們這一群玩伴同學 20 年後至今，在各領域都有創造屬於自己的一片天。

事隔 50 多年的今天，這些往事

仍然清晰烙印在我的腦海裡彷彿昨日事一樣的鮮明。闖過了那個關卡後，校園操場旁周圍（舊力里國小）的木棉樹花開了，木棉花是「滿江紅」，美化校園的姿色，真是美極了！但我對「她」另有奇想，即將掉落的花瓣打碎置於車輪軸中，試滑車一、二次發現其潤滑度功能不亞於沙拉油，取得容易又免費也不製造偷竊汙名何樂而不為，總算做對了一件事，四、五年級生應該都有刻苦銘心的童年記憶，讓人會心一笑點滴在心頭呀！

實作三輪車步驟與競試在此分享：

帶領重新組合希望熟能生巧

成品展現為愛車彩繪

朋友分工合作採集材料

vuvu kama rayup 展現組合的絕活。

小朋友親自體驗試騎

刺激的實車競試

奔返回起點交給下一棒的騎士。

當主持人特別辛苦，還要扛起最後一棒的重責大任。

為了公平原則，每一位小朋友交接棒的位置都要一致。

活動結束恭請 vuvu i rayup，講評，再由裁判長宣布成績，優質獎第一組、經典獎第二組，沒有輸家都是贏家，因為兩隊表現得都很精采很棒。

圖片中的小朋友，經過幾年的成長茁壯，現在都變成大朋友了。

第二節 大漢林道（9k－11k）

一、話說此段簡介

　　此處有 2 條農路，一條是右下力南 3 號農路，可通達歸崇野溪源頭，灌溉力南 1 號、2 號農民之農作物，也是灌溉整個歸崇段農民田園之主要水源，另一條左上為通往老七佳唯一的替代特色道路，大約行駛 3 公里處，與往返老力里古道會合，此條替代道路極為重要，當力里溪溪水暴漲或溪床路遭受破壞時，往返老七佳的族人，不得不繞道行駛這一條道路，另外的功能是眾多的獵人勇士也是利用此條去看自己的獵場。

此處可清晰眺望最高海拔部落士文村

山柚 (valjangatju)，嫩莖葉可配排骨 (cuqelalj)、豬腳 (kulakula)、樹豆 (puk) 及刮削皮之芋頭 (vasa) 煮湯食。

往老七佳替代路

歸崇農墾戶水源頭

山素英 (ljasaras)，四、五份開白色小花。

相思樹 (tjuqulj) 五、六月正式盛開的黃花。

油桐 (apuragi) 四、五月份盛開白色花，潔白如月 (mamaw tua qiljas a vuqaljan) 為大漢林道增添美色。

二、大漢林道 11k 力里小聚落（tjuanatjeljapa）

這個地方為什麼會成為典型的力里小聚落呢？主要的成因有二：

民國 47 － 48 年間，政府善勸力里部落大小社務必集體大搬遷至現址，為了改善環境衛生，提升生活品質，而小社的族人，他們的農耕地幾乎都在 11k － 16k 之間，設想從現在的力里村一日上下山往返就夠累了，工作效率也大打折扣，因此，陸續漸漸的在此搭建工寮住宿。

民國 56 － 60 年代間，大漢林道拓寬軍用車道，需要投入大量的人力，當然，招募對象也以力里村族人為優先考量，而且我從小發現我們族人的工作態度認真勤勞，深受工程單位的厚愛和聘用，小聚落的住戶人口又增加了，最多時曾經達到 25 戶，當時非常熱鬧，人氣旺盛。

這個地方如果您有機會住上一宿，觀星探月亮、賞日出撩晚霞，您一定會愛上她，除非您缺乏那一絲慧根，是故，我把這裡當成台灣的「小瑞士」來領受她所釋放的氣息。我們「阿扁時代」的教育部部長杜正勝部長一行人，也曾在此徐萬力先生的工寮住過一宿，想必是想體驗感受深山裡的寧靜和夜晚的天籟，好一個「寧靜致遠」的部長，第二天再由侄兒（季亞夫 giljagiljaw）親自帶隊走一趟歷史悠久的浸水營古道。

在此處原地轉一圈都是經典，往東可眺望氣勢磅礡的大漢山、具馬奴山，往東北探看是不同型態的雙母峰－姑子崙山、穗花山，北上方是有生命力的力里山，山裡有四季不同的有機農作物－瞭望台有機農場，由徐萬力先生、曾春花女士夫婦經營，可預約露營烤肉，品嘗原味餐，在這裡

幾乎可以鳥瞰整個春日鄉的山川，觀賞體驗大自然的美景與氣候雲霧的變化。朝南邊有北湖呂山、士文溪、老古華遺址，西邊有日落晚霞、台灣海峽、高屏平原，往北看有老七佳、石可旦山、舊白鷺、舊古樓、南北大武山。

這裡長期住著一位老人家耆老，現年 86 歲，身心健康樂觀，獨居自愛，偶而下山補貨日常用品，其工寮房舍內可算是「排灣族力里系狩獵文化小型博物館」，外人進屋參觀時，最好先徵得他的同意，並且施捨一些物品、零用錢，算是一種禮節尊重。他的名字叫宋教勝（quwang），他偶而得意的說：「雖然，我沒有讀國民教育，但是非常感謝當年的戶政單位，給我取這麼好的名字，教育的教、勝利的勝。」其實，我們的漢名過去都是由戶政單位、村幹事隨意取名，完全沒有頭緒，就像我的名字太「女性化」了，但在人生的過程中沒有給我一絲絆腳石，也就沿用至今，相反的，我們的家族戶名結婚宣告獨立家庭時、個人族名之命名就非常的嚴謹，必須透過頭目、家族耆老會商討論才能議決，因為，這裡頭它涵蓋了非常重要的文化生命、家族傳承的

元素，直至今日也是如此。

值得一提的是，在這裡還可以看到碩果僅存的傳統烘乾芋頭的石砌爐灶，將芋頭烘乾脫皮成為「芋頭乾」保存，成為一年裡的戰備儲存糧食，這是宋教勝先生引以為傲的文化技藝，昔日英雄勇士狩獵時的最佳行動乾糧，當然，有鍋子、鹽巴也可以煮食，慶幸的是，我們力里系的中壯族人－馮英忠士官長，於去年（109）11月份利用一星期的時間上山拜師取經，實際跟著宋教勝先生操作學習，發揮師徒制的功效，在文化傳承的立場上，值得欣慰，因為，畢竟後繼有人呀！

宋教勝 kama 的地瓜園

大漢林道 11k 入口意象

地瓜削皮 remirarir，曬乾儲存成戰備糧食。

薑黃 (ljacacame) 健康，人類善吃也是山豬佳餚。

爐灶起火需考量材質硬密度

11k 部長級的工寮民宿

將芋頭放置於爐灶上烤熟烘乾。

黃藤皮 (quway) 製成 takalj 酒甕亦可室內懸掛裝飾。

石櫟 (lesir) 殼內果實像花生

原生菸草 (tjamaku)

菸草 (tjamaku) 曬烘乾後置放於菸斗抽吸是長輩婦女們的最愛。

qami 製成的 takalj 可穩定食品飯鍋 (pariyuk canpuru)。

另外，最著名的排灣族美食「奇拿富（cinavu）」，將芋頭乾搗碎成粉再泡水摻肉包成「年糕」，假酸漿（ljavilu）嫩葉是不可或缺的包裹材料，那個年代我們都是這樣吃長大的（meqaca），物換星移，現在的 7-11 太方便了，不可同日而語。

根據宋教勝耆老之敘述，民國 60 － 70 年代間，林務局成立了「大漢林道養路班」，成員總共有七位，除假日外每天巡護大漢林道，以 11k 力里小聚落為中心點，分成 2 組往上往下分工，往下的一組 3 人，以徒步的方式往下大漢林道 9k → 7k → 4k → 2k →起點來修繕，準備的器材有鐮刀、鋸子、鋤頭、鐵杆、手鐮、畚箕等工具，工作繁重當天無法返回 11k 中心據點時，就在大漢林道 2k 處所搭建的臨時小型工寮過夜，當然，臨時小型工寮內已備有儲放的糧食，往上的一組 4 人，前往 14k → 16k → 20k → 23k → 28k，這一組比較辛苦危險，因為，距離比較長且在 22k 處是一段懸崖峭壁、時常落石、險象環生的地段，這一組的臨時小型工寮是搭在 23.5k，也就是現今要徒步走浸水營的入口處，這兩組早已訂定遊戲規則，第二天一定要折返 11k 會合，並順著原路補強昨天可能遺漏的缺陷使林道保持暢通，會面後相互秉告所修繕的道路狀況，林務局的長官也會不定期的騎著所配發的公務摩托車上山，關心了解路況及員工的身心健康。

當時養路班的班長就是現在力里村曾阿美女士的先父曾新民、其他的

還有馮克己、徐龜六（我的先父）、詹文能、蔡金發、宋教勝、阮春富等7位，以上人力調配採取輪流方式進行，以達到勞逸均等公平原則，如家裡真有重要事務需要請假，時常固定代理的人有兩位年輕一輩的柯文瑞、徐萬力（我的二哥）。遙想那個十年，工作雖然辛苦，但收入穩定，對家庭經濟來源之挹注不無小補，而這些人員的篩選，我想應該又是工作態度為優先考量，而不是以暫時性的力量為取向，十年後，因為，修繕道路的機械發達取代人力，進而順理成章撤銷該組織走入歷史，五位成員相繼離開人間，現在僅剩宋教勝、阮春富、柯文瑞、徐萬力四位耆老仍屹立不搖瀟灑健康的生活在人間。

阮春富長老今年85歲有多項才華集於一身：適逢戰亂，軍旅生涯顯嚇，曾參與名聞中外的823戰役，嚐過槍林彈雨的戰鬥苦難日子。曾經是水泥工師傅，很多部落族人的房子是由他建造完成。除此，各項農務農事，在他的智慧與雙手運用下均會迎刃而解。另外族語功力深厚，是我們部落的導師。吟唱排灣族古謠輕柔、

碩果僅存的養路班成員：徐萬力、柯文瑞、宋教勝(左)。

阮春富長老　　　　　參加鄉內古謠獨唱冠軍　　　　阮春富賢伉儷(金婚照)

平穩、渾厚，涵蓋天籟般的特色。更是虔誠的基督徒，做人處事感恩圖報。年輕力壯時，也是浸水營古道上東西段的獵人勇士。

　　360 度旋轉介紹 11k 之人事地景物。鄉公所同仁移駕聆聽希望對 11k 了解更多。

360 度旋轉介紹 11k 之人事地景物。

鄉公所同仁移駕聆聽希望對 11k 了解更多。

三、大漢林道上重要的植物和文化生活飲食

　　竹子在我們排灣族的生活史上佔了極為重要的地位，以大漢林道0k → 16k、歸崇段、力里段、力南段及東段浸水營古道 13k → 15.9k 為題材，如以下敘述，至於其他品種產地在其他地方則不在此範疇內。

　　刺竹：祖靈祭先前也稱五年祭，英雄勇士們參加刺球的主桿，高度（長度）由頭目、鄉民代表、村長、部落會議主席、理事長共同協商決議，通常大頭目群為 17 公尺、二頭目群為 16 公尺 70 公分、一般勇士臣民為 16 公尺 40 公分，這些高度（長度）已包含副桿，為了公平起見均由這些社區幹部們共同實際測量檢視。每年六月下旬至八月下旬是盛產竹筍的季節，這一段期間是族人們最快樂的時光，因為，餐桌上常有一道竹筍炒肉絲、五花肉或一鍋排骨、豬腳竹筍湯應景，減輕婦女小姐們買菜的負擔，不過，有痛風史的好朋友可要酌量適可而止，免得惹火上身發作。

刺竹 kavayan　　　長枝竹 navunavuk　　火廣竹 kaqauwan

長枝竹：祖靈祭製作副桿之最佳材料，長輩們會提醒您，採摘擷取時竹節之間越短越好越堅固耐用。

火廣竹：早期排灣族製作竹籃、腰籃唯一材料，現在已進化用塑膠繩來製作，反而比較輕便安全，另外，還可以採摘當成曬衣橫桿，不必花冤枉錢。

箭竹：第三章第一節有敘述。

刺花：凡參與刺球祭儀活動的力里系英雄勇士，都要在副桿上配套刺花，我納悶問過耆老們，為什麼只有力里系才如此，別的部落沒有裝設（七佳、來義、古樓、南和、土坂），耆老們說：「從以前頭目們就是這樣制定，代代相傳至今。」我百思不得其解，只好自我解套解開心中的疑惑覺得：「我們的祖先們可能略施小聰明才發明刺花，以縮短冗長的刺福球時間。」從我個人的實際體驗，有了刺花確實比較容易刺中福球，至於其他相關的文化意涵、內容細節，爾後有機會再另篇敘寫。

製作刺花主要的材料有三種：結構主題性大部分都採破布子、羅氏鹽膚木，因樹質沒有那麼堅硬，比較容易穿洞鑿穴，而附著延伸展開的刺花，則需堅硬的七里香樹枝曬乾再削

尖成刺。這三種樹還有另類功能：

1. 破布子（valiyu）：果實經過鹽漬料理後，是風味獨特的飲食小菜，也是喜歡小酌的朋友們最佳佐料，筆者小學時期上美勞課時，它常常是糊糊、膠水的代替品。

2. 羅氏鹽膚木：其功能有炭材取火、葉子可清理蝸牛黏液，另外老人家說果實可充當鹽巴代用品，但筆者沒試過。

3. 七里香、十里香、月橘：常綠灌木綻放白色清香的小花，因香味十足而稱七里香、十里香，成排種植常作為藩籬之用。特別是生長在山林陡峭年代久遠的老樹，樹形蒼勁奇特，是盆栽界喜歡的樹種之一。

4. 福球：製作福球主要的材料有三種：

①葛藤：力里系祖靈祭開始刺球祭儀活動前，先用此一粒一粒拋向空中，完成後即開始，此福球顆粒比一般的小一些，這是祖先們留傳下來的規矩。

②猿尾藤：該蔓藤採下來製作福球時必須把中間的藤心拿掉，增進柔軟度，做出來的福球圓周比較平均美觀。

刺花 (rapas)

破布子 (valiyu)

羅氏鹽膚木 (vuse)

排骨竹筍湯

相思樹之較細嫩
樹皮

猿尾藤 (ljisupu)

葛藤 (kavaudjan)

前任村長、現任部落會議主席蔡丸
居先生是製作福球這方面的高手，
他說：運用智慧，心平氣和。

前任蔡丸居村長製作大型
福球可裝飾庭院藝術

詹文豹、柯麗玉賢伉儷 diy 可製
成嬌小玲瓏的福球鑰匙圈

　　③相思樹：砍伐過長出新的樹幹，其樹幹還比較細，樹皮可輕鬆剝下來，是勇士們最喜歡製作福球的材料。

　　④福球製作技巧，先用報紙揉成圓心球，早期無報紙年代則用野外頁面比較寬的葉子，然後依序用蔓藤或樹皮纏繞，大小約像比壘球小一點、比棒球大一點，有一句話説：「熟能生巧，一回生二回熟。」製作久了自然有心得，不必花錢請人家幫忙製作。

大漢林道上還有一些往事值得提起，讓後代子孫了解生活史之演變：早期，還沒有各式車的年代，交通運輸極為不便，族人完全以人力搬運，因此，發明了竹簍以便搬運芋頭、地瓜、花生、小米等食材。

王水流長老 (vuvu i baljay) 親自示範，如何把木架 (ruduk) 穩定扛在肩上，行走搬運的技巧。

竹簍 (purure)，另外輔助肩膀重量支撐的是Y字形拐杖 (tukuzan)。

六十年代瓦斯還沒引進部落，完全以柴燒方式煮食，為了扛柴火多一些，祖先們又自創發明木架來增加木材的運輸量，改善生活之便捷性，以現在的生活方式去遙想那個時代的艱辛簡直是不可思議，也讓後代子孫了解以前的生活景況，讓他們知恩、惜恩、感恩，以珍惜現在的生活。

雨季來臨了，仍有許多務事需處理，當時沒有雨衣，族人自製簡易的蓑衣、斗笠，是由 Ijisava 植物製成的，至少可以遮蔽有一層保護作用是當年最佳的雨具。

蓑衣　　　　　　　　斗笠 (caubu 或 kuiri)

每年三、五月間，厚殼樹正長出新芽，他對我們排灣族有其特殊的生活情感，樹（俗）名稱做破布烏。

剛長出新芽時族人會以手鋸鋸斷樹幹樹枝採摘嫩葉，為明年採摘時方便同時達到矮化的效果。嫩葉拿回家、工寮後串燙滾熱撈起暫時擱置，

再把乾花生炒熟拌（打）碎，放在鍋子施於酌量鹽巴攪拌均勻，就是道地迎賓親友上等的小菜，口感絕佳，甘甜中摻鹹味，鹹味中摻甘甜，尤其有酌飲習慣之族人深受青睞。另外一種煮法是先把厚殼樹嫩葉串燙擱置，把排骨煮熟後再把擱置的厚殼樹嫩葉放進滾燙鍋子，又是一鍋風味與眾不同的排骨湯。

粗壯的厚殼樹樹幹，是先人耆老們製作刀削、刀背的最佳材料。

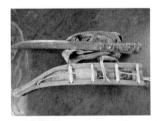

原住民刀 (ceqeljap) 刀鞘 (tilju)

鐮刀 (tjakit) 刀背 (teljur)

採摘的同時需要觀察樹幹的粗細大小，因為，它也是製作排灣族刀削、鐮刀背架、槍托的最佳材料，保管得宜不受日曬雨淋侵蝕，經過三十、四十年保證還是完好如初，像我個人目前所使用的中型番刀、刀鞘，亦既是結婚時成家立業、建造獨立家庭，先父打造致贈的紀念品，如今這把刀、刀鞘跟著我將近有 40 年的歲月，跟著我雖稱不上是出生入死，但至少去深山採集、狩獵、浸水營古道解說，都會跟隨相伴，也如同先父隨時在我左右庇護，所以，這把刀、刀鞘很可能有機會邁入骨董級的位階，紀念價值也水漲船高。

厚殼樹嫩葉可採摘多元煮食

kaljavas
厚殼樹嫩葉

經典的厚殼樹嫩葉佳餚

堆疊柴燒是早期沒有瓦斯電器的年代最必須的炊爨工具，家家戶戶都未雨綢繆，平日撿拾鋸砍，堆成疊安置屋簷下，以備不時之需。

小時候我父母教會我製作火種的功夫，製作的方法很簡單，將乾枯的各式樹細枝、竹子切成長條細片，然後將其對折再對折，成了長圓形（類似奇拿富）後再用一般繩子綁起來。當您準備煮飯生火時，不怕沒有火種，只要拿起火柴點燃就搞定了，這就是當時生活智慧的寫照。現幾乎已成歷史絕響，剩下部分耆老仍沿用古法來煮食原味餐，所不同的是大火柴盒已由打火機、噴燈替代。

堆疊之燒柴 (savac) 置於屋簷下

竹片火源 (qaw a zaman) 枯細枝製成的火源

小米（vaqu）的故事：

小米在那古老遙遠的年代裡，一直是我們族人的主食之一，經年累月滋養這一片土地的族人。在這裡如果一對夫妻不會農事，沒有收成食物，如何繁延壯大下一代？

小米要成為族人主食，就必須渾身解數付出時間、動力、輪工制才有美好的收成，從墾地、燒火田園、整地、撒種小米、人工除草、採收、綁成一把、點收把量、人工扛運直到儲存穀倉做為戰備糧。這裡也要讓後代年輕族人知道，盤中飧的辛苦。

在煮成飲食方面：有奇那福裡頭包魚肉、醃肉；或小團糕裡頭包魚肉、醃肉。長方形糕視個人家族喜好包可吃的食物，圓鍋粥大家用小板凳圓坐一起，並用木（自）製湯匙享用美食，另外小米放在酒甕製成可口甜美的小米酒。

以上這些小米煮成飲食前，必須先從穀倉把儲存的小米拿到室外日曬，再用杵臼搗米。

小米成熟期看顧防範小鳥麻雀偷吃的真實故事：

記得小學階段暑假期間，恰好是小米成熟期，我有一項非常重要的任務，即是支援協助催趕前來小米園偷吃野餐的成群小鳥麻雀，天亮前要走50分鐘或前一晚就上山在工寮過夜，牠超愛吃啄成熟的小米粒，如果，您不駐守趕走任由他們肆虐囂張，今年的收穫量鐵定跌到谷底，那就別高唱屏東縣政府所倡導的美意「收穫那麼多」活動，同樣的今年的肚子可能要勒緊一些。

老人家、壯年人把風趕走小鳥的策略是這樣的：

製作稻草人、假人，然後用筆直的木材或竹竿立柱在田園各個角落，但時間久了，這些稻草人、假人根本不會活動移動追逐，可惡的小鳥們就習以為常，反而這些稻草人、假人變成了牠們前進攻擊、觀察檢視的立足點。

這一招功效不彰，只好改弦易轍、另謀盤算，那時候已經有瓶瓶罐罐的物品，族人又集思廣益集體創作研究出串聯這些物品製造噪音，在田間各個角落挖掘固定樹柱或竹竿，再用釘子穿洞繩子拉直綑綁懸掛這些物品，先決條件是物品距離取好才會碰撞出響聲才會此起彼落，您只要在小涼亭上看到小鳥成群侵犯小米，拉動一下主繩，如同拉一髮動全身，小鳥受到驚嚇就會暫時逃之夭夭，但這也不是長久之計，活人（看顧的人）還是要利用田埂巡查東南西北，並攜帶自製的彈弓表示隨時都有衛兵站崗巡邏，這種雙管齊下策略果然有效，如今，時代進步了，族人也變聰明了，現在改使用沖天炮射向它們群落聚集的地方，嚇唬作用奇佳，減輕農場主人的辛勞。

以上這些過往故事，三、四、五年級生記憶應該是鮮明透徹的，而且是挺溫馨純真的童年回憶。

(cinusu a vaqu sa vacaqi)

小米梗 (singilj) 靈界與靈媒的媒介之煙

小米成熟時，親朋好友會結伴前來協助採收，早期是一項非常快樂的農事佳節，好不熱鬧，在場的男士們摩拳擦掌開始準備組裝小米放在特製的（vacaq）扛回家。採收完會把小米一小把一小把用（vi ljuwaq）綁，祖先老人家們有這樣區別，然後聚集放在一起再請貴族或勇士做數數兒工作，數1要2小把為單位，30大把等於60小把。

每年各部落收穫祭期間，早期一定是用小米來辦理挑（負）重文化競賽，以彰顯族人生活文化內涵，聽我的祖母、母親曾敘述過：「小米本身就具有祖靈的加持和靈魂的存在。」因為，播撒種之前已請靈媒到小米園做虔誠的祭拜儀式，懇求祖靈風調雨順庇佑小米順利長成，所以，男士參加負重競賽明明是20公尺的實力，祖靈會選擇性針對「有緣人」加持多走5－10公尺，讓他今年（tucua cavilj）大放異彩、如願以償、名列前茅，至今，部落裡仍流傳著：「奇怪，他今年怎麼那麼厲害？」到現在這些典故是玄學還是真實一直無法解開的謎底，只能以現代的思考模式去解讀：「認真訓練學習、熟練技巧技能、厚植肌力耐力、完成任務目標。」

小米梗的傳奇：

小米梗在排灣族傳統宗教、文化祭儀、歲時祭儀、殺豬祭拜、身體微恙等祭儀活動，小米梗是不可或缺的媒介靈魂之煙會將小圓木炭置放於上方，然後再利用人工吹氣方式，自然

而然產生冒煙繚繞上升，透過靈媒開始今日所要進行的法事議題、訴求內容、渴望順心解災。諸如：豐年收穫祭、生病解災、歲時祭儀、殺豬煙燻等。

習俗中幼兒二至三歲，還未能自行走路，必須透過殺豬、靈媒、小米梗雲煙告知請求祖靈施恩，趕快促使幼兒走路，此所謂的跟祖靈買賣（vinliyan）儀式。

小時候就讀高年級階段，常聽父母親的話說：「vinli yan a nu kaka」，指的是我們的大哥徐貴（piya）是買來的，當時覺得納悶？既然是買來的，為什麼跟弟妹們的長相、膚色一樣呢？稍長懂事後方知原委，真令人啼笑皆非。

鍋巴和墊鍋圈的往事：

小時候吃飯部落族人仍以坐板凳圍鍋方式進行，到了高年級才有桌子、椅子、碗筷的概念，衛生習慣逐步改善。那個物資缺乏的年代兄弟姊妹的食量都很驚人，每餐都吃到剩鍋巴。通常這時候老人家會一聲令下：「剩下的鍋巴，小孩子千萬不能吃，吃了屁股會長出痔瘡非常疼痛。」當時父母親、vuvu 們的話就是天命，我們哪敢抗旨，直到有一天假日陪同父

母親去山上工作，爸媽準備的中餐是已經煮熟的芋頭、地瓜和吃剩下未曾下肚過的鍋巴，中午煮個湯午餐就解決了。吃午餐時我也不敢吃鍋巴只吃芋頭地瓜，長大成人後幾經詢問，長輩們始終微笑以對沒有肯定的答案。我在想以族人勤勞節儉的生活習性，應該是把鍋巴當成便餐點心，所以，運用智慧技巧的方式命令孩子們不要與他們爭食。後來事實證明，耆老們均說：「事實就是如此。」

製作墊鍋圈的材料，以菊花木為上等材料，堅固耐用，穩定性優質，中低海拔都有群落取材方便。

四、浸水營古道上老祖宗如何與溪流相知相惜

早期我們族人為了生計補足身體養分，會利用秋冬季節進行捕撈魚活動，族人絕對是結伴而行不會單獨行動，並且會事先稟告該溪段是哪一位頭目家族的傳統領域，以便結束後行使臣民的義務朝貢，現在的觀念則是分享（penangalj 或 pasiyaw）。

西段有三大流域：包括士文溪力里溪，七佳溪，東段則有：姑子崙溪、茶茶牙頓溪、加羅坂溪。該六大流域在悠悠的歲月裡，陪伴著族人們共同承載歷史的轉折和共同的記憶，

直到如今亦是如此。所不同的是在1991－2001年間，「文明病」帶來溪流嚴重的傷害，差一點造成溪流生態無法挽回的浩劫。

舉個捕撈魚實際的例子與諸君分享：

魚藤：採挖其根曬乾後便可利用木頭、石頭在岸邊敲打（擊），反覆敲擊數次後，乳白色的液汁自然流出來往河水中而下，魚兒吸到了會暫時昏厥，族人們以最快的速度利用特製的剪刀、漁網捕撈起，因為，再過一段時間魚兒自然會甦醒過來。

另外一種魚藤是恆春木荷樹，樹幹會長出刺類似刺蔥一樣但不會那麼密集，葉片大小如同七里香，最大的特色會結果實，大小比七里香果實大一些，每當盛開果實成熟季節，是族人們心情最高興得意的時光，因為這一段期間會採摘果實，然後結伴至溪流敲打果實，敲擊出乳白色液體流向河中，據洪加田耆老、柯文瑞長輩口述指出：「該液體針對鱸鰻特別有效，鱸鰻的皮膚碰觸到該液體時，全身奇癢無比，致使鱸鰻紛紛逃竄跳到岸邊、草叢，此時族人們當然以逸待勞大顯身手捕捉，人類也不能游走到河中，會跟鱸鰻的現象一樣，當液體隨波逐流而下，河流恢復清澈時，河中的生物也跟著恢復平時的生態。

射魚：記得就讀專二時寒假返鄉回家，有一位大哥哥名叫林搥年（qarangbaw），帶我們三、四位年青人前往力里溪中上游－雙溪游泳，游到一段時間後便叫我們在岸邊石頭上休息，自己則配帶水鏡、特製弓箭及腰竹簍，往水潭潛水，每隔一小段時間頭就會浮出水面深呼吸，這樣的動作反覆了幾回後游到岸邊，我們神奇地發現腰竹簍裡竟然是活潑亂跳的

魚藤蔓

魚藤恆春木荷樹，生長的群落在山高處斜坡上。

魚兒，難怪他有準備烤肉架、湯鍋碗筷、鹽巴，原來他是邀我們前來一起享受大自然的美食饗宴，比較遺憾的是我當下沒有親身體驗學習這方面的技能殊為可惜。

　　竹籠：老祖宗的智慧前衛出類拔萃，創造發明出如此深奧的絕活與生存的工具，已故蔡天助先生一身一生是膽也是藝，擁有十項全能以上的技藝在身，所幸保留了這麼珍貴的寶物。遺憾的是這項絕頂功夫之製作已乏人問津，徒留工具封塵多年，若不是與朋友間閒聊提起，徒留遺恨，鼓起勇氣詢問老師父的遺孀曾阿美女士（kina i karuy），是否可以重出江湖租借，得到了正面的回應令我雀躍，於是安排時間與徐清水長老、余義雄弟兄、劉清吉會長，前往力里溪中上游實際體驗捕魚的技巧，感受祖先們智慧的結晶。

　　這項傳統文化技能，呼籲部落相關文化協會，可行的話廣邀傳統領袖、耆老、中、青、少族人，集思廣益來推動辦理採集、製作、捕魚系列研習課程活動，使絕活技能再現重新燃起新生命，我們的野溪河流生態亦能保持著潔淨、豐富、活潑、多元、水裏頭的生物更加具有生命氣息。

以腰籃 (suce) 為中心，將兩邊竹籠展開石頭間歇性撐起竹籠。

採集五節芒或其他樹枝葉，置放於竹籠上緣，使魚兒往中間的腰籃游動，只進無法出。

在竹籠上方處利用比較粗的木條或鐵杵，將大塊石頭牽動使魚兒受到驚嚇往下奔游。

收回時滿心期待，瞧一瞧籠中魚數量是否令人滿意，就可以直接判定捕獲量之多寡。

三種捕撈魚的方法，可說是最環保、無毒、無汙染、無害友善取膳的策略，也是先人們發揮高度智慧的經典之舉。

最不可取的是民國 80 － 90 年間，「現代文明病」滲入族人們的捕撈魚方法，即將購買的氰酸鉀放入水中溶化，再在利用電瓶電魚，此舉無疑是使魚兒全部慘死，就連生命最為強硬的鱸鰻也不得不逃竄至岸邊，水中其他生物從施放處往下約 1 公里無一倖免，造成該溪段嚴重的溪流生態浩劫，要恢復其生命力必須過了一段很長時間才能再造生機。

民國 90 年代後，政府相關單位對環保意識強力宣導並祭出一些罰則，加上族人間相互教育，促使大家對環保觀念意識抬頭，上述幾項現已杜絕使用，可喜可賀，足見族人還是很善良對待我們的土地、山川、溪流。

第三節 大漢林道 11.6 公里（tjuakavayan）

往南下方約 60 公尺處 tjuakavayan 的地方，也曾經熱鬧風光，話說當年，從荷蘭時期、清朝時期、日本時期、民國至今，力里社 qangtjuy（小社）的族人，其傳統耕地領域都在大漢林道 9k 至 18k 稜線左右兩邊，也就是現在所稱的力里段、力南段，當民國 47 － 48 年政府善勸力里社集體大搬遷至現在的力里村時，小社部落領袖、長老建議，為了生活起居相互照應，暫時搭建工寮群居在這個地方，其他的族人則散居在大漢林道 11k 的下方、12k、14.5k、16k。根據耆老口述，這裡的住戶大約有 20 戶，現在的三、四年級生他們的童年、青少年時期曾經在這裡燦爛無憂無慮的渡過。

110 年元月 15 日，由柯文瑞長老、王玉花女士兩位帶領，終於親臨踏上這一塊土地，在民國 47 － 48 年間由力里社小社遷來此力南段，但到了民國 68 － 70 年間又陸續集體遷移至現在的 11k，距離離開時間也有 40 幾年的歲月。

三面石牆完好如初，惟石牆不是老力里的板岩，而是一般的石材，由於地形是緩斜坡，據他們轉述，以前的老人家採取輪工合作方式集體上工挖（劁）平地基，屋頂則以鉛板或五節芒為主要材料，整個房舍景觀呈現類似半穴居的狀態。

有一首老歌〈在水一方〉，其中的歌詞「靠水而居」非常符合老人家

選擇居住環境的條件，此處的水源就在右側約 60 公尺的地方，且終年不乾涸，養活滋潤這一帶族人 20 年，直到現在農友、造林工人不擔心忘記帶水，因為這裡就有自然天成可以取水的礦泉水，當年引水方式是利用古老方法將竹子切成兩半引水至部落小廣場，大家一起挑水飲用盥洗，更重要的是因造林之故交通非常便捷，上下左右摩托車都可以進出自如。

柯文瑞長老清理水源地。

王玉花女士模仿長輩們頭頂挑水。

兩位親友進入舊遺址前灑酒祭拜告知祖先們，如有清擾，請多體諒童年時期蓄水的水缸原來還健在如故，睹物思情，感慨萬千。

第四節 大漢林道 12 公里（gemadu）

這個地方如果用嚴峻的歷史觀來形容，他具有可歌可泣的蒼桑史與不可磨滅的痕跡，因為，這個地方南北向是聯絡力里社、古華社、士文社、獅子頭社、內文社（今獅子鄉，我們所尊稱的大龜紋王國）、牡丹社（枋山溪源頭，已遷移至現在的牡丹鄉牡丹村）必經之路，所以這條古道可以說是「結盟之路、暢通無阻」或楊南郡教授所取名的現代稱呼「十字路口」。長期以來，從荷治時代、清治時代、日治時代，只要一有風吹草動，總是結盟聯手對抗外來的統治者，翻開歷史幾番被征討、殺戮、焚村、滅村，我們始終不改堅定地獨立自主盟友的理念，往昔是浸水營古道上最驃悍的民族部落，現在我們已經是隨著朝代的更迭、時代的演變走出陰霾，早已走向善良理性的排灣族族群。

駐足於此，會讓人肅然起敬，進入眼簾的就是排灣族勇士雕像，據常常經過往返的部落族人敘述，經過時要有禮節、點頭微笑目視，甚至遞放菸酒、檳榔保證您平安喜樂，更玄的是，每當到了歲時祭儀要播種農作

物，先來此參拜祈求農作物豐收，據靈媒及農友告知非常靈驗，套一句俗話：「不要太迷信，但是寧可信其有。」大概就是這個道理吧！也有一、二位農友告知我，會不定期輪流的來此整理環境，我們的勇士雕像儼然已成為信奉傳統宗教的族人視為不折不扣的「守護神」。

西上方有一對中年恩愛夫妻劉明福（cingul）、傅玉珠（djupelang），在他們的保留地上搭建堅固的工寮，經常居住在此。現今大漢林道交通便捷，他們在老力里部落遺址上方，開闢一大片農園，採取輪耕方式並堅持無毒友善農業理念，時常配合參與農特產行銷活動，都以「老力里田園（tjuarari）」名號參加，出產的山芋、芋頭乾（粉）、奇拿富、小米糕香味四溢，廣受好評。依據主人的敘述，由他們的祖父母輩、父母輩們口傳得知，該田園之地界，就是清朝時期所經過的古道，然後銜接至六儀社營盤（今大漢林道 14k）。

古董級的石砌爐灶。

老英雄留下來的戰績。

老力里 tjuarari 田園的土質是屬天然鬆軟肥沃，長出健康的蔬果菜，照片正上方為石可旦山。

本鄉調解委員、力里長老教會長老，也擔任過好幾任的鄉民代表－傅玉珠女士。

渾身是勁兒解說老力里入口意象守護神－巨人雕像、歷史過往、地理位置。

對人文歷史文化比較有情感的原住民山友團隊，會在此處駐足，遙祭先祖先輩並祈求東部浸水古道之行順利平安。

往北下方通達老力里部落石板屋遺址（浸水營古道東西段，在歷史的承　載裡、歲月的洗禮上，「她」曾經擁有過浩大強勢的管轄權、管理權－力里社）。

　　這條便道原本就是清朝、日治時期之步道，民國 60 年代後林務局為了因應社會所需，大量開採砍伐林木並種植造林，才拓寬此步道成為產業道路，也因為如此，石板屋遺址差一點造成全面大浩劫，所幸當時的力里村村長吳金治先生，號召族人討論如何處理？經過族人的協商討論，共同議決禁止繼續偷搬運石板販賣，以當年的思維因文化遺址保存的概念還未形成，會覺得認為「這有什麼不可以？這東西原本就是我們的財物呀！」還好，提早發現阻止事件繼續延燒，也慶幸的是這些「大東西」沒有留落國外異鄉，還是安穩地座落於台灣本島的某幾個地方（在此不予贅述）。這事件早已過往雲煙落幕了，事過境遷，雲開霧散，輕描淡寫，不足掛齒。

　　現在老力里部落石板屋遺址的輪廓還是非常清晰可見，因為，從民國 92 年起力里社區發展協會承先啟後辦理過 5 次左右回家尋根之旅，慎終追遠，整理家園，最起碼讓遷移其他部落或他鄉的力里系族人，明白自己生命的源頭在哪裡？因此 109 年初與好友們一起推動成立「春日鄉力里系族群文化協會」組織，但由於疫情因

素遲至年底才正式掛牌營運，首任理事長由大頭目謝家定、總幹事由頭目戴照吉擔任，期望組織能發揮更多元的文化功能。

提到石板屋就聯想到民國 47 － 48 年代世紀大遷移的傷心往事，試想，如果沒有「歷史的牽動」去改變當時的狀況，古樓社、力里社、排灣社、內文社、古華社……等，豈不是理所當然成為聯合國世界經典之產，何苦來哉說是世界文化遺產「潛力點（老七佳）」？人類常自稱為萬物之靈，但所作所為是不是需要反芻思考，我們一起共同互勉，不要再踏上錯誤的抉擇。

前面提過老力里部落石板屋遺址輪廓仍清晰，如大小社住戶，耆老們都非常清楚是哪一家，而我大概僅知百分之三十的住戶名，對於行政區域的所在位置反而比較清楚，諸如：學校辦公室、學生教室、朝會廣場、升旗台、駐在所、神社、養蠶室、運動場、公墓（日治已有）、來往老力里與老七佳吊橋（只剩橋墩）、往返平地與老力里古道、大社採石場。針對各住戶住家的相關位置，趁著尚有耆老可以一起與我們組織伙伴踏查，利用電腦科技共築建構繪製藍圖存建

檔，以傳承給我們的後代子孫，更不枉費我們中壯年的歷史責任，達到傳承歷史的責任，讓他們瞭解那一座甜蜜的城堡家園，曾經是我們祖先們的血源地。

民國 92.4.6，第一次老力里部落尋根之行，猶似朝聖的族人約三、四百人。

當時還健在的高美枝 (sa tjuku anga) 提醒族人虔誠祭拜祖先以庇佑我們。

時任屏東縣議會吳天福議員 (kibu) 呼籲大家共同維護石板原樣。

本人時任理事長 (cudjuy) 宣導安全教育。

現任屏東縣議會戴文柱議員 (utasang) 的媽媽、姊姊、家族一起合影留念。

mamazangiljae ruveljeng 黃連家族於祖厝前合照。

已故老村長黃水龍 rangarang 和已故老代表高明燦 masatjang 英雄惜英雄，共飲甜美的小米酒。

已故老村長黃水龍 rangarang、八二三戰士傅漏鴻 giljagiljaw、現在部落靈媒賴秀香 qedeves 一起見證老力里部落的輝煌歷史。

paljuvaq 陳金木 puljaluyan 家族合照。

前任議員、課長文史作者翁玉華女士 tjuku，對力里部落的沿革歷史，研究紀錄非常投入，所以，她是我們國寶級的人物。

筆者帶著還在就讀國小的亞運 rangarang、亞倫 baljay 兩個孩子，踏上那未曾謀面的「老娘家」，內心交織著澎湃與震撼，老二童言童語對他的姑媽說：「你們小時候的童玩是什麼？」我姊姊無言以對只好說：「協助幫忙農事、家務事」。

民國 107.2.12 辦理第四次力里系部落尋根之旅（目前是最後一次），徐家 (ljaljukuwan) 後代子孫集聚於老家，留下珍貴的畫面與紀錄。

民國 107.4.2 辦理部落族語導覽解說培訓，照片分享：

　　附載簡易紀錄民國 110 年 6 月 3 日，那秋工作室鄭鴻耀、陳文龍和兩位助理及頭目耆老，前往老力里踏訪頭目系統祖靈祭（maljeveq）之祭場（djadjuljatan），本人恰好躬逢其時跟隨 djakudjakuc tjanubak 謝家定、malingaling rangarang 陳文祥、pirariz rayup 洪加田、revuci tjuku 翁玉華，共計 9 人（符法令規範室外不可超過 10 人）。若要深度、廣度了解力里系祖靈祭之真相與內涵，就期待 giljagiljaw malingaling 陳文龍他們細膩又深入淺出的研究出爐，本篇系屬粗淺紀錄僅供參考。

李志宏警官解說當地歷史。

七佳信義教會吳明裕傳道與時任議員周陳文彬合影。

文史工作者張金生博士與本人於 mamazangiljane djakudjakuc 祖厝前之 sauljay：君王靠背、寶座，也稱大力士的 tukuzan 拐杖合影留下永恆的記憶。

一、紀錄內容：

1.tjaungacuq（陳文明 cudjuy 陳一川 puljaljuyan）：名稱：caavi（行政中心），祭場在駐在所下方約 100m 處第三個平台，第一個平台為一到三年級教室，第二個平台為 pukaikuwan（養蠶的地方）。

2.djaljasupu（目前無繼承人）：祭場在 palisengay（現在掌門人是謝政通 puljaljuyan）祖厝大廣場，但是，家族現在真正的接班人是否有確定，必須再確認？

廣場前有神奇的傳奇故事：男生 uqaljay：vacaq 形容男大力士扛在肩膀上置物的長方形大石頭。女生 vavayan：kinavic 形容女大力士背在背部置物的正方形大石頭，類似老人家過去所製作的背袋（sikau）。

3.kausan（還在尋找適當的繼承人）：祭場在祖厝前廣場。

4. 旁邊附近有 tagaw（現歸崇村李明美 tjuku）。

5.talimaraw（現歸崇村張美花 avu、李清標 tjirusang 家族）。

6.kazangiljan 早期由古樓社（kuljaljaw）遷移進來（目前無繼承人）：祭場在祖厝前廣場。廣場前有石板疊起類似現在的平台、司令台、呼喊台、廣播台（kavuluvulun），並且有大棵的榕樹 djaraljap 相伴。

7.ruveljeng 黃連（sauniyaw）：現任第二任鄉民代表。祭場有兩處：小型：祖厝旁小廣場。大型在臣民 purepur 李金雄祖厝旁大廣場。

8.kadeduljan 翁鳳麗（djupelang）：無祭場。

9.malingaling 陳文祥（rangarang）：祭場在祖厝前、大榕樹下方廣場。

10.djakudjakuce 謝家定（tjanubak）：祭場（qaqapurungan）在祖厝前廣場。

有設置大型的（kavuluvulun）：平台、司令台、呼喊台、廣播台。kavuluvulun 中間設有 sauljay：君王靠背、寶座，也稱大力士的 tukuzan 拐杖。

vacuku 的獨立小石屋（謝家定 tjanubak 的叔公）：此人驍勇善戰（sauqaljay a kiqeci），英雄豪傑，因「南蕃事件」爆發，赴湯蹈火支援 tjuleng 大龜文王國，日本兵射中門板，碎片擦身下巴而嚴重受傷，風燭殘年回娘家渡餘年，值得遙祭追念。祖厝旁有生育一個月內之淨身石屋。

11.qaqatiyan 戴照吉（kuliyu）：謝家定祖厝斜上方，祭場在祖厝前廣場。

12.tjalungan 郭秀鈴（sauniyaw）：無祭場。

二、結語：

再一次踏上那沉睡已久至今的老部落遺址，仍然令人動容她的風采和壯闊。頭目祖厝的位置全部都集中在「中山路（i vecekadan）」的兩旁，族人的智慧是取決於要保護皇室家族。所以，部落上、下、左、右之邊陲地帶居住的族人，都是驍勇善戰的勇士，保證自己的領袖安全。

力里駐在所遺留下來的兩座蓄水池

已有百年以上的爛心木（黃連樹）

男大力士挑重置物的 vacaq

往部落的階梯，djaljasupu 祭場也是早期兒童上學集合放學解散道別的地方。

每到頭目祭場一定做祭拜儀式，以示對祖靈的尊重，並詳實的錄影紀錄對歷史負責。

力里社頭目系統祖厝前幾乎都有榕樹相伴。

malingaling 陳文祥 rangarang 與祖厝前

我的「老娘家」旁造型奇特之百年榕樹

英雄好傑 (vacuku) 之小石屋

國民政府來台初期，水泥石頭蓄水池。

三、照片分享：

老力里神社的真實小故事：

　　日治時期浸水營古道上只有兩座神社建物，一座就是在老力里大社學校上方約 30 公尺處，另一座則在東段出水波駐在所上方約 30 公尺處，兩座神社現今只剩基座，我想，應該是改朝換代時不想把前朝的遺構留下來，何況，民族屬性、背景截然不同，大家應能理解釋懷。

　　我的祖母、母親在我就讀國小高年級時，曾經告訴我有關對神社的敘述：

　　每天早晚都會響起「暮鼓晨鐘」時，如您在附近農忙或其他事務聽到了，一定得把手邊的工作停住，朝向神社方向立正，表示對天皇的效忠，當時，日本人已推行「相互監督」的機制，您不照做自然就會有人密告，被告者被罰勞役，密告者受到獎賞。

此外，平時經過神社時，一定要面向它目視，行禮如儀，未遵照者，一樣罰參加勞役。

力里大社之神社墓碑，雖已遭到破壞而倒臥其中，但文獻資料依然清晰記載著日本年代、姓名、戶籍地、事件發生之因素及結果。
※ 資料照片由陳文龍（季亞夫 giljagiljaw）提供。

往返老力里←→老七佳必經之鐵線橋－艱苦橋墩之旅：

如同往返力里社、古華社一樣，往返七佳社也需要搭起「族人生命之橋」，聽耆老們的口述，往七佳社造橋、築路比往古華社的難度更高，因為，兩岸定點距離遠、高度高、危險性更強，所設定的路線大部分是懸崖峭壁，所需要花的工程人力、物力、時間加倍。

可想而知那個年代搭橋、鑿路的工具裝備欠缺等，完全以徒法煉鋼的方式，每進一尺一寸都是血汗交織，只有兩社族人通力合作方能逐步完成，共享努力打造的成果。

聽老人家敘述：「屬於精密性、技術性層面的工作，全由日本人工程師專家來施作，比較粗重耗體力體能的工作由族人包辦，採取集體分工合作方式進行，唯比較特殊的案例在此必須記載流傳下來以示感恩，有兩位族人曾經親自參與技術性層面的工作，第一位就是隔壁部落族人－高見社，他的後代子孫就是鄰居屏東縣來義鄉南和村當過鄉長、縣議員連正勝先生。vuvu i saan sing 當時正值年輕，膽大心細，智慧過人，可能學過造橋技術課程及受過專業訓練，造就了他專業本能的發揮及學以致用的機會，第二位是自己七佳社的族人（paljaljaya rasi），他們的功力應是相輔相成，默契十足，拍檔銳利。所以，日本人才特邀他們一起做艱辛的

造橋工程。不負眾望，在引頸期盼下鐵線橋工程終究完成了，造福兩社部落族人往來交通和就學便利，身為力里社、七佳社的後代子孫應該要心存感激和緬懷恩德。

為目睹日治時期往返老力里與老七佳之吊橋遺址，特別利用乾旱季節安排前往踏查，與我的師父洪加田耆老約定於民國 111 年 1 月 25 日前往力里溪上游一睹風采。進入冬天乾旱期有許多愛好溯溪的沙灘車車友相約來力里溪，他們的終點站恰好是吊橋遺址，因此，路況被他們壓平過加上溪水不深，一般的野狼摩托車可以到達此地，真好，不費吹灰之力即可來到橋墩下方一探究竟，否則，從老七佳紅橋走路上來可要花個 1 小時 30 分鐘時間。

由溪底往七佳段上仰目測相思樹之高度（橋墩在此），至少也有 80 公尺，但因八八颱風土石流災害把河床墊高 10 公尺，所以，以前的高度大約為 90 公尺之高，而力里段橋墩位置是在相思枯樹與九芎間之草叢裡，仰望目測相互比較高度大約雷同等高。洪爸爸建議只踏查往老七佳橋墩遺址，因為比較容易直線爬上不必繞道。再者視野清楚目睹力里段之土

地叢林風貌，兩岸橋墩規模設施一模一樣。

跟在洪爸爸的後面，照他的步伐爬走上行，路線是爬走稜線的右側較穩健安全，真的走稜線是非常危險，因為左側就是 90 度光禿禿的懸崖峭壁，根本沒有雜草樹木當阻礙物，萬一重心不穩不慎滑落溪谷，那就是確確實實成了「一失足成千古恨、粉身碎骨」的真實版。好不容在雙手雙腳並用之下蝸牛式的到達遺址，看看手錶大概也花了 40 分鐘的時間，依循前例以薄酒遙祭祖先們（無種族之別）表示深厚的謙懷與尊重。

圓周觀察與四顧環繞，這裡的構築基礎顯然與往老古華是天然之別，強化鞏固安全之理念，早在那個年代深植根深蒂固於工作專業人員，因為這裡溪溝深、兩岸距離長、斜坡陡峭，天呀，這是何等的絕地屏障，如何克服這重重的難題，真的令我百思不得其解，「您們」太神奇又偉大。

這裡的橋墩設施依洪爸爸的簡易說明，大致上是如此解說，沒有所謂的對與錯，筆者草筆寫下僅供茶餘飯後參考：「分為上下兩層結構，上層第一道水泥樁是為兩條粗壯的父母樁，猶如拔河比賽時最後一位大力

士，可以穩定軍心防止左右搖擺晃動，上層第二道建物水泥樁是為了挑高支撐整條的雙主幹線，下層為一對左右護法的勇士樁（排灣族文化概念），因為有母體的支撐穩固才能延伸更多的支條鐵線撐住彼岸，彷彿蜘蛛網般的天羅地網概念，保障族人們往返行走的安全。」

一段前往老七佳遠足的童年往事：在橋墩平台上盤坐休憩，洪爸爸講述了他國小二、三年級前往老七佳遠足時的一段真實往事：「民國45－46年，老力里國小連續兩年曾辦理過遠足活動，前往老七佳部落族人親訪，親吻聆聽飽足隔一條溪土地的芬芳、夜影的天籟、vuvu 的傳唱、大地的呼喚、飲食的純真，令我一生永不磨滅。」

洪爸爸如是說，令我百感交集五味雜陳，洪爸爸又繼續說：「第一次準備踏上吊橋起點時，很多同學蹲下來不敢前進，眼前看到的場景，橋這麼長這麼高？尤其是女同學全傻眼哭了，但在老師的安撫鼓勵之下，有的邊爬邊哭、有的邊抓細鐵絲邊哭，而我血液裡可能是流著天生勇士的氣概毫不在乎，就當起攙扶同學的使命，被我攙扶過的女同學都很感恩，但長大後很疑惑沒有一位是曾經的女朋友，返程回老力里部落到達吊橋時，同學們彷彿吃了定心丸脫胎換骨、判若兩人，不過，我還是扮演起觀察守護的橋上勇士。」

聽完了洪爸爸童年真實的故事，也是返程的時間到了，回程的溪路上有一些感動和想法，草筆如下：『能夠親臨目睹「您」的廬山真面目，是一個千載難逢的際遇，離開時不免有一些些惆悵不捨，不知來年來月來日是否還有機會與「您」重逢再見歷史風采，當我騎出虹橋、雙溪口時油然想起李白詩句的心境：「兩岸猿聲啼不住，輕舟已過萬重山。」

騎回文明的世界、溫馨的部落、熙攘的人們、廣闊的平原、閃亮的燈光，心中有陣陣謎樣的感傷，想到「您」依舊還是要繼續沉寂在深山叢林裡，而現在的人們可會記得「您」曾經叱吒風雲風光一時嗎？人們記得「您」也好，不記得「您」也好，「您」終究還是在那裡做無言的承受、無悔的守護、無盡的等待。

小兵立大功的工具，一條條鐵線都要經過圓圈洞拉動工程始能進行。

雙胞胎水泥樁，許多支細條鐵線由此出發，鞏固橋面安全。

請 kama 特於下層拍照，感受當年工程艱鉅的使命與責任。

筆者與 kama 合照為滄桑榮耀的歷史見證。

上下層地基穩固無懼大自然天災地震感佩工程師擇地之細膩度，由此平台左橫走就是往老七佳的歷史路。

由平台往下拍攝力里溪，高峻崖邊令人毛骨悚然 (magagalj)、(masengac)。

八八風災遺留下來的大石頭，背景是力里段稜線與懸崖峭壁景象。

力里溪河床邊的奇石，為「大自然雕塑藝術家」－朱銘大師創作印證。

往南下方可通往老古華舊遺址
一段老力里前往老上牡丹的真實老故事：

（曾阿美女士敘述，徐美賢整理）

國民政府剛遷台治理台灣初期，在原住民部落就成立了「山地青年服務隊」，簡稱山青隊，凡部落大小事幾乎由山青隊帶領族人勤做公共事務，在衛生醫療方面，為了傳承延續「山地人（原住民）」的生命，特別招募培訓婦女小姐「助產士」，本部落曾清妹女士（djasa）就是當時雀屏中選的年輕小姐。

結訓公佈分發時，派任前往老上牡丹部落，當時如同老力里一樣還未遷村至現在的馬拉地部落，力里部落青年討論派誰去安全護送，討論結果公推山青隊班長曾新明（曾阿美女士先父）、班員徐萬北（徐清水長老先父）兩位，他們兩位欣然接受這項光榮神聖的使命，由老力里出發，經由十字路口、士文溪上游、老古華、內文社（大龜文王國）今獅子鄉、牡丹鄉、達仁鄉、金峰鄉共同傳統領域、枋山溪源頭、制高點、老上牡丹，成功完成報到手續，回程時天色已漸漸黑暗，索性就在結盟部落老古華住一宿，受到部落族人親友盛情的款待。

第二天帶著歡悅宿醉的心情告別老古華親族，他們所走的這一條路，就是日治時期遺留下來的古道，也就是我們所稱的「結盟之道」，當然現在已乏人問津，但恩情的相傳仍然在這三家後代子孫體內流傳著，後來，曾清妹女士落葉歸根回力里部落，繼續為部落族人行使那至高無上的服務工作，他可以說是當代偉大的「接生婆」，凡二、三、四年級生的部落族人幾乎都是經由她的「巧手」呱呱落地成長茁壯。

此條路徑據耆老相傳口述：荷治、清治時期是排灣族的便道也是獵徑，到了日治時期，為了方便監控管理才拓寬，並在士文溪上游設置吊橋，如今只剩橋墩，說到士文溪有件大事差一點翻轉歷史，原本在民國 90 年代後，主政者推動規劃士文水庫，因自身水源不足部分，由力里溪上游開通山洞引水道補足，經過幾次辦理說明會，徵詢鄉民意見，不管是南三村（士文、古華、春日）、北三村（力里、七佳、歸崇）的族人，百分之九十五的意見均持極力反對的立場，尤其，力里溪上游開挖山洞引水道這個部分，工程絕對浩大而且勢必將力里山之力里段、力南段土地領

班員：kama i sauruanga 徐萬北先生，徐清水長老之先父。

這一張照片猜測應該是在水底寮永美照相館留下的帥照，據耆老口述，他雖是一名剽悍的勇士，同時，也是鐵漢柔情的好丈夫、好爸爸、好 vuvu。

照片中的人物：左上一對爲曾新明夫婦，右上一人爲近親 kasusu，下方爲本人之雙親 (baljay kaljalju)。

曾阿美女士訴說著當年先父班長曾新明 sakiu 及班員 sauhu 護送 助產士前往老牡丹的過往曾阿美女士年輕貌美少女的模樣。

域貫穿掏空，以我們台灣的工程品質（我不是批判而是推論），數年後或百年後的承載負荷量，誰敢保證力里山不會引爆「走山」的命運，而造成無法挽回的歷史慘劇－滅村，而且滅村的範疇絕對不亞於「小林滅村」的慘痛代價，它包含了力里村、七佳村、歸崇村、南和村、玉泉村、石光見、太源村、東海村、沿海等部落地區，國土保安的美意政策就形同廢紙，所幸，主導單位充份尊重民意當下做出正確的決策而作罷了。

民國 98 年「八八風災」時，士文溪上游兩邊的土石岩壁嚴重崩塌滑落至溪谷中，堵住溪流造成幾百年來頭一回難得一見的－堰塞湖，從此處向下看望清晰可見，當時蔚爲風潮與奇觀，慕名而上山探個究竟的不計其數，有的循 11k 力南段 4 號農路下去，就近看看大自然鬼斧神工造就的天然美景，待雨過天晴氣候穩定後，林務局基於安全考量，深怕萬一崩潰一洩千里，影響中下游農民損失及居民的安危（古華、加祿堂），聘用專家學者、雇工團體勘查，才進行漸進局部方式疏濬，感謝上帝祖靈庇佑，工作順利平安完成。

往返老力里與老古華必經鐵線橋之真實傳說故事：

　　日治時期 1920 年後，台灣原住民抗日情仇已化整為零，成為良蕃好夥伴，力里社之先輩們也如法炮製，願意配合台灣總督府警部補駐在所各項政令，尤以造陸造橋為甚。為了疏通社與社之間聯絡、郵遞、運輸，在士文溪上游興建鐵線橋，所以，建造完成後這個區域附近的地名就取名為（tjineqeza）。後來部落族人又更名為（kinipakuangan 引爆身亡的地名之意），根據部落耆老的回憶口述與真實故事，整理如下：「民國四十幾年，國民政府初來台灣治理，整個時局還在飄搖動盪不安，這個漢人（tjukuku 意指從大陸來的）循著獵徑步道至力古吊橋士文溪上游，再往水潭走去，根據判斷身體可能是繫綁著手榴彈、炸藥引爆，有跡可循，因為，隔天大清早有力里社三位獵人前往力古吊橋士文溪上游兩岸巡獵場，發現凡水潭中總有魚蝦漂浮著，他們也樂得撿拾，撿呀撈呀，怎麼會有肉塊浮現？更離奇的是發現殘存的手腳，三人覺得不對勁兒，於是奔回力里社派出所報案，派出所招集動用山地青年服務隊前往該地點收拾殘局，將殘存的手腳、肉塊集中存放於事先訂製好的木板箱子，抬回力里社派出所。

　　後來是如何處理，全部落的族人不得而知？在那個「戒嚴時期」的年代裡，只能成為一宗無法解開的懸案與謎底，流傳下來的是部落耆老們口述中真實的一半故事。至今仍眾說紛云，不過，有這麼一說無關是非對錯，請讀者自個兒去想像：「這位仁兄也許是跟著國民政府渡海來台潛伏的『匪諜』，從事蒐集情資祕密的工作，日子久了紙包不住火而身分曝光，反正是死路一條才會一不做二不休選擇杳無人煙的士文溪結束生命。」

　　另外，口述佐證是這樣說的：「今大漢林道 11k － 14k，在力南段從事農務工作的族人們都一致指陳，確實當天傍晚時分，在士文溪上游的方向，聽到了非常震耳的巨響。」

往返老力里與老古華第一座吊橋踏查心得與看見－艱苦橋墩之旅：

　　去尋找歷史的遺跡，讓內心忐忑、澎湃、悸動與期待，因為，那曾經是我們族人先輩們往來的痕跡，走過的歷史路，於民國 111 年 1 月 12 日由部落長輩毆吉明先生帶領前往日治時期老古華吊橋遺址，為了節省時

間我們並沒有循著古道斜下行，而是經過他們的（林香蘭、歐錦龍、陳志哲、黃明貴、林耀宗、林錦花、馮進財、林錦美）原住民保留地走稜線而下，該區域屬於力南段將近有 20 幾甲土地，相思樹粗壯高聳蒼天、黃荊、九芎、黃連木及一般雜木穿插其間，最為可惜的是有六分多地都已長成粗壯的咖啡園區未經整理，因為，早期舊有的林班農路只整理到一半，還有二公里的道路只能步行才能到達該區域殊為可惜。

走稜線而下路況還好，沿路發現有許多一坨又一坨的糞便，更令我們驚奇訝然的事是目睹了山羊、山羌竟然擦身逃竄奔跑而過，在距離溪床約 100 公尺時，地形變得陡峭險峻，我捫心自問我可以安然通過這些難關嗎？心裡默念著懇求上帝、祖靈保佑，我小心翼翼跟著、看著前面的戰友前輩所走過的步伐，真正體驗到舉步維艱的危境，恐一失足一失手造成千古恨，所幸，在驚險萬分的情況下，關關難過關關過。

皇天不負苦心人，距離溪底河床約 40 公尺，找到銜接了日治古道，緩坡斜下行尋覓橋墩，終於呈現佇立在眼前，悠悠歲月裡在河床上方約 20 公尺小平台處（兩岸距離約 40 公尺），他依舊仍然孤獨地在那裡守護著山林河川，日夜與天地萬籟、日月星辰相伴，遙想當年的先人們，不管是日本人、排灣族人，因為，一起共同努力合作（技術勞役），才能打造完成這麼艱鉅的吊橋工程，縮短了結盟之道、部落間、駐在所間往返的距離與提升便捷性之功能，據歐前輩轉述岳父母老人家的話，該第一座吊橋是往返大茅茅社與力里社必經之橋。

為感念先人們的辛勞與追思，特請長輩以薄酒聖水遙祭，以點燃香煙表示薪火相傳，經由長輩的敘述和個人對於這裡環境的觀察，有以下的簡述：「這座吊橋的座落位置，選擇在大漢山西側下方力南溪源頭與老古華溪源頭匯流處，峽谷縱深、南北兩岸峭壁堅硬且近在咫尺相距約 25 公尺，不得不佩服先輩們當年傲人的智慧判斷，選擇了這麼優勢的地理環境，兩源頭匯集後就形成士文溪的上游。」

回程的路線稍作修正，基於考量我個人的體能狀況及爬坡能力，歐前輩選擇另一條路徑上坡，走走停停不時的回望峽谷橋墩，想著「她」在歷史的長河裡曾經位居要角叱吒風雲，令我景仰肅然起敬，回首立正站好向

她行一鞠躬禮表示深層的敬意。翻過一座山，仍頻頻回首向她不捨的揮別，不知何年何月再能重逢，這一趟上下午的行程總共花了七小時的時間，真可謂乘興而去、盡興而歸，順利平安。

力南溪源頭（左）與老古華源頭（右）匯合處，圖下方 10 公尺即為吊橋遺址。

歐前輩唸唸有詞，遙祭感恩先人們登山陟嶺戮力打造的艱辛。

筆者與歐前輩自拍，留下歷史性珍貴的紀錄。

下山回部落後，從耆老、長輩、獵人的口述中，得知從這個第一座橋墩遺址地方順流而下約 800 公尺處也有另一座吊橋遺址，經與歐前輩商討決定再擇日踏查，表示對兩座吊橋遺址的歷史真相尊重和公平。

往返老力里與老古華第二座吊橋踏查心得與看見－艱苦橋墩之旅

民國 111 年 1 月 22 日由毆吉明、林志雄父子及邱銀能前輩，三人陪同我再度前往勘察第二座（下方）吊橋遺址。

這一趟比上一回更加艱苦勞累，因已無獵徑也無開墾土地，荒廢多年，地形地貌多處崩塌走樣，蔓藤荊棘遍佈，兩位前輩完全憑著青少年時期的記憶及耆老們傳述的地名位置尋找，偶而找到日治時期古道，走沒多久又遇到坍方懸崖，必須高繞再下滑緩行，距離士文溪上方約 300 公尺處，經過了歐前輩以前的農墾地，此處較為平緩且當時有開闢成梯田種植稻米，遙想當年的先輩們，過著與世無爭的簡單純樸生活，在農墾地老人家們一定會搭蓋起工寮，以便住宿儲存食物，難得回老力里家或已遷移下山回新力里家時，都以徒步方式上下山，男生扛著、女生頭頂著農作物，以前的人只能吃苦耐勞不然沒飯吃養

活家人，所以，早期的族人腳力夠勁兒腳程也夠快。但以現代人的生活模式伴隨心中的思維，很難想像早期的生活情景。

繼續下行接近士文溪約 60 公尺又銜接到日治古道，該地段區域是林香蘭女士上一代祖先的農墾地，還找到了傳統的石砌爐灶，兩位前輩欣喜判斷橋墩遺址應該就在前方附近，林志雄君年輕力壯前進速度較快，首先大喊呼叫一聲：「找到了」。心中的大塊石頭終於卸下，也默念著感謝全能的上帝及祖靈的引領。

南（古華段）北（力南段）兩岸的距離比上一座稍長，約有 50 公尺之遙，工程難度可以想像比上一座更艱辛萬苦，由衷的佩服當年先輩們的高度智慧和付出之體力，唯遺憾的是

這些古道、橋墩已埋沒在深山叢林裡半個世紀之久，該力南段區域也因為苦無道路進出，人車無法通行到達，造成族人前往開墾之意願完全低落，因此，雖然該地段土地相當肥沃，有 1／3 地勢平緩，但開墾後之農作物載運困難無法貨暢其流，自然裹足不前，荒廢良地，據兩位前輩轉述老人家的話，這第二座吊橋是往返古華社與力里社必經之橋。

返程時不走原路而尋找小野溪和稜線上爬，走走停停辛苦極了，同行的朋友們找幽默的話題，讓大家會心一笑消除疲勞，上行到達摩托車的時間就花了四小時，下上行路程花費了七小時三十分鐘，這一次算是一趟非常難忘之旅，如果平時沒有登山、爬山、狩獵經驗的人，我想應該是一趟「不可能的任務。」

第一次接到日治古道，當天霧氣朦朧、飄灑細雨，寒氣撩人，影響下山前進的速度與安全，大家互勉安全第一。

第三次銜接到日治古道時遇見傳統石砌爐灶，兩位前輩喜悅的說：「橋墩應該就在前方附近」。

為歷史留下紀錄，與兩位前輩合照，以明示確實是經過千辛萬苦才能到達歷史場域而得以見證。

三位志工通力合作，共同把雜亂清除，在拍照之餘我也適時的盡一己之力，順勢幫忙才能擁有與有榮焉之感，經過一番努力，橋墩又恢復重現原來的面貌，拍照留下歷史性的紀念，傳誦給下一代。

第三章 大漢林道（13k － 28k）現代路線解說篇：

第一節 大漢林道 13 公里

西部大漢林道從起點崁頭營至28k大漢山，沿線我知道的箭竹產地只有三個地方，即 11k 力里山山麓附近、13k 道路上方、16k 農田區域內周圍，它們都有良好的生態區數量為數不少，至於東部沿著現今的浸水營古道從起點至姑仔崙吊橋長共 15.9k 則還沒發現，為何要提箭竹呢？因為，它跟我們的文化、生活習性息息相關，每年的收穫祭（豐年祭）文化活動，其中有一項就是傳統射箭競技，其箭的來源就是箭竹採集製成的。另外的貢獻是早期公賣局或一般民間的香菸未發達前，老一輩族人會自給自足栽種菸草烘乾、採集箭竹製成菸斗，滿足了族人們的生活需求，套一句會抽香菸的煙話：「飯後一根菸，快樂似神仙。」國小階段年少時期曾經跟幾位同學好奇過，放學後在部落閒逛找枯乾的絲瓜莖一起來抽菸，結果有人密告家人，被爸爸媽媽痛打一頓，真是年少輕狂、不知天高地厚呀！

長菸斗是部落婦女們的最愛，來上一口讓生活充滿著活力。

傳統體育競技文化活動—射箭，箭竹是必備的良材。

第二節 大漢林道 14 公里（六儀社營盤）

前一篇已敘述她的過往歷史，僅就以現在的場域做一些陳述，過了營盤遺址約 40 公尺往北下方，有一條農路，可下達力里溪上游，沿路都是族人的造林地和獵場。

同樣的從營盤遺址過了約 50 公尺處，您會發現這個地方視野遼闊，晴空萬里時向北可眺望本鄉第二座高山石可旦山，標高為 1521m，由老七佳石板屋上方延伸爬山上去的稜線非常清楚壯觀。

往北下方看，隱隱約約地還可以看見日治時期來往老七佳、老力里的舊路。當年四年級以上的七佳族人小朋友，星期一一大早必須由家長陪同翻山徒步過吊橋再爬坡來力里國小就讀，帶著一星期原住民的食材，住宿於簡單搭建的工寮，有的依親而住。我的祖母為人心腸善良，樂意收留照顧白家、李家、林家、吳家的孩子們，

數年後這些人長大成人後，非常感念我的祖母徐晚。

民國 73 年 8 月 1 日後回母校力里國小任職教師，每學期總會安排幾次週三下午家庭訪問，每每寒暄後告知我是誰家子弟時，這些長輩們頻頻握我的手說：「你的祖母是我們一輩子的恩人，把我們當成自己的家人一樣照顧。」我驚訝的發現感受到這些曾經在老力里的「家人」，把我當成失散多年的家人終於回家了，這一幕溫馨的感動並影響了我在教職生涯工作的態度，更給了我很強大的惕勵作用，直到現在我們這幾家，雖然沒有實質上的血緣關係，但仍然保持良好的家族互動關係，真的是前世修來的福份，由這個家族的真實故事，充分反映了我們原住民是一個非常懂得銘記在心感恩的民族。更由於當年先人們平時都是以雙腳徒步的方式來人力扛運、頭頂農作物，難怪體耐力、速度那麼好，這都要感謝「11 號公路」自然形成訓練的成果。

大漢林道 14k，清朝時期六儀社營盤，為了保護力里社族人、東西往來之「旅人」，特立此營盤（軍營），至於為何稱作「六儀社」待查待詢問。

第三節 大漢林道 14.5 公里

　　該處有兩位姐妹花農戶，姐姐名叫王玉枝（vayan），妹妹叫王玉花（kay），還有一位老父親，名叫曾慶禮（saureng），他們平時牧養 10 頭左右的黃牛，並保持「公母領頭牛」方式牧養，以維持牠們的生態平衡，一年半載後會選擇比較碩壯的牛隻販售，漢人的牛販朋友會上山進行交易，再用特製的貨車載運下山，提供愛吃牛肉的饕客們享用，姐妹花的老父親身體還很硬朗，配合一年四季的更迭，也是採取友善無毒的方式種植山芋、山藥、生薑、花生、樹豆、長豆等。

　　每年 4－8 月期間，他最為高興愉快，因為，在這一段時節是大自然極品的產出－靈芝，他可以在大漢林道（7k－18k）沿路左右兩側既力里段、力南段山區任君挑選比較大一點的靈芝採摘，現在這樣的場景，整個浸水營古道上的西段是獨一無二的，也是原住民另類的生存之道，更是靠山吃山生活的鐵證吧！東段由出水坡駐在所至溪底營（舊苗圃）間，也有高大粗壯的相思樹群，長出不少的靈芝但並沒有被東段族人採摘。

　　這三位父女幹勁十足不得閒，在他們的工寮周圍也培養種植山蘇，由於地理位置背陽，樹林健康，濕氣夠又恆溫，加上水源充足，所產出的嫩山蘇莖葉口味 Q 香，深受消費者的喜愛，又是他們經濟來源之一。

王玉枝女士懂得善解牛意　曾耆老的無毒友善農物

第四節 大漢林道 16 公里

　　此處將近有 8 戶農家，都屬力里小社族人，同樣的背景於民國 47－48 年大搬遷時，因傳統領域耕作地的關係，搬遷並搭建臨時工寮，以因應工作時住宿、防風防雨的需求，並能安心豁達相互支援協助農事，傳承老祖先優質的智慧—「輪工」的美德。

　　此地區曾在民國 65－75 年間發展香菇農業，在這裡沒有保留地的族人也想辦法跟親友承租，一起搭上從事種植香菇的列車，聽取從事菇農族

人朋友陳振國敘述：早、中期生產出來的產品，是很受到市場的青睞與讚賞，後來中期過後慢慢下滑，其因素不外乎有幾點：植香菇的材源慢慢減少，不是自己的保留地上還要購買，國有林班地只能暗渡陳倉，運氣不好被逮個正着可要吃官司罰款，得不償失。除此，埔里生產崛起擾亂市場，大陸走私運台影響市場。加上不斷高漲的工資，無利可圖，大家毅然收山，另謀出路，再造春天。

民國80年代起，因受香菇前車之鑑，族人左思右想共同討論如何破繭而出，重新再起，決議是16k這個祖靈恩賜之地，是個廣大的平原和緩坡地，其氣候、土質應適合從事種植「高冷蔬菜」，為此，本村「農業產銷班」與在地8戶農家，決議又展開10年的破土之旅，但10年間又發生了一些不該發生的元素，上演「起、落、再起」的真實故事，容許我再敘說當年：

前6年高冷蔬菜與廠商合法契作種植的計有：高麗菜、紅白蘿蔔、南瓜、山東大白菜、龍鬚菜佛手瓜、長豆等，當時銷售量供不應求，口感甚佳，深得口碑按讚，但因當時的社會氛圍，對於有機、友善、無毒之養身之道，還是一頭霧水不甚了解，遺憾的是就有不削商人從中作梗，蠱惑慫恿族人的觀念，他用三寸不爛之舌告訴族人：種粒越大越好越有賣相，價錢才會賣得高，才有錢賺，意志不夠堅定觀念不夠清楚的一、二戶，就這樣灑下可壯大的藥物，神不知鬼不覺被上級輔導檢測單位追循查證後屬實，從此單價頗高之合格契作廠商不再續約。慢慢的尋求一般市場、零賣販售的窘境，不得已入不敷出，無奈之下解散，套一句俗話：「一條蟲害死全農場」。

民國90年後，適逢本部落農業專家羅瑞生博士凱旋歸來，從非洲邦交國農耕隊完成輔導團工作載譽返國，回到故鄉時見到這樣的窘況覺得非常的遺憾與不捨，當下決定投入心力時間，以自己多年的研究經驗和專業領域「農業改良場」，來輔導部落族人從事有機農業，經過幾十年努力，從研習課程、土質酸鹼採樣檢驗、田間實務、農場有機肥料選購、認證申請填寫資料等等，加上本人恰好是承接力里社區發展協會理事長志工的角色全力配合，目前既有清水農場、青娥農場、萬綠農場、力健農場、文明有機農場、力龍山農場、瞭望台

農場等七家有機認證農場，即使沒有認證，也是採取友善、無毒的耕作方式如老力里田園，所以，我們春日鄉出產的各種農產品，品質絕對保證、有益身心健康、安心入口。

　　除了上述所列農場作物外，在自己的畦零田地也種了其他傳統作物，不浪費一分一毫，如：山芋、山藥、地瓜、樹豆、咖啡、刺蔥、南洋芋、生薑、山蘇、櫻花、桃子、破布烏、破布子、薑黃等……。

　　進入此地區往東北方向行進，有一條平坦的林班路、水源路、勇士獵徑路、人文史蹟路，怎麼說呢？根據長老們的敘述是這樣的：

　　民國 55 年代後，政府重新整編劃分土地，有許多原本是原住民的傳統領域、傳統獵場、傳統耕作地，結果，就「順理成章」成為國有土地，也就是現在林務局的管轄權，我們真的是從過去到現在是聽話又溫馴的民族，外來的統治者怎麼說，我們就怎麼做，現階段納喊震耳的「轉型正義」之聲與做法，雖然在重新劃設時承認是我們曾經擁有過，是不是實質上的還給幾百年來原來所屬的主人，而不是只有宣告罷了。

照片右上方是大漢山，左側下方為力里溪源頭前三處且終年水源豐沛。

照片正上方為雙母峰－姑仔崙山、穗花山，太陽陰處上方為日暮山是日暮瀑布之源頭。

往返老七佳之虹橋

 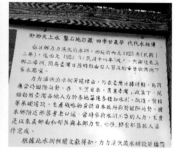

鳥瞰力里溪中游之全景　建造伏流水圳難度極高可由解說牌深刻瞭解鳥居信平智慧的結晶。

百年歷史的水圳進水塔，至今仍　　清澈乾淨見底水圳　　進水塔屋頂斜面上的勇者－萬年松
繼續供應水源。

　　這一條精華又多元的歷史路，很少被提起過、寫過，幾乎要被歷史遺忘了，但有機會與耆老們、長老們野外對談，深受震撼與感動，原來她曾經承載過不同年代力里社的人物、歷史、勇士、故事，之前我不曾去了解過她的豐采和執著，直到民國 100 － 104 年由勇士獵人學長李文貴、杜吉明、馮英義，引領我踏上這歷史的痕跡，將近有四年多的歲月跟著他們狩獵，常在酒酣耳熱之際詢問他們的 vuvu 們、kama 們所敘述往事的真實

故事、河川、地名，首先撰述河川，力里溪的源頭有 6 處：tjuqazavay、原公所取水之地（tjatjikel）、階梯旁（tjuapungac）、sapuljupulju 之一、sapuljupulju 之二、跟老七佳傳統領域界線（maruljinay 或 sevesevec a gadu），這 6 條支流野溪匯集後成為力里溪的上游流經老七佳吊橋、老鷹谷，經過了漫長的細水長流後再與七佳溪、江山谷溪會合，就是我們現在所雅稱的雙溪，至此成為力里溪的中游，再流經力里村、南和村（南和

溪流入）、七佳村後成為下游，官方
所稱的力力溪，流經力力溪橋再與文
樂溪匯集經過新埤大橋、林邊大橋流
入台灣海峽。力里溪的源頭前三處：
（tjuqazavay）、原公所取水之地
（tjatjikel）、階梯旁（tjuapungac），
其源頭源自於大漢山西北側山系下
方，而後三處：（sapuljupulju）之
一、（sapuljupulju）之二、跟老
七佳傳統領域界線（maruljinay、
tjuamikakarang）則源自於姑仔崙山左
右側西下方、日暮山左右側下方。

　　這條秘（獵）徑是我們先人們的
傳統獵場，也是前往台東聯絡的捷
徑，可由力里溪源頭上行至日暮山，
再上行經過姑仔崙山右側，通過後再
下行銜接浸水營古道，剛好是在州廳
界的下方，浸水營駐在所的上方，到
了這裡就是在姑仔崙社和茶茶牙頓社
的旁邊，就由您來選擇要先探訪哪一
族人的至親好友。

進水塔外牆、岩壁上的忍者－台灣蘆
竹，它同時是排灣族早期在田間工寮過
冬過夜時溫暖的草蓆，也是山豬冬天懷
孕分娩時最佳的棉被。

mazazangiljan malinga lineng 頭目民宿

力里溪中下游，照片中前上方為往返力里、南和必經之橋－南和大橋，經過七佳村後改官方名稱－
力力溪。

前一條既然提到日暮山，不得不介紹春日鄉比較知名的高山有6座：大漢山（daiziljing karupenidan）標高（pasavavaw1688公尺）、石可旦山（kavesuangan）標高（1621公尺）、日暮山（sakuljikuljing標高（1367公尺）、北湖呂山（quluqulu）標高（1357公尺）、力里山（ralekereka gadu）標高（1170公尺）、具馬奴山（tjuacabuk）標高（1111公尺）。

1. 日暮瀑布

日暮山（sakuljikuling）的右下方為力里野溪源頭，有一處非常壯觀一瀉千里的天然瀑布－日暮瀑布（tjaribaribang），身在其中受到大自然的鬼斧神工，不過要來探訪，最好由熟悉的當地人或來過的朋友帶領，以避免迷失方向的憾事。這個瀑布曾經發生過悽慘的飛機墜落失事，無一倖免，全部罹難，所以，先人們才把這個瀑布的族語名稱叫做（sapuljupulju），意旨指孤單淒涼之意。

2022年1月15日單槍匹馬前往山林中午夜夢迴時的情人－日暮瀑布。憑藉著族人們的敘述及個人對山河觸感經驗（年輕時曾經在這兒附近狩獵過），步步為營不時默禱和遙祭祖靈。尋幽探勝之路雖然艱辛但終究找著了，晉見她的廬山真面目，令我全身震撼、心靈洗滌潔淨，大自然造物者竟在我們的傳統領域裡，鬼斧神工雕塑著如此氣勢磅礡的瀑布，壯哉美哉。腳步放輕盈、眼睛睜大亮，咀嚼觀察她的場域環境，目測高度約為50公尺，如練白瀑傾瀉而下，懸掛在半邊天，構成罕見的地質奇觀，彷彿夢中仙境一般，潭邊花草鬱鬱菁菁，潭裡高山鯝魚自游自在，獼猴吟嘯相迎，小鳥恣意飛翔，讓我深刻感動對大自然的敬畏、尊重、疼愛之心。不經意間發現堅韌的生命，生存在枯樹上、石縫裡的姑婆芋，太讚嘆了！

行進路線如下：

大漢林道16k摩托車進入經獵徑勇士路、林班路、水源路到第一處水源（tjuqazavay），步行至第二處水源（tjatjikel）後銜接階梯下行，約220個階梯，到達抽水站再往上左邊路徑即至日暮瀑布。

所花的時間：從16k摩托車進入至第一處水源地（tjuqazavay），約30分鐘。從第一處水源地（tjuqazavay）步行至目的地約2小時，所以，利用一天時間前往朝聖，

水潭幾百年來始終綻放流著生命之泉

展現生命韌性的姑婆芋

絕對綽綽有餘。

2. 穗花杉之情緣點滴

　　民國 98 － 104 年將近有 6 年的時間，曾經與獵人勇士學長們踏上力里系傳統獵場與力里溪源頭六處，前三處源流屬大漢山西北側山系，後三處屬日暮山、姑仔崙山左右西側山系。當年，對這個區域的山系、河川、樹種、人文歷史背景之過往，並沒有特殊的情愫滾動在心靈裡，只覺得山是山、水是水、人文歸人文、歷史歸

歷史，但勇士學長們的敘述我總是輸入到腦海裡……。直到有一天因緣際會，部落族人耆老對我深沉的敘述：「有很多的平地人已經開始透過浸水營古道，利用一天的時間健行前往台東加羅坂、大武。」這才讓我喚起六年前的過往掀起重新出發的強烈念頭與行動。

　　日暮瀑布附近有兩棵高聳粗壯的穗花杉，宛如毗鄰而居的兄弟倆或姐妹，由西下往東上看右側較粗，直徑約 46 公分，左側直徑約 38 公分。另外一處生態群則需翻過一座小山往 tjatjikel（原公所取水源之地），該處有 5 棵穗花杉群居其中，生長良好，綠意盎然，唯粗壯高度不比這兩棵，這七棵穗花杉生態群原隸屬力里社傳統領域之地，現在則歸屬林管處管轄，亦既所謂的國有林班地，其餘 3300 棵左右的生態群，則在台東段的大武穗花杉自然生態保護區，但依個人踏查過的視覺觀察觸摸判斷，應該是沒有比這兩棵雄壯。

　　林管處辦理林班砍草工作期間，山下的平地人得知了會以優渥高價的方式，慫恿鼓勵族人偷採挖小棵或截枝移植販售，賺取外快，據知這些被移植或插枝的國寶樹，因水土氣候

不服拒絕延續生命，加上林管處強力宣導監控，才沒有繼續延燒植物生態的浩劫。就以這兩棵碩壯的穗花杉來簡述他的生命轉折：「我們這一幫狩獵群組採取不定期的利用周休二日巡傳統獵場，有一天，冥冥中可能是祖靈、上帝的驅動，硬要我們上山前往該區踏查，果然，快到這兩棵樹時有其他不速之客已包圍她了，但還沒有動土、動鋸、動刀、掛繩，經雙方理性的聊天、溝通、詢問、柔勸後，他們已能理解事態的嚴重性和後果不得不知難而退，當時，好巧不巧我也戴了林務局的帽子，就這樣保住了這兩棵樹的生命，真可謂死裡逃生、轉危為安。事隔 6 年，依舊對「她」十分的思念與關懷，直到最近（民 110、5、23、日）敬邀益友清吉弟兄陪同，再次前往拜訪想要為「她」拍照留下

高聳挺拔的身材，與其他樹種惺惺相惜
(marekakiljivaljivak) 穗花杉的驕傲，億萬年來仍屹立不搖活在台灣，是在春日鄉力里溪源頭咫尺上方，直徑約 46 公分穗花杉是冰河時代的孑遺植物是是台灣的特有葉子修長成鐮刀，葉背面有雙白色氣孔帶紋路。

「永恆的倩影」名垂千史。最終我們如願以償、百感交集，感恩天地萬物。

日暮瀑布族語名稱的由來：

政府遷台的前 20 年，一直積極從事著「反攻大陸」的軍事準備，所以屏東的老母機也常要飛進大陸，一種「空頭任務」比較單純，另一種是「反攻大陸訓練」，採夜航、低空飛行進入大陸再出，當年為了反攻大陸做的夜航訓練，全員出自屏東機場起飛，機上人員全是現今屏東市眷村崇蘭里的長輩先烈。

編隊撞山失事民 53 年 7 月 27 日，第十大隊執行「龍光演習」作戰任務，實施 C-46 型機六機夜間編隊，前三架之長機 6008 號機組員：副大隊長趙松巖領隊、第 101 中隊飛行官李英東、領航官李騰崇、通信官許仲光機工長蕭芳澤及機械士劉康壽，三號機 6331 號機組員：第 101 中隊飛行官李傑、李茂生、領航官吳碩智、通信官唐世顯、機工長葉慎修及裝載長韓學庚；二號機 6340 號機組員：第 101 中隊副隊長鄭昌明、飛行官張和映、領航官李富義、通信官熊舜

喜、機工長張克林及裝載長李萱等，實施三機夜間編隊，該梯隊於屏東春日鄉日暮山撞山墜機成員均殉職，為國犧牲。

發生撞山墜機罹難時，動用機動力特強的「山青隊」協助處理後續事宜，現今八十多歲的耆老們都有參與救難工作，為了表示哀悼與感佩為國犧牲的精神，特別把這個日暮瀑布的地名稱做（sapuljupulju），其意涵有二，其一是指淒涼孤獨，其二是指「英靈安息」。

資料由陳文龍（季亞夫 giljagiljaw）提供。

3. 林班情歌

當這個地區成為國有土地林務局的管轄之後，實施造林運動才把獵徑步道拓寬，使騎乘摩托車的工人、大卡車載運之木材、貨車運送幼苗都能進出方便，如今，這些樹種含柳杉、南洋杉、紅檜、二葉松、相思樹及原生種九芎、雜木等都已成林，當時林務局為了體恤伐木、種苗原住民工人不再往返辛勞，就在力里溪上游水源地旁邊廣大平坦的地方蓋個大工寮，晚上累了，來個幾杯淺酌消除疲勞配合無師自通的吉他哼歌，久而久之大家熟了就會創作一些好聽又動聽的歌，流傳至今的「林班情歌」就是這樣集體激發創作出來的。

時光飛逝，排灣族自我創作的山地林班情歌，流行傳唱至今已有四十幾年的歲月，林班年代情歌天后首推蔡美雲小姐，他的情歌貼切轉達早年在林班地工作的原住民青年，以歌聲傾訴漂泊異鄉難捨相思之苦。

一首首經典膾炙人口的山地林班情歌，因族人智慧的充實，內涵的豐潤，漸漸地跳出藩籬拓展視野活出新生命，使歌詞曲調歌意內容的表達更趨多元化，舉凡日月夜精華、山川故鄉、從軍報國、終身大事、天上飛翔、地上攀爬、溪流生態、花團錦簇、交通運輸、超越時空、懷舊故地、上山農耕、飲食文化、倫常輩分、謙卑為懷、潺潺細水、眼淚哲學、情思獨鍾、相逢緣分、造化弄人、回想過往、誠心誠意、隔岸遙唱、山林角落等都增添了襯托與詮釋，更值得欣慰讚賞的是這些歌者百分之九十五以上全用自己的族語吟唱，促使排灣語（北、中、南、東）得以呼吸傳承延續生命，在文化工作上的自然角色，他（她）們這些歌者也是功不可沒的無名英雄巾國豪傑。

尤其當男女對唱首創時更引起了部落裡老、中、青族人們深層的迴盪

與共鳴，唯遺憾的是「我們不是屬於年代主流社會裡的那個區塊，只不過是鄉土在地生活歌謠罷了」，所以，在當時的時光隧道背景下各種音樂饗宴，並沒有列為被肯定表彰的對象。

感恩造物者的恩賜眷顧，給了原住民族人特殊又別具一格的音樂天賦，醞釀塑造族人另類的資質智慧和純淨情感，而今在台灣民主社會制度氛圍下，只要肯努力學習向上並持續堅持到底，在各個領域上都有發光發熱、出類拔萃的機會。

4. 小矮人的傳奇故事：

根據楊南郡教授撰寫參考日本學者小島由道與小林保祥合撰的〈蕃族慣習調查報告書〉第五卷所述：小矮人從台灣東南海岸西遷，（1）其中一支從達仁鄉越過中央山脈，到達麻里巴社地方居住，就是現在南迴鐵路最長的隧道上方，後來又繼續遷移到恆春地區居住。（2）另一支則從大武，沿著浸水營古道路線，越過中央山脈，途中，在出水坡南側、茶茶牙頓溪一帶居住，後來又分散到西部春日鄉境內的大茅茅社、割肉社、率芒社、力里社一帶居住，力里社東北方山上，也就是這條秘境的上方，地名叫做（pulisavasava），還遺留著小矮人所居住的遺跡（阮春富耆老口述也是這樣說的）。小矮人雖然身材非常矮小，但力氣大，可從他們所用的石柱辨別，不是一般原住民所能搬動的，而且住屋佔地每間約一坪左右，石柱低矮，不是一般人可以生活的。

兩位學者調查當時，力里社還保存著相傳是小矮人的歌謠，歌詞中的djakudjakuce 和 malingaling，正是力里社兩個頭目的「家號」，其中一段歌詞的翻譯是這樣的：「秋天來了，樹葉紛紛掉落，等到秋去春來，雨季來臨，所有樹就會再度發芽生長。」

日治時期的日本人類學教授似乎對浸水營古道沿線上的小矮人傳說故事都特別感興趣，入澤片村沿線訪查時，完成〈中央山脈橫斷〉的報告中，特別提到了「小矮人的後代子孫，離開山林時都遷移到屏東平原、潮州平原等地區」，「浸水營古道沿線的原住民，都認為進入小矮人所居住過的故地將會生病，所以都不敢擅自進入。」難怪在求學階段時在屏東、潮州地區火車站都會看見小矮人的身影，現在則很難看見他們的踪影，是不是跟人口數婚姻有因果關係？

氣候節令更迭，16 — 20k 許多植物開始變裝塗抹不一樣的色彩，您不妨撥冗抽空拜訪這迷樣的山林之美，讓您遠離塵囂，沉澱思索展望未來，相信您的盼望一定會「明天會更好」。

楓香樹因生長久遠，應有百年老樹，樹皮刻劃著歲月的痕跡，果實乾涸掉落時，觸摸起來有刺刺實體的感覺，樹幹粗壯高聳仰天不見天日。

第五節 大漢林道 16k — 20k

這一段將進 4 公里的路程充滿著詩情畫意，沿路林務局種了許多楓香樹、槭樹及原生物種都已成林，每逢秋冬時節就是她們綻放紅色嬌豔的葉片，置身其中洗淨塵埃，您會有一種與大自然融為一體的感動，如需要賞楓，覺得日本、奧萬大、杉林溪太遠，這一帶就是最佳的選擇，讓您感受到浸水營古道西段（大漢林道）不同林相風情萬種變化的風貌。

在這一段路旁有一些地方是比較空曠的平台，如果多花一點時間駐足或露營，賞楓樹、槭樹之嬌柔紅豔，多吸收天然醞釀的芬多精，再回味哼唱那幾首經典名歌－〈楓紅層層〉、〈楓葉情〉、〈天涼好個秋〉、〈秋詩篇篇〉、〈你那好冷的小手〉，何嘗不是一種人生極致的享受。

所以，走訪浸水營古道不必急急忙忙徒步趕著那一段「東菜」而忽略了「西菜」的精華，因此，安排 2 天

1夜行程也是絕佳的選項，山下部落有「頭目民宿」可當一夜頭目，又可體驗祖靈祭勇士刺球的文化饗宴，山上11k有部長級的工寮住宿設施，領受深山裡歲月的寧靜和天籟，經過一夜好眠起床，進入眼簾的是南台灣最美麗的日出－大漢山日出。早餐過後再以悠閒的心境前往23.5k入口處，去踏踏實實用您的雙腳走在歷史的時光隧道上。

大漢林道20k（tjuazinarur）（大樹林前營盤－大樹林駐在所）

承載歷史500多年，形形色色什麼樣的人物都會在此住一宿，如探金、納貢、學術調查、移民、販牛、郵遞、傳教、赴任、巡視，第二天才能到達目的地，東部或西部，所以，我把這裡定義取名為「龍門客棧」。

最為令人津津樂道的人物應算是胡傳（鐵花、鐵漢），赴任台東知州，他是一位非常正直不草率的好官，台東市舊火車站前廣場為了表彰紀念他而取名為鐵花村，而最令人傷感遺憾的事，當胡適三歲時由母親從上海千里迢迢來台灣台東與父親團聚，享受一年多天倫之樂，因甲午戰爭清軍潰敗，台灣割讓給日本，戰禍臨頭趕快把母子勸回大陸，沒想到這一別就是

生離死別，歷史扮演了無情捉弄人的角色，真是情何以堪、令人感嘆而不勝噓唏。

營盤內您會好奇的發現人字型砌石，密度緊密堅固，不容易鬆散滑落，如同排灣族結婚時晚上圍舞中的交叉舞緊密結合，以當時的自然工法頗具創意。

日治時期1943年，日本宣告為「本土決戰年」，枋寮沿海、春日鄉沿山地帶加強防禦工事、重兵佈署，尤其是從新開至玉泉、歸崇段的小山丘，全是可以縱橫連繫的防空洞，架設大小不同功能性一致的炮彈，而20k大樹林駐在所也不得閒，首先成立16－18歲男女青年「勤行報國青年軍」，日夜趕工拓寬古道，供運補軍材，大樹林山完成雷達站設施，大樹林駐在所重新被建造為軍營使用，所需建材物料，由力里社、歸化門社、七佳社負責運送，自崁頭營以人力背負上來。軍營後方也開闢直升機停機坪，全由平埔族、排灣族、少數漢人完成。

美國依情資判斷，台灣的日本軍已有萬全的準備，死守台灣，擔心美國攻台會死傷慘重，因此，命令指揮官麥克阿瑟將軍，跳過台灣直撲冲繩

島，台灣才免於浩劫生靈塗炭，1945年10月底，日軍投降撤離，結束他們傲慢不可一世的軍國主義，也結束了在台灣愛恨情仇交加的50年，但在這裡我們來客觀反省和聯想歷史的轉折點：

清朝腐敗，甲午戰爭潰不成軍，拱手割讓台灣、澎湖。我覺得日本人在台灣的事蹟屬功過參半，寫優貶免：（沒有置入性的對與錯）日本人建置整個台灣地區水利、水圳工程，對於推動後期台灣農業功勞甚大。除此開闢縱貫鐵路、拓寬浸水營古道，建置大樹林山雷達站、南迴公路完工等各項建設。尤其在各地抗日事件平息後，社會秩序良好並未有太激烈的對抗。最後日本人類學家對台灣原住民族群之調查研究，也揭開族人尋根溯源之旅。又對全島土地、山脈、河川之調查建置，奠定上述之各項地理位置名稱，這些都是值得肯定的。

試想，如果美軍當時攻打台灣且順利佔領，我們是否也變成美國的一州，還是美國會大方的謙讓給中國，日後的國共內戰又如何發展與收拾殘局？

歷史呀！歷史呀！您真是捉摸不定，令人難測，就看當代人物睿智的判斷、定奪、抉擇。

浸水營古道上駐在所占地面積依序是大樹林駐在所、出水坡駐在所、浸水營駐在所，而出水坡駐在所是最後撤離台灣。該地區廣大的範圍是屏科大森林系所屬的動植物實驗場域，不乏學生、研究生利用日夜時間來此區進行研究取經。往東上方巡行獵徑，可通達大漢山，但爬行中要注意是否有特別的記號，如有記號就必須小心謹慎，避免誤踏「地雷」（獸夾）。

往南走也有獵徑，可通達士文溪源頭，再往上爬到山頂，剛好是大漢山南側毗鄰，據老師父蔡天助耆老口述：這裡早期有寬大的沼澤湖，湖中有天鵝悠游，曾經在這裡埋下獸夾捕獵，差一點迷失方向，因為濃霧太厚認不清方向，所幸沿路都有折斷小樹枝，找到折斷的樹枝就找到回程的路，真是驚險萬分。

此路段中間有兩處必須提起，據老師父蔡天助耆老口述：「距離駐在所約80公尺處，有自然形成湧出的泉水，清朝時期委請力里社族人製作竹子水管引水，日治時期繼續飲用。」而另一處則距離約160公尺，是力里社小社的採石場，族人集體合

作方式一起敲鑿採集、搬運，可以想像當時的情景是多麼的危險辛苦，而這兩個地方年輕時我本人確實踏查過。

民國 110.12.28 邀請洪加田耆老、柯文瑞長輩陪我重遊舊地查訪大漢林道 20k 清朝、日治時期的生命之泉與力里小社採石場，筆者在民國 80－82 年期間，常至士文溪源頭狩獵，去回經過這兩處不計其數，當時，獵徑暢通無礙，活泉依然湧水汩汩，但短短經過了三十年，一切都改變了令我難以置信大自然的巨變（如相片簡易說明）。

截流槽至儲水池距離約 20 公尺之近祭拜先人是一種傳統文化，尊重美德。

儲水池隔壁 3 公尺，我們判斷應該是預備儲水池，但已受到自然界破壞。

尋尋覓覓好不容易找到了水源截流槽，但因地質變化已被土石覆蓋了挖看看可否有潮濕的現象？因地質受到自然界破壞，未見其水源冒出。

右下方應為採石場，但因大面積嚴重土石流，獵徑無法通行，未能到達現場。

士文溪水質清澈清涼甘甜，這一條溪最大的功能是供應士文、古華、枋寮農民灌溉農地，同時供應古華村、北勢寮、加祿堂百姓的一般用水，因為，士文溪中下游段（現今二號橋）在日治時期就設置了簡易的水圳，形同是該地區百姓的「生命之泉」。

前方 50 公尺處令人驚奇發現有一排約 50 幾棵直立於路旁的紅檜木，應是林務局早期試種的，但還不只這些，根據幾位長老族人曾經在此地區上班造林過的敘述：這路段下方平坦至水源路力里溪源頭的廣大地區，種的是兩種樹種紅檜及二葉松，加起來估算數量大概也有 5000 多棵之多。

士文溪中上游有渾然天成之溪流生態奇觀，值得親臨溯溪，感受鬼斧神工之妙。

牛奶榕 (tjavak)，三、四月間葉子呈現紅海一片，嬌豔不輸楓槭樹。

清朝時期駁坎利用人字形疊石牆，從觀察中發現，非常堅固穩定，經得起歲月的琢磨。

經半世紀的歲月，這一帶的紅檜、二葉松、琉球松已成林，有共一定的功能。

偌大的平台是當年清朝、日治時期的官宿舍，可見當時的盛況與熱鬧喧嘩的程度，註定升格為「龍門客棧」，不過，每個人所承載背負的責任事務不同，自然而然心境各有差異，何況天亮還需趕路，哪有興緻「陪你到天亮」。

第六節 大漢林道 22k

民國 83 年 4 月 3 日，差假官士兵十多位乘坐軍車下山，行經該處時因濃霧醇厚視線不良加上彎路，不慎右前輪懸空造成軍車翻覆，而該路段之地形恰好又是懸崖峭壁，軍車翻滾七八十公尺才被大樹頂住，清點結果不幸有四位軍士官兵罹難，其他的嚴重受傷，當時動用了龐大的警消醫護、山青義警人員，國防單位為了感念他們平日盡忠職守，特於此立紀念碑以示追悼。

由於上述事件的發生，日後延伸一些離奇古怪玄機的真實故事：

個人年輕時常邀朋友利用假日一起接近山林遊走大漢林道（騎摩托車），有一回接近傍晚時分，經過時發現一頭山羊在崖邊路旁動也不動，我靜悄悄的拿起石頭，準備大顯身手學生時代投手投準的功力，結果，我使不上力，丟出去的石頭軟綿綿呈拋物線狀，覺得非常神奇、納悶、奇怪、邪門。

現代年輕族人會利用夜間打獵，這個地方因懸崖峭壁，有一些野生動物地上走的、天上飛的都會駐足，神槍手、神射手明明已經射中，但就是照樣不會掉下來揚長而去，經過幾次

這樣的狀況，部落族人已取得共識：「把這裡視為聖地，禁止野蠻狩獵行為，經過紀念碑時要謙虛有禮，甚至可以遞上貢品，以示尊敬。」

罹難者紀念碑

第七節 大漢林道 23.5k：今浸水營古道入口處

這個地名的族語名稱含意是指：森林茂密、陰森多雨多霧、濕冷寒氣逼人，如獨處一個人會激起毛骨悚然之感。

幾百年來，這入口處像一位慈祥的守護者，日夜晨昏不知迎送多少往來行旅。浸水營古道從入口處起，全程 15.9 公里，說近不近、說遠不遠，年齡層在 75 歲以下，平時有健身運動、登山爬山習慣的山友，應該是輕而易舉可以完成古道之旅。百分之百的山友團隊，人之常情鐵定會在起點處打卡照相以示留念，將來可以懷舊吧！

往右上方前進至 28k，就是守護南台灣國家、人民安全最重要的軍事基地－大漢山雷達站。大漢山在國防上的的功能性是無庸置疑，我想以另類實質的觀察和發現來敘述他偉大神秘的一面：

他湧泉涵養了春日鄉、大武鄉三大水系之滋潤：包括士文溪、力里溪、台東茶茶牙頓溪。

至於大漢山西南側是連綿不斷的稜線山岳，延伸至士文村上方的北湖呂山，所以，用輕鬆的態度來論，北湖呂山如同是大漢山的親弟弟一樣相互眷顧。

國軍官兵戰士們在山頂上的水源如何取得？我們一般人可能疑惑無法理解，但人類的智慧總是想盡辦法尋求解決之道，所謂「絕處逢生」這個道理，因此，為了安定軍心，生活起居無恙，國軍詢問族人的意見，距離山頂最近的水源頭在哪兒？力里社的族人當然非常清楚相關的地理位置，經共商後選定在（tjuapungac）這個地方設置抽水站，此處是（mazazangiljan kazangiljan）的傳統領域，必須經過頭目的首肯、殺豬、祭拜才能動工動土，恰好這個地方就是力里溪的主流源頭，符合傳統、現代相互回饋與大自然共生、共存的生存理念。抽水站房舍建築、步道階梯、護欄這些工程，全由軍士官兵與力里族人共同建造，水電設施交由專業領域人士處理，由下而上逐步完成，據參與過工程的族人轉述，階梯共有 1114 個台階，可以想像當時艱辛，現在平時的維護就由國軍單位負責，如遇到颱風季節而停電時，山頂上的國軍應該有大型的發電機來運作。

為了提醒山友們及族人，在此附上林管處所訂定的「無痕山林」準則，並呼籲大家共同遵循實踐，確實親近疼愛我們的土地山林河川：有一位山友的一句話震撼點醒了我：「不是這裡的東西請勿留下，準備您的垃圾袋沿路淨山、淨路、淨河，台灣會更美更有生命力。」

說說嚮導古路時暖心的相遇，有一位比較特殊的團友，是漢人來自北部身穿泰雅族服飾，我好奇地問道，他回答：「既然要與山林為伍，當然，我要穿著朋友送我的原服，才能與山林大地相互襯托」這一次的解說服務可說是有史以來最快樂順心的一天印象深刻不僅止於此，耶路撒冷山友團都是虔誠的教會教友信徒，為感念清朝末年前仆後繼前往東部傳福音的牧者，特別相約組團一起踏上宣教古道之路，體驗感受上帝的恩澤與力量。

無痕山林歡迎所有的過客「快樂相向、誠懇以對」。

說說嚮導古路時暖心的相遇，有一位比較特殊的團友，是漢人來自北部身穿泰雅族服飾，我好奇地問道，他回答：「既然要與山林為伍，當然，我要穿著朋友送我的原服，才能與山林大地相互襯托。」這一次的解說服務可說是有史以來最快樂順心的一天。印象深刻不僅止於此，耶路撒冷山友團都是虔誠的教會教友信徒，為感念清朝末年前仆後繼前往東部傳福音的牧者，特別相約組團一起踏上宣教古道之路，體驗感受上帝的恩澤與力量。

無痕山林歡迎所有的過客「快樂相向、誠懇以對」。

別記：那一段刻苦銘心的歲月
109.12.19（二）　徐美賢

註17：引自整理《浸水營古道－一條走過五百年的路》，楊南郡、徐如林201，頁129－136。

荷治時代，台灣南部平埔族西拉牙雅人、馬卡道人早已信奉基督教，但到了清初治台時教會工作就式微了，因為官吏們是排外的。

清咸豐 10 年「天津條約」後開放通商港口，傳教士才再來台宣教。清同治 4 年 5 月 28 日起，基督教長老教會首任傳教士馬雅各醫師來台展開傳教工作，分別在台南、高雄建了醫院，為推動教會發展增添助力，惠益後山地區。

1872 年萬大衛醫師，曾治療一位卑南頭目，1873 年連多馬醫師也為一位卑南少女開刀治好腳疾。

1875 年 3 月 14 日長老教會李庥牧師，首次搭戎克船到台東傳教，於 3 月 30 日抵達成廣澳港，當結束傳教任務時，經由卑南道、琅嶠返回台南。又於 1879 年 9 月李庥牧師再度到卑南傳教。

1881 年月巴克禮牧師首度去台東宣教，乘中式帆船往返，在傳教的歲月裏，巴克禮牧師看到卑南社大頭目高拿稍罹患嚴重的沙眼，特地帶他去台南（舊樓醫院）治療，經過治療，原本紅腫無法睜開的眼睛，豁然開朗睜開澄清，驚喜之下，當場受洗成為虔誠的信徒，而高拿稍也成為長老教會在卑南地區傳教最大的助力。

清光緒 11 年時「三條崙－卑南道」的官道，已開拓的很完善，年輕的涂為霖牧師成為首位走這一條路

的牧師，以及傳道人李主忠－迪階服務、傳道人李松－成廣澳服務。這三位牧者皆由後山 10 幾位平埔族教友前往台南迎接，10 月 2 日在冀箕湖過夜，路經石頭營往上爬坡，沿路都有官兵騎馬巡行，並分別在「樹林口」（現今大漢林道 20k）和溪底營」（現今茶茶牙頓溪與姑子崙溪匯集處）住宿一夜，繼續往東海岸前行，在金崙住宿一夜，於 10 月 6 日才抵達寶桑（台東市）。

清光緒 13 年涂為霖牧師和李松、阮為仁傳道師再度走三條崙到東部，於 10 月 14 日從台南出發，10 月 20 日就到了台東北方的成廣澳，花了一星期如此順利快速（tjaljaw），可想而知當時三條崙路況相當平穩。

1886 年後山在巡撫劉銘傳主導下，設立了撫墾局，進行田畝土地丈量，清丈費用由墾戶自負。但因後山天然災害多，在秋收之前，常因颱風暴雨，功虧一簣，引起移民後山的客家庄人怨聲四起。偏偏這一年（1888）6 月 18 日，發生了不該發生的事件：撫墾委員雷福海，到大庄客家人劉添旺家中，徵收土地清丈單費時，因劉添旺不在家無錢繳納，雷福海不甘白走一趟，於是姦辱他的岳

母，劉添旺憤而召集客家庄人和平埔族人共同抗官斬殺雷福海，阿美人、布農人紛紛加入，搶奪各小軍營槍械，官府在後山比較小的營盤據點，幾乎紛紛淪陷，只剩卑南大營，在震海後軍統領張兆連領導下勉強支撐，後由巡撫劉銘傳派大軍到後山鎮壓，暴動和戰亂才得以平息。事後，劉銘傳秋後算帳，官方怪罪到牧師頭上，其中迪階教會付出慘痛代價，被罰重金賠償，信徒們把家中值錢的東西全部送交官府，不足部分得把白米、其他糧食全部拿出來賠償官倉。

1889 年 11 月 26 日，「府城長老教會中學」校長余繞理走三條崙－卑南道前往後山巡視安撫教友，此行除了帶來傳道用的書籍、用品，還帶了許多藥品與醫療器具。其中最受歡迎的就是「燈影機」（幻燈機），每一晚在各個教會播放幻燈片，讓大家大開眼界暫時忘記生活之困苦，我想這也是一種心靈的撫慰和面對未來生活的動力。

1891 年 1 月 11 日，巴克禮牧師第二次去後山，這一回決定走陸路－浸水營古道，但因巴克禮牧師有腳疾，便乘坐 2 人抬的「番轎」過山，他在卑南社獲得了頭目高拿稍熱忱的款待，因為，他對於 10 年前牧師帶他到府城治療眼疾，始終銘感在心。

1891 年 11 月 17 日，年輕未婚活動力強的涂為霖牧師，第三度走古道前往後山傳遞福音，他和身高腳長的高長傳道師、大難幸存的李松傳道師 3 人，穿著草鞋一起走古道前往後山做傳道之旅。

次年 12 月 8 日，宋忠堅牧師延續傳教使命前往後山，於隔年 1 月 25 日走原路返回前山，但快要到石頭營時，突然遭受到排灣人的襲擊，身中一槍幸好未傷及要害。

1893 年 8 月 2 日，台東地區遭逢有始以來大颱風暴雨的侵襲，而且肆虐 3 次，造成海水倒灌，盡成澤國，竹木茅草搭建的房舍全部被毀傾塌。

1893 年 10 月 13 日，涂為霖牧師與王希賢傳道師顧不得古道已柔腸寸斷，仍堅持前往後山視察撫慰教友，這一趟撫慰之旅發現，清軍官兵抽鴉片的情況益加嚴重，治安變得很差，衛生條件也相對極差，因此，涂為霖牧師染患腸炎，返回府城後，舊樓醫院關閉，醫師返回英國休假，新樓醫院尚未開幕，新聘醫師也還未報到，這樣的空窗期，40 歲的涂為霖牧師因得不到及時醫治，令人遺憾，

在腹膜炎的痛苦中溘然長逝。

　　涂為霖牧師的悲劇，僅是一個案例，在基督教長老教會所撰寫的《清末的後山—悲慘的教會》一書中，還有更多令人動容的辛酸史，甚至到了甲午戰爭，台灣割讓初期，後山演變成「官兵變土匪」之慘況，傳教士們仍不改其志，忍受著常人無法忍受的痛苦，堅持下去，到現在，上帝仍舊與我們同在，感謝主的恩澤。

第八節 大漢林道 26k — 28k

　　民國 109 年參與春日鄉傳統領域劃設小組，有機會踏訪這個神秘的聖山（清朝時期稱之）今大漢山，頗有一登山頂小天下態勢，泰半南台灣，山河平原海洋盡收眼底。而令人神奇讚嘆的事一當天也許上帝感動、祖靈顯靈，賜我一片晴空，視野特別清楚，一覽無遺同是山系兄弟北邊的山岳，大漢山與南北大武山、石可旦山遙遙相對，置身於此，身心似空中遨遊飛翔，山與山間的雲海飄渺萬千、氣勢磅礴，難怪有些江湖中人、文人雅士獨愛徜徉其中，揮灑「千山我獨行，雲海伴我歸」的瀟灑。

力里系老、中、青菁英份子勘查團隊，踏上最高海拔傳統領域山頂合影留念。

雲海維繫著大漢山、石可旦山、南北大武山的情感，如同我們愛唱的那首歌「我們都是一家人」。

tjuaseleseleme 這個地方，祖先們雖然取名為冷清幽暗之意，但翻開歷史，歷朝歷代的人們，熙熙攘攘踏過走過這裡的時光隧道。

大漢山另類的真實故事：

（蔡天助口述、徐美賢整理）

　　最先引領我進入參與排灣族力里系狩獵文化工作的先驅－蔡天助先生，追溯至民國 80 年，kama 看我好像對狩獵、相關文化挺有興趣的，因為，他陳述一些真實發生過的故事時，我會細心的傾聽並且有疑問時會當場請益，他會毫不保留的傾囊相授，所以，他是我狩獵開山鼻祖的恩師，同時，也是我族語會話能力提升的轉捩點，師徒的對話百分之九十五幾乎都是族語化、生活化。

　　將近有 4 年的光景，kama 先後帶我進入幾個獵場區域：

　　tjuruvauku：此區域為士文溪的源頭，前頁已經敘述過了。姑仔崙山東段下方，亦即姑仔崙溪之源頭，本書第三篇第一章第四節括號四有說明敘述。

　　再者是力里山瞭望台正西下方，該獵場屬於中低海拔地段，力里山海拔 1170 公尺，而獵場高度約為 700 － 800 公尺，老獵人常說：生活在中低海拔的動物比較聰明，他們形容說：低海拔動物的智慧如同人類博士的層級，中海拔則是大學、高中層級，高海拔的則歸類在國中小學階段，後來詢問師父為什麼會有分級層次呢？他說：「確實如此，經驗告訴我，中低海拔的動物接觸遇見人類的機會次數較多，會激起保護自己、防禦敵人的警覺性，相對的嗅覺功能自然提升。」我自個兒想高海拔動物悠哉悠哉，缺乏戒心，難怪容易正中下懷，腳踏陷阱被捕。從民國 80 年至今 110 年，30 年實務經驗回顧，高海拔捕獲的數量確實比中低海拔多，可信度和準確性是無庸置疑。

　　最後的狩獵區是大漢林道 11k 正西下方區域。

　　已故蔡天助先生，20 歲從軍服義務役，適逢戰亂，加入英勇善戰的國軍 38 師，前往金門參加八二三戰役，在槍林彈雨中，國軍奮勇抗敵守住金門，他曾經親口告訴我族語說：「mamau tua qudjalja tamadang」意思是說子彈像豪大雨一樣狂瀉落地，翻成中文成語應是所謂的槍林彈雨。八二三戰役光榮結束，平安榮歸故里家鄉，kama 和其他同袍戰士都成為鄉里部落的大英雄。退伍後，大漢山國軍基地國防部還未開發前，曾在此山頂上放獸夾，結果獵到有獠牙近 100 公斤的大山豬，幾乎將山頂夷為平地，所以，他曾笑傲又謙卑地說

蔡天助老師父身懷絕技，樣樣精通，可以說是另類的「十項全能」高手，對於農事農務全數駕輕就熟，建造房屋難不倒他，更擅於製作原住民佩刀、鐮刀刀架、獸夾、刀柄握把止滑，編製竹籃子、腰籃、月桃蓆、月桃置物箱、竹籠、竹篩籃、刺球桿、黃藤篩籃、花刺，另外烘烤一手道地芋頭乾，殺豬、殺獵物更不在話下，最重要的還有浪漫情懷吟唱古謠。

了一句經典的話：「ini kana sepaut a sinsiya nua sivitay ka semapay」意旨國軍的推土機剷平這個山頂時並不困難，因為，獠牙大山豬已經協助前置作業了。

　　還有一則真實小故事必須提起，蔡天助先生當時已經 60 幾了，懷念大漢山的山林環境、一草一木，唯不能再到山頂上狩獵，只能在下方周圍捕放獸夾，結果獵中了一枚中校，他也曾豪壯地說了經典的話：「iniyanan ke se　langda tuizuwa nga a namalap（djemameq）tua rusa hana a vavui」，意旨我沒有聽說過獵中過掛中校的山豬，kama 只是以幽默的口氣說來，博君一笑。原來當時這位弟兄循大漢林道下山，在 26 － 27k 路段附近，可能想方便就往路旁解放，不慎踩陷阱而被夾到了，所幸，附近有工程施工且工人是我們的族人，經呼喊後很快的把獸夾鬆開搭救解危。

大漢林道 26k － 27k：造林柳杉群之避暑勝地

　　該處上下林道為早期林務局所栽種，面積廣大，視野遼闊，柳杉群已高聳成林，身歷其境彷彿在電影情節中周潤發、章子怡所主演的《臥虎藏龍》情境一樣瀟灑豁達，讓您暫時忘掉人世間一切的紛紛擾擾，也會讓您自然而然深愛流連這裡的環境與空氣品質，如有機會上山探訪尋幽保證讓您乘興而來，盡興而歸，不虛此行。

鐮刀架 (deljur)

刀鞘 (tilju nua ceqeljap)

tjakaz(黃藤 quway 篩籃)

tjaljev(中型月桃置物箱)

kamiya(竹篩籃)

cepeng(竹籃子)

suec 或 kalyi 腰籃

rumuk(竹籠) 捕魚用

世間仙境柳杉群林

　　南臺灣竟有如此人間仙境般之處女地，如能處理解決相關各層面政策法令議題，以原始的自然工法方式開闢成「森林優質步道」，必能帶給國人多一處健康養身之避暑勝地。

　　空曠之處，當天氣晴朗雲霧未起時，可清楚眺望氣勢磅礡之南北大武山、石可旦山、姑仔崙山、日暮山、衣丁山、句奈山、南久保山、力里溪源頭三大支流。

第三篇
走讀浸水營古道－古道東段行腳

第一章　浸水營古道上東段現代路線解說篇

第一節 0k 起點入口處、入山儀式：

我們的入山儀式通常分為三種模式，先詢問山友團隊要採取哪一種方式？

第一種是在地（力里部落）祖靈屋前，請本部落靈媒祭拜宣告祖靈，請祖靈保佑一路平安順暢到達目的地（加羅坂）。沿途中在重要史蹟據點，把靈媒包成一小包的豬碎骨頭灑在地面上，加強深化敬重之儀，如在大漢林道 7k、巨人雕像、大漢林道 20k、大漢林道 23.5k（入口處）、州廳界、浸水營駐在所、出水坡駐在所、溪底營、加羅坂、大武。

第二種是山友團推派領隊入境隨俗祭拜，在入口處直接由領隊者擔任行使祭拜儀式，準備山地小米酒、竹杯子，盛滿山地酒，再做「沾、灑」的四次動作，第一灑為「天」、第二灑為「地」、第三灑為「祖靈」、第四灑為「自己」，這過程中您可以心中默禱，也可以喃喃自語祈求平安，這些禮儀動作由解說員臨場指導說明。

前任村長蔡丸居 (rangarang) 祈求祖靈庇佑團員們順利平安。

州廳界為屏東、台東分水嶺，踏上台東段依舊行禮如儀。

竹杯祭拜符合山林智慧、內涵、精神。

制高點，其後為南北大武山。

第三種是已信奉天主教、基督教的山友、可由 1 人代禱或集體同聲禱告祈求大家順暢平安。我們的山林河川應該對西洋宗教絕對不陌生，清朝末年將近有 10 幾位的牧師、傳教士曾經藉此古道到後山宣教傳福音。恰巧去年（109.12.19）有緣分聯絡上來自台南耶路撒冷旅行社信徒教友之電話，想要實際走一趟浸水營古道，到後山探訪以前傳教士們的教會，更重要的是要體驗當年牧師們披荊斬棘不辭勞頓，無私奉獻的精神。

第二節 制高點（Ijalizavan）→浸水營古道 1.5k

結束了西段（前菜）的分享，開始一步一腳印繼續走訪東段（後菜）的旅程，東段的行程分成幾個駐足點如下：制高點、分叉路、州廳界、小路彎彎的姑仔崙山、浸水營駐在所、第一座涼亭、九芎王、第二座涼亭（出水坡營盤駐在所）、樟樹王、木炭窯遺跡、新姑仔崙駐在所、溪底營營盤（苗圃）、姑仔崙吊橋、茶芽頓溪與姑仔崙溪匯集處、大武溪、加羅坂部落、最後大武火車站。

此處最大的優勢就如同我定義名符其實的「制高點」，視野廣闊，縱橫南北東西，往北眺望南北大武山、石可旦山、姑仔崙山、日暮山之雄偉，往南仰望大漢山北側的廬山真面目，往西是力里系的傳統領域、原住民保留地、力里溪源頭、高雄市 85 大樓，如果心情好會有那種「皇帝親臨、捨我其誰」的感覺，往東可沐浴日出東昇的陽光，亦可爬上去小平台，視野更遼闊。

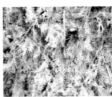

原生苔蘚

完成 1k 路程繼續前進　生根卷柏

從入口處到此，沿路可以與許多的植物相見，如鳳仙花、筆筒樹、台灣杪欏、南洋杪欏、柳杉、魚鱗蕨、瘤足蕨、昆欄樹、原生苔蘚、生根卷柏、五節芒、過山龍、秋海棠、原生杜鵑、長葉天南星等。

制高點上每年四月間總會綻放著野杜鵑花海，讓力里溪的源頭增添生命的色彩。

第三節 分叉路→浸水營古道 1.6k

右上穿過鐵門為台東林管處所管轄之 38、39、40、60 國有林班地，其中 39、40 林班地分別是早期黃連頭目（現任鄉民代表）、謝家定頭目祖先的傳統領域。這個區域列入大武自然保護區，有其最豐沛的動植物群落，堪稱是台灣的後花園，動植物的天堂。在此略略說說天地賜給萬物最好的天然滋養植物：

千層塔（paliljaw）：

好不容易在這個分叉路遇見她，這個珍奇上等的寶貝植物，跟頭目女子有息息相關特殊的情緣，怎麼說呢？根據翁玉華女士（文史工作者）敘述：「排灣族結婚圓舞時都必須佩帶豪華的頭飾三支羽毛，而這個珍貴草只能由頭目貴族女子佩帶，佩帶方式是放在前額，再由頭飾壓住，據說具有防疲勞、頭暈之功能以及增進頭目貴族女子所散發的氣質。」一般平民百姓是不允許佩帶的。

千層塔 (paliljaw)　　　秋海棠

魚鱗蕨　　　　　　　昆欄樹

巨葉花遠志　　　　　未開花之原生杜鵑樹

四月間因露水或下一點小雨，分叉路到州廳界之間，沿路分布不少的阿里山水晶蘭，爭奇鬥艷，讓您駐足欣賞，但千千萬萬請勿一私之心拔除帶回家，5 月間逐漸褪色凋零枯萎，明年再喜相逢吧！

左為古道、右為林道，茶茶牙頓溪源頭原可通達大武，但目前已崩壞無法通行，所以只能回頭沒有其他路徑往加羅坂、大武。

同樣的場景給大家一些省思吧！大自然的一切作為，不外乎是「謙卑為懷、善盡職責」。

黃色靈芝：

　　古道行腳八年來，今天（民111.4.22）是非常特殊的日子，第三次帶團耶路撒冷教友們，肯定是上帝的恩賜，頭一遭巧遇稀有珍貴的黃色靈芝，令我驚訝萬分，它剛好生長在古道上 2.2k 處朽木下方。對古道上生態環境敏感度若不足，很難發現它的蹤跡，而錯過欣賞大自然的寶貝產物。

　　古道上 2.5k 處，野杜鵑盛開著偌大的白色花朵，且恰巧看見蜜蜂採蜜情形，呈現大自然共生、共存、共榮難得的畫面。

古道上 2.5k 處，野杜鵑盛開著偌大的白色花朵，且恰巧看見蜜蜂採蜜情形，呈現大自然共生、共存、共榮難得的畫面。

台灣穗花杉：

　　本區屬於亞熱帶闊葉林型，以天然闊葉林為主，穗花杉是本區內唯一的針葉樹種，在植物分類學上屬穗花杉科的裸子植物，為常綠小喬木，葉呈鐮刀狀，長約 3—5 公分，葉對生，葉緣反捲，背面有兩條白色氣孔帶。台灣穗花杉為台灣特有種，根據國內外學術界調查研究證實，台灣自中世紀起，就出現台灣穗花杉的化石花粉，視為一種活化石植物，目前本屬植物在全世界僅剩下三種，其中兩種產在大陸，另一種即是本種，三種植物的生育範圍相當狹窄。

　　本區中已完成列冊保護者有3300 多株，都集中分布在本區外，南大武山東麓及屏東楓港里龍山亦有少量發現，但以本區之族群構造及更新狀況最為良好。

其他常聽到或見過的動植物：

　　山豬、山羊、山羌、毛蟹、魚蝦、青蛙、穿山甲、熊鷹、大冠鷲、百步蛇、食蛇龜、其他小型的鳥類等。

　　各種造型的筆筒樹（金髮美女）、南洋桫欏（南洋姑娘）、鬼桫欏（黑美人）、楓（槭）樹、楠型樹、牛樟樹、各種蕨類（240 種均在此區域）其中長葉腎蕨、芒萁蕨、烏

毛蕨之嫩莖葉可煮食當菜餚（統稱mugaw，可當沙拉或與麵食結合，堪稱一絕Q香好吃）、山蘇等。

腎蕨的另類功能：在排灣族的部落，各種迎賓嫁娶等活動，男士會到部落附近或山上採集，女士們則會利用輕巧的雙手編織成獨樹一格的頭飾，佩帶給前來參與盛會的長官來賓，所以，我們現在的排灣族早就已經是善良好客又謙恭有禮的民族。

該地區廣大的領域也是早期力里社族人的傳統獵場，聽老一輩族人的敘述，以前的獵人是比較遵循古禮，獵中野生動物時會把右後腿獻貢給所屬傳統領域的頭目，以示尊重和告知，此等古禮希望後代子孫能夠延續遵守。而現在是（1）浸水營野生動物重要棲息環境茶茶芽頓野生動物重要棲息環境。（2）大武事業區台灣穗花杉自然保留區。（3）大武台灣油杉自然保護區。

民國95～100年間，由洪加田師父引領前往茶茶牙頓溪源頭流域狩獵，這才發現跟力里溪源頭流域之地貌景觀非常相似，所不同的是長河流向，一條流向台灣海峽，一條流向太平洋，源頭也是2條主流多條支流，然後在上游匯集展開長途旅行順勢而下。

在這一段期間裡遇到一些事務值得與大家分享，如述在後：

我把這裡定義為「毛蟹的故鄉」，怎麼說呢？有一次跟著師父在水邊行走，走道有小深潭的地方在岸邊石頭上坐著休息，我也跟著朝向水邊坐下，師父提醒我注意觀察水中、岸邊的螃蟹，我說：螃蟹有什麼好觀察呢？跟西部的有什麼不一樣嗎？我這個師父蠻幽默風趣地回應說：「這裡的螃蟹長得很奇怪，身體有長頭髮」，我這才恍然大悟，原來他所指的是毛蟹，在我的觀念裡應該跟西部的力里溪流域一樣的種類，沒想到一個地域不同就天壤之別，真的是讓我大開眼界。

接下來頭痛的事情發生了，有一天巧遇兩個人正在溪中收拾長圓形的竹籠和塑膠籠，而且看起來是有一點重量，我們三個人一眼就認出那應該是專門捕魚、蝦、蟹的籠子，只能進不能出，這些無辜的小生命進去了只能魂歸西天，飽足饕客。我和顏悅色的善勸他們二人，往後就在中下游捕獵比較安全，沒有必要冒著生命溯溪上來，影響深山裡豐富的溪流生態，繁殖多了自然而然會順流而下，幾經溝通後，終於示善意點點頭說好，我

捫心自問，是不是因我的態度謙和、字正腔圓加上當時我戴了朋友送我林務局的帽子之故，不得而知，事後再沒有遇過類似的情況。

再有一回巡獵場時，聽到下方有講話聲，好奇他們是何方神聖，沒有想到是一群 7 位溯溪登山好手，裝備非常齊全，聊天中得知他們來自北部的登山社，據他們敘述日本、韓國、大陸都有他們的足跡，有的已登頂百岳，有的正在努力，當然，台灣的大小山岳早已在他們的腳下不足為奇，在這裡我要把它們所說的經典話記錄下來：「台灣真的很美，從大武溪、茶茶牙頓溪、源頭至此，沿溪上來所見到的動植物豐富多元，林相變化明朗有序，溪流生態充滿著生命又無汙染，空氣新鮮潔淨，生長在台灣是我們的福氣。」是的，在台灣只要您「用心感受」她，她就有無窮無盡的生命力存在。分散時特別叮嚀指點路徑怎麼走，才能銜接大漢林道通往西部前進，那一天心情特別歡愉，遇見知音又做善事何樂而不為。

有人常說：「阿美族是最會吃山上植物的民族而排灣族蠻會挑剔」，這一句話我認同，因為，我們會吃的，他們吃得更兇，他們會吃的，我們不見得敢吃，頂多為了禮節品嘗一下，這個地區蕨類的種類約有 240 種，種類之多冠蓋全球。其中，以烏毛蕨出類拔萃到處都是它的領地，適逢此地區終年雲霧繚繞、雨量豐沛，造就了它生長快速、嫩莖葉酥軟的優勢品種，來此踏察下山時難免會在路邊採摘幾把，帶回去與家人分享，其煮炒法如下供做參考：（1）串燙炒肉絲或小魚乾、黑豆。（2）串燙配沙拉。（3）煮麵食時是為上等的蔬菜佐料。（4）前一夜不慎喝多了，第二天無奈宿醉，建議您煮個泡麵再配上烏毛蕨、雞蛋，保證您精神上揚，生龍活虎。

當保育意識觀念高漲，心中有一股強烈的掙扎，是否繼續狩獵亦或全面撤退無法定奪，大家非常清楚狩獵是原住民族幾百年來的傳統文化，但基於整個制度面的考量不得不重新調整做法，遂與戰友堂哥宋文聖主席漸進式的移掉獸夾，選擇自己的田園原住民保留地，依依不捨告別大力里社傳統獵場，這一段期間看見大自然的恩賜，會變色的飄香（槭樹、楓樹）、直立的油杉群、活化石的穗花杉、蔓延的黃藤、會脫皮粗大的九芎群（坦白說比古道旁的九芎王還壯觀），林

立成群的柳杉，還有繁多的蕨類點綴在其中，理所當然動物也是多樣性，明明示意捕獵的對象是山豬，偏偏其他保育類的動物會來「插上一腳」，因此，才萌生全面撤退的念頭，在最後一次拿回獵具時，於路旁「野外求生」（方便）不經意發現有兩門別人的獸夾，跟戰友說了：「反正我們不會再來了，要不要一不做二不休帶回去收回己有」，戰友義正嚴詞指責說：「上帝在上、祖靈在左右，對得起良心嗎？」其實，我也是故意在試探戰友堂哥宋文聖主席的正直度是否堅定不移……。沒錯，在山上任何地方發現看見別人的東西，不要隨意輕易順手牽羊，為此，我們還幫這個獵友整理他的獸夾，這又是一項非常重要的狩獵文化課題。

大武事業區台灣穗花杉自然保護區看板

茶茶牙頓溪源頭全貌景象

茶茶牙頓溪林班路－如詩如畫的柳杉群

往左邊行走就是正港的浸水營古道（有偌大的標示牌），千萬不要行走右側，因為，您走了右側領域只能順流茶茶牙頓溪而下，沒有別的古、步道前往加羅坂、大武行走，一般的山友應該是很難且沒有能力克服難度，為了避免造成「社會成本」之付出，如走錯了千萬別慌您就循著回頭路林班車道、步道由下而上找回原點（分叉路）就 OK 了。

再走 800m 就到州廳界

長年濕潤方有苔蘚類植物

過山龍

松蘿

裡白

從這個地區經過州廳界，往小路彎彎姑子崙山步道到浸水營駐在所的第一座涼亭，出水坡駐在所（第二座涼亭）後至木炭窯，從新姑子崙社駐在所再往溪底營營盤（苗圃）到茶茶牙頓溪、姑子崙溪匯集處即大武溪，太平洋為（mazazangiljan malingaling rangarang）（陳文祥頭目）之傳統領域，屏東縣春日鄉劃設傳領時已列入，台東縣大武鄉、金峰鄉、達仁鄉如有異議再進行面對面討論取得共

識，現居於台東縣金峰鄉歷坵村約七十二戶及後代散居於加羅坂、新化村、台坂村部分族人，都是陳文祥頭目的親族人。

第四節 州廳界：（kagaduwan）→浸水營古道 2.8k

踏入這個地界常反問山友們為何稱作「州廳界」，大部分的山友們均能正面的回應，日治時期州指的是高雄州、廳指的是台東廳，界指的是地界，也就是現今屏東縣和台東縣的界線，踏上屏東、台東界線之前，為了表示尊重謙卑為懷之心，會做兩項儀式：先祭拜天、地、祖靈、山川，飲料不拘，如米酒、小米山地酒、清酒、高粱等。最後現場撿拾枯木並做跨越橫木的動作，表示「揮別屏東、踏上台東」續求平安順暢。

從入口處至此，屏東縣政府已登錄劃為「文化景觀區」，沿路還有其他不同林相的植物，如：野牡丹、杜鵑樹、楠樹、筆筒樹（金髮美女）、南洋桫欏（南洋姑娘）、鬼桫欏（黑美人）、千層塔（頭目蕨）、阿里山水晶蘭（潔白如月）、山奈花（山聲無奈）等。

如前所述日治時期第七任台灣總督明石元二郎，第一位橫越走訪踏查這條古道，因疾病不幸溘然長逝，家屬尊重他的遺願安葬於台北公墓，第十六任總督中川健藏，巡禮踏查古道時特別選定力里社大頭目家住一宿，感受體驗頭目家屋「冬暖夏涼」奇特的石板屋，第二天才乘轎前往枋寮支廳繼續視察，同時他也是最後一位巡禮訪查古道的總督，因為，隔年（1936）昭和 11 年壽卡越嶺道（今南迴公路）通車了，浩浩蕩蕩迎接送行之大場面就成為絕響了。

根據我的老師父蔡天助敘述：「朝南看凹處的地方，以前是自然形成湧出的水潭、沼澤，而今是烏毛蕨、腎蕨、山奈、筆筒樹、雜草雜木叢生群聚之地，此處可以歇息簡單梳洗。民國 80—83 年間，他引領我來台東段狩獵，當時，摩托車可以通達尚未命名的州廳界，kama 只告訴我，這一條路是以前清朝、日本時期來回屏東、台東所走的路，雖然當時我已經當老師了，但根本還沒有所謂的「古道」概念，更不了解台灣歷史發展的演變。

至今我還是非常清楚記得我們的獵徑，從州廳界下方、浸水營駐在所上方之間下切再左轉就可到達姑子崙溪源頭，水源清澈見底、魚蝦悠游、

甘甜清爽，不必擔憂忘了帶礦泉水，晴空萬里時還可看見下方新化部落。有一回尋獵場接近獸夾時發現苗頭不對，有一條粗細約鋤頭握柄令人敬畏的百步蛇，他安穩地捲成圓圈盤坐在我的獸夾上，三角形的頭四處張望並不時地伸出細長的舌信，頓時我的頭感覺變大了，師父告訴我要鎮定不要緊張，也不要動擾牠，慢慢的離開並心中默念向他致歉「打擾您了」，下山後討論所經歷的事情，師父建議下禮拜上山時須帶一瓶聖水「米酒」，再上去時遵照辦理，到達該處時還是一樣的僵持，按照師父事前的指點，故作鎮靜緩緩的拿起聖水和杯子，誠懇的拜拜給牠喝並請牠離開此處到別的地方，經過一星期再上去時，果然湊效已不見蹤影，由此次經驗又上了一堂課，知道對百步蛇的尊敬、謙和、有禮，同時牠不會主動侵襲您，事隔多年，沒想到現在自己已變成了這條古道的常客解說員服務工作。

民國 60—80 年代間，雙東警察局上下半年都會實施山地清查工作，枋寮分局、大武分局都會派員（警察、山青、義警）至此會哨。

民 國 108 年 10 月 7 日 —10 月 9 日，由行政院原住民族委員會、體育署、中央民代及屏東縣政府挹注指導，交由春日鄉公所承辦「全國排魯運動會」，其中值得與有榮焉的是「雙東」聖火隊，在這個具有乘載歷史的地方→「州廳界」辦理交接儀式，真可謂劃破時代的一刻也是前無古人的創舉。

休息片刻補充能量後，開始走下坡，一般比較沒有經驗的山友們，為了安全考量我會特別叮嚀走下坡的訣竅和方法，螃蟹走、側面走，圓的、容易滾動的石頭盡量不要踏踩，以避免滑摔倒，確保夥伴們安全無慮。走一小段約 100 公尺會經過往左側姑仔崙山的步道，這也是力里社族人來往台東的主要捷徑，再往下行約 8 分鐘左右就到達浸水營駐在所（tjuazaljum）。

春日鄉公所承辦 108 年全國排魯運動會兼具傳統與現代之重大綜合型文化體育活動，迎接台東聖火前，屏東段必先燒火迎接，使雙東火焰交

山聲無奈的山奈花

州廳界左下方姑子崙溪、右北方茶茶牙頓溪流域，是動植物的寶庫與天堂。

浸水營古道 3 公里處，剛好生長著龍爪蘭，冬季過後花期即將凋零。

融，才能薪火相傳之間，由青年才俊柯學嘉來擔綱，可說是充分得宜，實至名歸力里系大頭目謝家定引領聖火隊族人宣示偉大的聖火迎接成功。

由於烈火勳燃作用，整個州廳界之大地變裝，欣然堅決同意春日鄉公所辦理 108 年全國排魯運動會盛事。在熊熊的烈火中，敬畏祖靈五百年來的庇佑，全體工作夥伴絕對全力以赴，把排魯運動會辦得有聲有色圓滿成功。

春日鄉公所、屏東大學共同辦理春日鄉精緻導覽解說課程，春日鄉公所保育隊，平時在自己的工作崗位上認真負責，此次，當然更要隨團出巡，任重道遠。沿路由曾昭雄教授跟我們精闢解說動植物生態、人文歷史、地理環境、山川河域、傳統領域踏查浸水營古道至州廳界（因疫情、防汛期只能到此地，無法全程）。夥伴們滿載而歸。

活動照片

台東、屏東排灣族魯凱族運動會聖火傳遞大合照

第二章　浸水營古道上東段 (2.9k — 8k) 現代路線解說篇

第一節 姑子崙山（1631m maruljinay）→浸水營古道 2.9k

2021 年 11 月 10 日（三）有幸參與林務局所委託之植物調查研究小組四位教授，當學生跟著前往浸水營古道之靠山－姑仔崙山踏查植物生態群，這幾位教授們應該都是台灣林業界、植物界的泰斗國寶級的人物，他們分別是陳玉峰、楊國禎、潘富哲、董藹光以及協助揹工張伯年（kibu）、魏學成（piya），他們兩位（marusa）還身負重任充當廚師、路線清除障礙的工作角色。

巡徑路線是這樣的：從州廳界（也就是現在屏東縣與台東縣的界標。）下行約 100 公尺處有明顯的標示牌，標明著 2 公里的長度距離，但實際走訪後不是這麼一回事，根據大家的臆測判斷單程大約有 4 公里之遙，其所標明之 2 公里應是 GPS 的直線距離，從入口處上行都是緩斜坡而上，約至 1.5 公里處就是中央山脈稜線右轉縱走，沿線時而下坡、上坡、斜坡並且有各登山社所懸掛的塑膠布條，其中野虎登山社沿路每 200 公尺就懸掛一條布條，其內容令人心靈感動，內容是這樣寫著：「綠色山林人人愛，你我保護它原來。不屬山林咱帶走，屬於山林咱留下。」此番話語道盡了「無痕山林」的最佳寫照與做法，於是乎觀察沿途中未見垃圾出現，慶幸我們台灣國人對山林的疼惜珍愛可見一斑。

右轉處縱走就是中央山脈稜線，往後（南）看是壯觀的大漢山，前進所瞧見的就是目標區雄偉的姑仔崙山，向東凝視就是令人動容崇山峻嶺的東部山脈河川，向西俯下眺望就是力里社、七佳社的傳統領域，此時，我莫名其妙的感動讚嘆浩宇中台灣山林之美，沒有其他島嶼可以取代。比較惋惜的是東西向的故鄉被層層的雲海覆蓋著，雖看不清故鄉之面貌，但其雲海的湧現也是另類難得巧遇的奇景。

在開始上行爬走姑仔崙山之前，會經過一處在高山坳谷中難得一見的小型沼澤區，腦際隨意拋出給它取名

為「夢幻沼澤」，教授們也會心一笑說：「可！可！」此路段上行平均坡度大約為 65—75 度，高長度約為 150 公尺，爬呀、走呀，以老人家（指我）的行進速度所花的時間約為半小時，終於到達山頂，坐定暖身後放眼四望，頓獲滿滿成就感，難怪會有絡繹不絕的人想親近百岳。想一想，人生的歷程不也是如此嗎！誠如：「不經一番寒徹骨，哪得梅花撲鼻香！」的意境。

陳玉峰教授形容該區域的植物，幾乎是南洋群島中集於一身的淨地，難怪教授們樂意投身劃設紀錄該區域為「重要植物樣區」，祈望為台灣山林留下不朽的紀錄史冊。

因為，本人對植物認識不夠專研深入，僅把有印象的記載於後，請參考不吝指正，反正教授們所調查紀錄的必定會公諸於世。

1. 台灣杉 2. 柳杉 3. 二葉松 4. 假赤楊 5. 水冬瓜 6. 細赤栲 7. 鳳仙花 8. 石葦 9. 台灣杪欏 10. 南洋杪欏（南洋姑娘）11. 筆筒樹（金髮美女）12. 木毛苔 13. 稀子蕨 14. 魚鱗蕨 15. 瘤足蕨 16. 深山野牡丹 17. 巨葉花遠志 18. 栗蕨 19. 抓瓦蕨 20. 根節蘭 21. 芒萁蕨 22. 台灣杜鵑 23. 苔蘚 24. 紅楠 25. 昆欄樹 26. 蛇蕨 27. 華東瓶蕨 28. 肢截蕨 29. 綠花肖頭蘭 30. 玉山箭竹 31. 東方肉穗野牡丹 32. 大武杜鵑 33. 路蕨 34. 懸鉤子 35. 錐果櫟 36. 琉球雞屎樹 37. 角筒草⋯⋯等等。

依照教授們的規劃，下一次應有機會挑戰姑子崙山的鄰居－穗花山，期待再相逢去擁抱它所散發的靈性之美。

三斗石櫟樹　　　　三斗石櫟果實

台灣杉　　　　　　鳳仙花

石葦　　　　　　　台灣杪欏

南洋桫欏

筆筒樹

玉山箭竹

木毛苔（喜歡在南洋桫欏蛇木附生）

稀子蕨

大武杜鵑

路蕨

魚鱗蕨

蛇蕨

懸鉤子

錐果櫟

中上方爲馬羅氏山，右後方大漢山。

肢截蕨

綠花肖頭蘭

裡白瘤足蕨

紅楠　　　　　　　　浸水營入口處－細赤梀樹

細赤梀果樜

坳谷中之夢幻沼澤

凹處爲姑仔崙山下，力里溪源頭之一。

於州廳界紮營，度過兩個晚上，夜晚冷颼颼，還好衣物、帳篷準備周全，加上幾小杯「聖水」得以保暖入睡撤營時，爲貫徹「無痕山林」理念，將周遭環境清理乾淨，把垃圾帶回下山，恢復原始原貌。

第二節 浸水營駐在所（tjuazaljum）→浸水營古道 3.5k

　　從入口處經過制高點、分叉路、州廳界至此，我把她界定爲第一關（輕鬆關），而從浸水營駐在所至第一座觀景亭界定爲第二關（快樂關）。

　　這個駐足點充滿了歷史無奈悲慘的色彩，先由力里社狩獵隊攻陷（史稱浸水營騷擾事件），再由姑仔崙社趕盡殺絕、雪上加霜，後引發排山倒海的排灣族社「南蕃事件」，與（1914）力里社慘案（力里抗日事件）是相乎輝映連結的抗爭。malingaling 頭目 piya 和許多一樣被指定爲警丁（就是現在的服務員工作），主要任務爲挑水、修路、遞郵

件、翻譯為日人服務，目的是在族人面前貶抑頭目形象。此源自楊南郡youtube影像，於中興大學上課中的說法。

排灣族抗日掀起「南蕃事件」戰爭，改變歷史－以力里社酋邦為例日本文獻與口傳歷史兩部分記述：

一、在日本文獻方面

（1）力里社戰區：

起義：第五任總督佐久間左馬太－大正3年（1914）8月19日，宣布「五年計劃理蕃事業的後續計劃」全面強制收繳原住民槍枝火炮彈藥。1914.10.6駐在所所長召集各大小社頭目、壯丁、社眾告知上級命令，社眾要求再出獵一次。1914.10.8上午「佯裝打獵隊」由qarangbaw卡浪報吾率領十幾個人前往沒有防備的浸水營駐在所襲擊，途中在大樹林山（今大漢林道20k）遇到從浸水營駐在所護送郵件返回的巡查被馘首奪槍。

1914.10.9凌晨襲擊浸水營駐在所，除了2名幼兒外，3名成人被馘首。1914.10.9上午力里駐在所所長槙寺警部補派2名巡查查看浸水營道路，正巧遇到返程的打獵隊也被當場馘首奪槍。1914.10.9下午返程的打獵隊、社眾會合事先已聯絡好的割肉社、大茅茅社、獅子頭社、內獅社共150名壯丁，一舉攻擊力里駐在所，共10名被殺害，其中1名漢人巡查受傷裝死逃竄枋寮支廳報案。

此事件被日方稱成「力里駐在所慘案」，力里部落誌經部落同意改稱「力里抗日事件」。事件後之措施：（當時大小社共262戶－106戶=156戶）。

大正14年（1925）強迫將21戶133人集體遷移至台東茶茶牙頓社。昭和2年（1927）40戶遷入歸化門社，昭和6年（1931）36戶遷入歸化門社，11月力里社2戶、率芒社7戶遷入。

二、「南蕃事件」口傳歷史：

受訪者：avuavu高美香、rangarang楊泉清、tjuku翁玉華

（1）力里社酋邦：

A-1君說：聽我父親說：「我們到台北開會，有一對東部calenges（柴塑譯）部落的夫妻被綁，押到我們前面，並用槍抵住讓我們看，且當時日本也曾凌辱我們的mazazangiljan（酋長），因此排灣會動怒生氣，再加上日本要求收押槍枝。當時南、北排灣族酋長傷透腦筋，不知如何是

好，酋長都不願意將槍枝繳回，因此相互約定，回部落的第三天，大家分別襲擊日警駐在所殺掉日警。

A-2 君説：「酋長認為日本人很壞，破壞我們的 kakudanan（文化），消滅我們，我們來殺死日本人，但是殺日本人之前，我們先把電話線切掉，以免日本人相互聯繫。」

（2）攻擊日警駐在所：

A-1 君説：「酋長們商討後，率自個兒的勇士攻擊浸水營駐在所，參與者是 mareqali（蕃屬結盟朋友關係）的部落，如大龜文、馬拉地、大茅茅、古華、古樓等。而力里社各酋長們聯繫攻擊日本駐在所時，商討攻擊浸水營駐在所後，再攻擊力里駐在所（有 10 位被殺）。排灣族不好的是將日警妻子槍殺後，將生殖器插上木頭，因此日本非常氣憤，非討伐力里部落不可。

A-2 君説：「大龜文王國酋長 puljaljuyan tjuleng 被日警抓起來，綁在內文駐在所，力里 mazazangiljan djakudjakuc vacuku 知道後，率領酋邦勇士前往內文駐在所營救。前往時，帶著火把並告知後面的勇士，當到達內文駐在所時，聽到槍聲就把一路上站崗的日本殺掉。到達時，問：

puljaljuyan inu sun？（您在何處？）」答曰：「aicu a ken（在這裡）」，於拿刀將綁的繩索砍掉，酋長連滾帶爬逃到山谷後將繩索解掉。日警聽到 vacuku 的聲音，朝聲音發射，擦傷 vacuku 的上唇，因此，vacuku 到死仍拖著上唇過活終生，令人感傷與惆悵。

（3）日軍警與酋邦勇士對抗：

A-3 君説：日本人説：「為何殺日警，我們去焚毀他們的部落。」由「三個梅花警官」帶隊。licung 遠望日本警官經過地方的茄冬樹後方，此時部落勇士拿四個槍枝前後包抄對準「三個梅花警官」。當後面跟隨的日警還未走過山邊轉彎處時，licung 一躍而過去將「三個梅花警官」砍殺，並將屍首拖到草叢裡，使後面的日警看不見。之後，licung 説：「排灣族不能被欺侮」我們力里社的很強悍，説：「我們再回擊吧！」於是將帶隊 3000 兵隊的「三個梅花」警官在 tjulubaqasaqas 的地方殺掉 licung 一共殺了三個警官）。

A-1 君説：日本反擊……不久死傷不少，我們力里社人集結等候在路上廝殺。

A-3 君説：日本軍警來時我們逃

跑到叢林，既逃跑到地形崎嶇的傳統領域。以前日本的軍隊來到部落時，我們先躲到深山，不開槍反擊，都爬到樹上觀望。貴重物品帶走，不重要的物品自行焚毀。當時有 100 戶家屋被日本燒毀，僅一戶未燒起（vacuku ljavul）石頭屋灌石油也燒不起來。

（4）「歸順」日本：

A-3 君説：勸導「歸順」的是鄰近的白鷺部落的親屬（djaumaumaq－混血兒）。警部補調查力里社酋長 rangaran 的親族，發現有一位入婚到 pailjus（白鷺）部落。因此日本警部補 suljiveqlan 勸導「歸順」之前先到 pailjus（白鷺）部落探詢説：「您們 pailjus（白鷺）部落有跟力里社族關係的人嗎？」如果有，因為他不會被力里社的人殺，讓我們並肩走到力里社勸導力里社的人「歸順」。部落的人説：「有，名叫 kulius。」於是前往力里社，到達力里社時，警部補問 kuliyus：「您的 mazazangiljan（酋長）是誰？」回答説：「rangaran kaytjaljavan！」於是，警部補直接前往 rangaran 面前説：「明天您願意到日本之處歸順嗎！」答説：「願意。」就這樣力里社就「歸順」了。rangaran katjaljavan（酋長）帶力里

社的人去「歸順」。地點在力里 7 公里（paquljau 山坡上），angran 出現在 7 公里處，日本看到全隊舉槍瞄準 rangaran，但 rangaran 是舉起日本國旗並與警部補及 kuliyus 並肩緩緩地靠近日本排列的隊伍。日本排列的隊伍將近有 1 公里左右（到 paqaljingd 的地方）。又説：「部落裡參加的人很少，大部分的人是在周邊偷窺。」

（5）事件後日本的處置：

A-1 君説：日本未懲罰，平日還是歧視、欺侮我們，但是日本可能商談，如果嚴厲懲罰可能會抗爭，因此事件後日本是安撫、教育我們，我們再也不反抗成為「良蕃」。又説：「日本收押槍枝時，有三位一道到海邊將槍枝投海丟棄，tjulevekan 古樓酋邦酋長、kuljilji（本社有勢者）、makinu（大龜文酋邦酋長）。如果不派代表跟隨證明，部落族人還是會「懷疑是用來打我們」的心會一直存在，不會相信日本收押槍枝是要丟棄的。

註 18：本資料參考整理引自：

1. 葉神保，《日本時期排灣族「南蕃事件」之研究》，2014，頁 117—164、頁 164—167。

2. 楊南郡、徐如林，《浸水營古道－一條走過五百年的路》，2014，頁 241—242。

事發時間		征戰期間	次數			死	傷	最終
力里社	被討伐：1914.10.12	4 個月 5 天	9 回	日本族人		27 6	12 0	歸順：大正 4 年 1915.2.27
大龜紋王國起義 1914.10.10	被討伐：1914.10.11	3 個月 3 天	26 回	日本族人		23 10	42 2	歸順：大正 4 年 1915.1.19
四林格社起義 1914.10.12	被討伐：1914.10.22	2 個月 8 天	19 回	日本族人		13 11	20 0	歸順：大正 4 年 1915.1.16
姑仔崙社起義 1914.10.9	被討伐：1914.10.20	1 個月 8 天	4 回	日本族人		12 2	3 6	歸順：1914.12.14
射不力起義 1914.10.10	被討伐：1915.2.9	27 天	6 回	日本族人		3 3	5 0	歸順：1915.3.6

註：大龜紋王國（tjuakuvukuvulj 內文社）戰區：ruvaniyaw tjuleng 兩大頭目起義四林格社（raki）戰區，姑仔崙社（kuvaleng）戰區，射不力（sabediq）戰區：（含草埔下）。

筆者註：對於雙方死傷之呈現與比較，持懷疑的態度，待查。

已粗略敘述「南蕃事件」之始末，考據幾位日本專家對台灣人類學之調查與見解，尤其對「生番」的真誠態度，不難發現一些歷史真實的面相（向）與過往歲月的演變，做為我們待人處事、應對答禮的言行準則和思維的活題材，讓我們的族人朋友們在行事決定前有鑑往的能力，而不要有重蹈覆轍的深淵。既然是歷史層面的陳述，我就引用一些文獻紀載內容，使縱橫相互連結交織交會，讓我們敬讀森丑之助對當時局勢的心思意念及對台灣總督府第五任總督佐久間左馬太的期盼，以宏觀、微觀的態度可窺視森丑之助對「台灣生番」的關懷、真誠和正義感，並以實際探訪調查力里社為主軸，節錄鳥居先生、森丑先生對力里社那一段歲月真實的紀錄，我分幾個段落分別敘述之。

明治 33 年（1900 年）1 月 18 日，鳥居龍藏、森丑之助兩位曾經聯袂親訪調查排灣族力里社整個面貌，從《生蕃行腳》森丑之助的台灣探險一書中節錄他語重心長、真誠的話語（這一篇文稿是過了 24 年才發表），加上楊南郡教授文風筆實、活絡譯註。

我親自到原始的山地，看到蕃人的日常生活是那樣寧靜、單純。所謂野蠻的生蕃，其實都是清心寡慾、真誠待人的人種，這最初的印象太鮮明了，使我在過去30年的長時間內，時時刻刻銘記於心內！我從過去到現在，一直對蕃人親近的動機，就是這一點。

　　我國陸軍於明治29年（1896），以水底寮（屏東縣枋寮鄉）為起點開鑿一條叫做浸水營道路的軍用道路，以接通後山的巴塱衛（今台東縣大武鄉）。水底寮入口處現在矗立著一座「開路碑」（現已佚失）。浸水營古道本來就是後山的蕃人為了要向西部的枋寮（含）交易，自古以來經常行走的蕃路，也就是台灣最南的唯一東、西方向越嶺路。

　　這條古道經修改由力里社沿線架設通信用的電纜、這可能是日本人最早在台灣所開的山路，通過海拔五、六千尺的越嶺點。從水底寮東北側的新開庄（今枋寮鄉新開村）起進入山區，通往力里社的山路，主要是靠力里社、歸化門社、新開庄平埔族提供蕃人勞役才築成。竣工以後東、西海岸間的郵件，也由力里社蕃人負責西段的郵件。台灣全島所有橫越中央山脈的道路中，這一條道路是日本治台以來，唯一沒有間斷地被使用的一條，可以説是最實用的一條古道。

　　此行目的是這一個區域排灣族調查，所以先前往頗具威嚴的排灣族大部落－－力里社。力里社以南的區域屬於「率芒社」（今春日鄉士文村），更南則屬於「大龜文社」及「下十八蕃社」。

　　我們偕同蕃語通事黃漢生（水底寮人）及一群揹負行李的蕃人上山，行李內容是調查儀具、採集標本用具、換洗衣服、糧食、給蕃社的土產贈品。鳥居先生和我則背掛著自己的旅行用皮箱、照相機，同行的蕃人身穿著水鹿皮衣、披散著頭髮、頭上戴著鮮花頭飾，腰繫著番刀，刀鞘一律漆成紅色，還有特從枋寮支廳派來擔任護衛的武裝警察6名，一共17人，威風凜凜地在蕃路上闊步前進。

　　荷槍佩劍的警察在平地時都很健談，但是從新開庄起開始爬坡，大家突然氣喘吁吁地保持沉默，他們頻頻停步擦汗假裝在看風景。心理上和生活上即將成為「蕃人」的鳥居先生和我看到這種情形，覺得這些警察怪可憐的，到了歸化門社入口處，便趁機請他們下山，不必繼續護送我們。

我們在平地調查旅行的時候，很怕土匪襲擊，但在生蕃地卻覺得安全，我和鳥居先生此行的前一年在台東及恆春調查旅行時，已經學到了一些排灣語，用片言隻語和蕃人及通事交談，邊走邊談，不覺已到了可以望見力里社的地方。

三、排灣族力里社風俗：

居住房舍環境：先援引《重修台灣府志》卷十四，（鳳山縣番社風俗二）有記載如下：

居住：於山坳險隘處，以小石片竹圍牆壁，大木為樑，大枋為桷，鑿石為瓦，不慮風雨，惟患地震，大枋、大石為床，蕃布為裯。

蕃人最初要創社部落的時候，通常都要優先考慮地理條件，他們選取山間險要之地，依山面溪，成為可攻可守的要害。家屋是堆砌小石片為牆，切割長方形的石板為瓦，屋內全是木造的，尤其用巨大的櫸木作為屋樑，所以堅固耐用。這種石板屋不怕風雨，但是地震時非小心不可。

記得小時候地震時，在第一晃發生時比較敏感的長輩就會跑出屋外呼喊叫，地震了、地震了，趕快出來此起彼落叫聲，大家趕快跑出屋外空曠地方，我想這應是還在力里社時所培養傳承的敏捷性。

屋內用寬平的石板或木板為床，地面及前庭用扁平的石板鋪蓋。門口全部朝向溪流（力里溪上游），而屋頂是雙面傾斜的形式。住屋都是橫寬的形式。屋外設置穀倉，貯藏小米及烘乾的芋頭乾。炎熱的夏天在屋外小屋（類似廚房）內炊煮，以免熱氣瀰漫於主屋內。另外，為了使空氣流通，取下一兩片屋頂的石板瓦，好像日本農家茅屋在屋頂預留天窗一樣。頭目家、貴族家比較特殊。大門和屋簷之間都有簷桁木雕，刻著人頭、百步蛇及鹿，而屋內的中央大柱有男、女等身大的雕刻，叫做 vuvu，也就是祖先柱的意思。這些雕刻象徵著家世的榮耀，一般平民階級的蕃人是不許擁有的。

頭目家前庭疊石板為台，它的作用猶如司令台一般，中央一定著一株榕樹。石台上高高的榕樹標示著蕃社頭目家的位置，同時是頭目的象徵。力里社頭目家的司令台上下疊放的石板與石板之間，預留著方形空隙，原來裡面收藏著敵蕃頭骨。頭目家牆壁也預留著同樣的空隙，收藏著無數的頭骨，目的是對外誇示英勇與威嚴。整座的頭骨架，則通常設於距離蕃社

一、二町處（現在老力里社約距離在60公尺處，已無頭骨，剩下殘缺的方形石板，偶爾來此處參訪，總會泛起陣陣輕輕的毛骨悚然，但心裡會謙卑為懷的默念說：「對不起，驚擾您們了」疊石板為棚架，上、下分為幾層，向左右橫列的棚架，好像是日本內地公共澡堂內密密麻麻成排的箱型衣櫃。數不清的頭骨分為上下、左右整齊地排列在那兒，看來很刺眼但只能竟悄悄地無言以對。

力里社的族人種小米、芋頭、蕃薯、山藥、燻芋芋頭乾作為主食，因為迷信而不種稻，稻米叫做（paday），蕃人有時候食用漢人種的白米，但因為迷信，不但不重視稻米，而且瞧不起吃米的平地人，蔑稱為「米蟲」。（後來日治末期經教化形勢改觀，已同意種旱稻吃少許米飯，再經過國民政府來台，遷移下山後輔導種水稻）。其他副食品有藜、黍、湯食有樹豆、長豆及其他許多的野菜。蕃人製作成的燻芋芋頭乾，從它的味道、形狀和功用看來很像餅乾，所以鳥居先生和我把它叫做「生蕃餅乾」。出門旅行、農田工作或獵場狩獵時就可以把「生蕃餅乾」當作「行動戰備糧食」，好處多多。小米除了煮小米飯、製成小米糕，最重要的就是釀小米酒。本次旅行調查於南部這一帶，普遍吃到了小米、台灣米、蕃薯、芋頭和芋頭乾，如果有人問我們哪一種最好吃？我們會立刻回答：「最愛吃山地小芋頭。」

寫到這裡，我想順便談一談我的感想。假使有人問我，什麼地方的生蕃在文化上、開化程度上更進步？我的回答是：「以往年代的南蕃，排灣族比較優秀，但是現在的文化傳承上比過去退步、荒廢多了，這是值得警惕的事務。」

在這一段文載裡想運用楊南郡教授的譯註，從森丑先生的文稿中更清楚說明其內容，排灣族頭目及貴族世家是世襲制度（長男、長女均可），各有家號，有封建時代領主一般的權力。平民階級的一般社眾有向頭目納貢租之權力義務，比擬像日本皇族似的。排灣族沒有紋面風俗，但是世襲的頭目為顯示尊貴的家事門閥，男子在胸、背及兩臂刺墨，彎曲的線條像百步蛇的斑紋，而女子則在雙手背刺墨，手背上的網狀刺默幾乎掩蓋手背（春日鄉力里系統最後一位刺墨手背者－ ljarapitje sauniyaw 於民國110年7月5日也走入歷史，刺默（kivecik）文化成為絕響）。

由紋路之呈現可清楚研判 kina i sauniyaw 的家族背景，她應該是貴族階級系統出身，據著老們的敘述，早期族人要刺墨，爲了彰顯出身背景，在紋路上的區別非常明顯，貫徹排灣族「階級文化」的精髓。

一般民眾傳統上把頭目貴族統治階級和被統治者百姓之間嚴密區分或階級的貴賤，視爲至高無上的「當然關係」，有一則真實故事：

幾年前鳥居先生和我到恆春訪問豬朥束社，當時大股頭人（vankim）曾經陪我們巡視下十八蕃社及上十八蕃社訪問，因為內文社頭目 ljuli 臨時無法作陪，改由二頭目 puljaljuyan tjulen 代替，puljaljuyan 當時才只是六、七歲的小孩，陪我和鳥居先生巡視上蕃各社。當我們分別由大股頭人

及二股頭人陪同巡視時，受到了各蕃社大、小頭目最高的禮遇，看到他們對於大頭目遵照君臣之禮恭恭敬敬接待的情誼，使我們感動得差一點滴下眼淚來。

這一小段文章展現了他們二人對局勢的想法：「南部排灣族的社會階級分明，由大、小頭目分層治理的社會組織及習尚，政府應該參酌這個現狀，把蕃界內的蕃社行政事務，委由頭目們按照慣例處理，在政府機構的我們內地人寧可負責蕃社的涉外事務，或者從旁監督他們照慣例自治，不要插手於蕃社事務。以這樣的方式治理，反而能夠保住蕃社平穩無事無端，自然地他們會感覺被尊重有幸福感，在蕃界徒步旅行時，鳥居先生和我討論此事，感覺日本官員度量不夠大，不改治理他人的習性，凡事都要插手過問，非如此做就不滿意。

再從這小文章之記述，可知兩人不恥下問的請益蕃社耆老有關土地利用的方法：「排灣族的地盤到處有『palisi leme 之林』，這是他們祖先依照古俗所設的一種保安林，禁止子孫砍伐。當初設置的目的，是讓野獸在森林內繁衍，或者是藉森林涵養水源，或者利用森林的圍護，防範外敵

的侵害，或者當作蕃社戰略要害，可攻可守。祖先留下禁止伐採（palisi leme）之林的垂訓，別的種族也有類似的祖先垂訓，但是沒有像排灣族那樣，到處指定禁伐區「palisi leme 之林。」從這一點可以看出，排灣族自古以來智能相當發達，因為（palisi leme 之林）以外的林地則沒有節制，大量砍伐以換取平地的多元物品是常有的現象。另外，從文獻記載得知，兩人也問過排灣族力里社族人，製作那些日常生活物品？得到的答案有：①山棕葉製成的雨具，亦既漢人所謂的「蓑衣、棕蓑」。②把蔓藤綁在巨榕樹幹，做成鞦韆。舊俗還有「點鼻禮」。③木匙④網袋⑤鹿皮、羊皮製作衣服和鞋子等等……。

繼續續寫他們的文獻記錄：未婚的男女互相以歌唱表達愛意，或以吹奏嘴琴或鼻簫向對方傾訴愛慕之情，這種風俗依然盛行，尤其是女子為了挑檢自己鍾愛的男子，吟出詩歌美妙的詞句，這是排灣族傳統習俗中最精緻的示愛方法之一（當然是用款款深情的族語唱）。另外，男子也為了表達對某一個女子的愛，通常會主動去山上砍柴或下溪取（挑）水，把柴水揹到女方的家，再則男子到女子家做

義務勞動。在這個求愛的過程中，如果雙方都中意，才向雙方父母稟告，以便進行結婚各項事宜。如果雙方不來電無法中意對方，那麼，不強求只好彼此分開各自尋找中意的對象。

因「理蕃政策」之錯誤，造成森丑先生傷感的紀錄：他說：「我的朋友楨寺佐市君夫婦和小孩，全家在力里社內被叛亂的力里社蕃人虐殺。假如楨寺君一家人繼續留在率芒社駐在所，則可以避過災禍。可惜，叛亂發生前，亦既大正三年（1914）三月，他已被調到力里社駐在所。假如他在力里社駐在所住過一段很長的時間，蕃人應該會知道了解他的為人，即便發生叛亂事件，也應該會化險為夷。想起朋友不幸的遭遇，我極為痛惜、難過。他又記載說：「假定我們平心靜氣分析這一件不幸事件的真正起因，會發現我們沒有立場譴責暴行、追究兇犯，只能悲傷為什麼理番政策的推行，會導致如此可悲的結果。」

註19：本段文引用自《生蕃行腳：森丑之助的台灣探險》作者：森丑之助、譯註：楊南郡，2000 初版 2021 四版 187—228 頁。

拜讀完這本書心裡有一些感觸，簡述如下：

以當時人類學的角度與時空背景，人、事、地、景、物各方面之條件，查訪調查是一件艱鉅吃力的工作，何況是新生地，任何事務都要從陌生中去接觸才能摸熟，障礙點必然是全面性，學者用自己一生的歲月精華，投入踏遍台灣每個角落上山下海，不論晴空驟雨，冒險涉溪，或甚遭到土匪搶劫、山蕃馘首追殺，險象環生艱難萬般，所憑藉著信念不入虎穴焉得虎子精神，逐步完成不可能的任務。筆者以身為力里社後代子孫的立場來論，兩位學者以細膩敏銳的觀察力和誠懇謙禮的態度，融入力里社全方位之人、事、地、景、物，才短短十天的時間，就能理出把力里社周遭描繪得栩栩如生，好像昨天才剛發生的景象，讓人有時光倒流的錯亂感，由於你們倆珍貴真實的紀錄，提供給後代子孫咀嚼探討，在不同年代所呈現反應的真相，在此，我要給予無上限的肯定和感念。

從原著論述的字裡行間，不難發現他們兩位其實很想直接諫言，但礙於他們畢竟只是台灣總督府所囑託負責調查蕃務無官職的文人罷了，參與會議時也只能被列為旁聽，無實質權力，除非被詢問提出個人想法見解，我想大概也是輕描淡寫、避重就輕，不敢正面指陳。以當時日本軍國主義的氛圍，軍警絕對服從命令、徹底效忠天皇，而文人的角色，最好的辦法就是保持緘默，把「兩全其美」的最佳策略轉為內化內吞，內心是多麼無奈痛苦的選擇，尤以對中部深山布農族番社的愧疚，因他們非常強悍，如果日軍進行討伐，雙方定會死傷慘重，森丑先生利用彼此間的互動情誼所建立的信任，布農蕃社同意森先生的意見，遷移至他所指定的地方，並重申配合總督府不再反抗成為良蕃平和的番社，無奈不幸的，總督府不採納森先生的建議，執意進行大規模的討伐。為此，森丑先生終日鬱鬱寡歡，沉默不語，一方面對當局的不滿與失望，二方面愧疚好朋友，失信於蕃人，雙重心靈上的打擊與創傷，最後無法跳脫命運的枷鎖，在基隆港外海走上不歸路，結束了森丑之助生動精采不平凡的一生。回想他當時內心的掙扎、怒吼是一般常人無法比擬體會，可以理解會做出如此無法挽救的抉擇，是整個台灣、日本的遺憾也是重大的損失。

令人景仰感念緬懷的台灣古道之父楊南郡教授，循著異族前輩們的足跡，在有生之年披星戴月日曬雨淋，縱橫古道百岳，查找歷史遺跡，陸續走筆完成一本又一本不朽的經典。又因精通日文，熟悉古籍文獻，引證撰寫多本精闢譯註之書，我們有幸分享他智慧的結晶，除了感恩還是感恩，讓我們更多方認識瞭解多元演變的台灣。

根據耆老們口述：早期日治時期、民國初期，力里社通往台東探親姑仔崙社、茶茶牙頓社親友，有一條獵狩便捷的秘境，從現在的大漢林道 16k 進入，往力里溪源頭，斜坡上行經過日暮瀑布、日暮山、姑仔崙山右側，再下行即可到達親友的部落，不必上行經過現在的大漢林道 20k、23.5k、州廳界。而日慕山就在姑仔崙山西下方受到保護，形成一條縱貫稜線。壯年時期曾親臨到達過日慕

光緒 20 年 (1894) 之前，稱做大樹林營盤，之後始稱浸水營營盤越嶺道→浸水營駐在所→也是排灣族力里社掀起南蕃 戰爭事件之起火點 (第一刀槍)。

力里社來往台東之捷徑－姑子崙山、日暮山。

從西段遠拍雄偉壯麗的大漢山、姑仔崙山，期許繼續滋養雙東的族人。

山，並未能更上一層樓（山），一直想要安排機會再請老師父洪加田重出江湖，從州廳界下方（東段）帶領我上行前往姑仔崙山親臨踏查拜訪，好讓我心中多年存在已久的心願實現，如願以償。

　　洪加田是我的正港師父，肯定會排除萬難協助徒弟。20 年前，師父跟部落族人勇士劉明福君，也曾經來此踏查過、追逐過大型動物而名噪一時，廣為美談，所以，對地形地物瞭如指掌。這個就是師徒制存在著深厚的情感，如父如兄、如子如弟，獵人英雄勇士界標榜的戰鬥革命情感。

　　還好，深得機緣認識植物樣區調查四位教授，於 2021 年 11 月 10 日踏查姑子崙山植物樣區並攻頂達成宏願。

從州廳界至浸水營駐在所路段緩下坡，需專注眼腳合一，避免踩踏樹根、大小不同之石頭，防範重心不穩而摔跌跤受傷。

　　浸水營駐在所上下兩個平台，上方為辦公、訓練場所，下方為房舍廚灌溉之水源是來自兩邊的茶茶頓溪和姑仔崙溪源頭，比較辛苦的工作就由部落壯丁擔任交通車伕抬轎、搬運伙食等雜務。

平台上只剩荒煙蔓草的景象及遺構石牆

國軍剛從大陸撤退來台時，海軍陸戰隊和野戰特種部隊實施長征山訓行軍這條古道是必經之路，前任屏東縣議員吳天福先生和前任立法委員簡東明先生及後進的海軍陸戰隊和野戰特種部隊弟兄均可作證，往下路段左側有許多的散兵坑遺跡亦可見證。

以下路段約 60 公尺長為下坡，台東林管處聘任族人採自然工法方式

官兵們遺留下來的散兵坑

就地取材設置階梯，安全性高，不過近個月來自由車界的團隊，會騎乘自由車呼哮而過，是訓練還是個人意願不得而知，經過後發現部分階梯遭受破壞影響步道路況，也違背了與大自然共生、共存、共榮、共舞的「無痕山林」理念。

過了 60 公尺後即為平坦路，從浸水營駐在所至第一座觀景亭，所要花的時間約 60—80 分鐘，視個人、團體腳程而定。我把這一關界定為第二關也是「快樂關」，為何呢？續看我實際經驗的敘述和理由：

大自然是個天生又偉大的藝術家，這一段路程有太多的植物讓您大開眼界，地被、附生植物均有，如生命力超強的山蘇、崖薑蕨、姑婆芋共同附生在樹幹上且息息相映成輝、翩翩起舞的燕尾蕨群落、唯我獨尊的黃白根節蘭、綻放紅艷花朵的野牡丹、顯得寂寞又出眾的琉球雞屎樹和水冬

自由車界騎經過時，留下之損壞痕跡，山友行進時多加留意小心。

瓜、綿密生長在枯木的蕈菇類等等，這些渾然天成的植物世界讓人讚佩大自然的神奇與奧妙。

柳杉群落高昂筆直的氣勢，置身古道上彷彿在夢境裡的詩情畫意，悠悠遨遊自在，是最美最動人的自然饗宴，在沿路上不時的也有不知名的鳥鳴聲和台灣獼猴叫聲伴隨，似乎在提醒我們人類「請愛我不要傷害我，我們是好朋友。」但是，如果在田間的農作物搞破壞就不是好朋友了。

古道上特有種植物：浸水營石櫟（lesir）、柳杉樹瘤在浸水營古道上4.2k 處，生長出極為罕見的特有種植物－浸水營石櫟，它不同於其他的石櫟，葉面比較狹窄但長度比較修長，以此作為辨別。另外，距離浸水營石櫟約 30 公尺處也有特殊的植物，亦既柳杉長出了怪病－柳杉樹瘤，是否因內分泌失調所造成的？植物專家應該了解其中的原委。根據山友們的說詞指出：「該樹瘤如果砍伐下來拿去雕塑造形奇特的藝術品店販賣，其市價應會達到二、三十萬元，還好它生長在浸水營古道上，否則有可能被移植（駕）而自動消失，無緣面見來往的山友們。」

因此，從平坦路起至第一座涼亭，再延伸至第二座涼亭（4k－9.5k）止，延路環境植物場景，如果，您有天生慧根懂得親近感受的人，您一定會深深的被吸引，猶如電影情節中的畫面場景－阿凡達。有機會置身其中不妨來感受山林土地芬芳之美，更要來去領受他所散發的靈性質感，讓您不後悔不虛此行。

黃色根節蘭

白色根節蘭

燕子般之燕尾蕨

野牡丹藤

多樣性之附生植物

水冬瓜樹

山羌羊喜歡吃樓梯草嫩葉

解說牌協助旅人對我了解更多。

附生之幹樹榕

古道上有標準的公里數，讓山友們「心裡有數、安定軍心」。

柳杉樹上長出類似蜂窩巢，其實那是它的瘤，成為古道上之另類奇觀，內行的山友透露，市價應該不凡，所幸，它生長在這裡，否則，可能會有自然消失的下場。

不是開花季節的野牡丹

如詩如畫之柳杉群

平坦的林班路現代古道

第三節　第一座觀景亭與休息區（Ijalizavan sasekezan）→浸水營古道 6k

如果您的時間行程一開始就有掌握好，到達這裡應該是在 11：30—12：30 前，如此才有充分的時間休息、進餐果腹、順便檢查腳是否被螞蝗（水蛭）盯上了，發現有時別緊張用肌樂、萬金油、鹽巴噴塗即可令它自行脫落。應多鼓勵有「痛風」的朋友多走幾趟古道，讓螞蝗多吸血或許宿疾就會好轉（這是我自己編造的笑話，是否有效那就要實際體驗，才能見真章）。

第一座觀景亭是浸水營古道東段唯一展望最好的地方，天氣晴朗時，您可以清楚看到茶茶牙頓溪壯觀的溪谷、秀麗的美景、大漢山的後山、莫拉克颱風土石流遺留下來廣大的痕跡及謝家定頭目的傳統領域。

九、十月份，運氣好還可以看到乘著熱流谷風，成群盤旋在上空的熊鷹（qaris），熊鷹是台灣最大的猛禽，羽毛上有黑白相間的三角紋，看著牠展翅高飛、優游自在有如王者之尊。難怪我們排灣族將牠視為「聖鳥」，筆者可以從傳統文化角度上、頭目耆老口述中、成長過程實際生活裡去敘述：「排灣族是非常重視社會階級制度的民族（頭目、貴族、靈媒、勇士、平民），舉凡結婚聘禮、結婚圍舞頭飾、家族名、人名之命名，這些都要遵循古禮來傳承彰顯我們的經典文化，就以結婚圍舞男女頭飾為例，只有頭目才能佩帶 3 支熊鷹羽毛，貴族系統 2 支，一般平民可由自己的頭目系統認定佩帶 1 支，其他動物則不在此限，可以製作多樣性的山豬皮、獠牙、山羌鹿角、山羊頭角等。」曾經發生過一些小插曲，若資格不符而自行佩帶 2、3 支羽毛，大頭目會好意

到了 6k 就是第一座涼亭中午休息果腹時間涼亭下方盛開的假赤楊。

請您自動拿掉，比較強勢強悍的頭目有可能直接拔掉，所以，當您要去參加結婚圓舞佩帶前時，先想一想自己的身分地位和家庭背景。

在這裡處理中餐，餐點五花八門、形形色色，視個人的喜愛而定，每次觀察不外乎有飯糰、日式餐點壽司、麵包、饅頭、包子、粽子、八寶粥、巧克力、餅乾、茶葉蛋、漢堡，配合各式飲料，如咖啡牛奶、舒跑、鮮奶、蘋果牛奶、礦泉水、水果等，如果是我們：

（1）力里社區發展協會理事長解秀珍電話：0938076171

（2）umaq食堂花掌櫃電話：0981658300 接團，我們會建議可訂特殊的「獵人餐」，餐盒裡有奇拿富、芋頭、地瓜、花生、山藥、鹹魚乾、芋泥團，其中的奇拿富是小米還是芋頭乾粉都要確認，而包裝葉是假酸漿、血桐亦要確認。

既然走在古道山林裡，不妨品嚐享受排灣族的勇士獵人餐。

另一選項就是香噴噴的煮泡麵，準備登山小型鍋爐就可以迎刃而解了，惟必須多帶 2—3 瓶礦泉水，在深山裡煮食泡麵味道奇香、無比好吃又可以補充熱量，如再就地取材採摘烏毛蕨之嫩莖葉當佐料，簡直是十全十美的人間國宴美味。不過在這裡筆者必須敘述曾經有兩次發生過的糗事，和山友們分享與提醒，帶團當時前一天我答應助理夥伴我帶鍋爐他準備泡麵和礦泉水，結果不曉得哪兒根筋不對，忘記把鍋爐放進背包裡，吃泡麵的高級饗宴當然泡湯了，第二次又是我凸槌發生狀況，鍋爐帶了卻忘記帶泡麵，所幸，平時帶團都會預備「戰備糧食」，檢討兩次失誤的原因，都是因為一大早才匆忙準備各項物品，匆忙中鐵定會有疏失遺漏，經過兩次教訓學乖了，前一晚一定先把物

血桐 (kadaljap)

月桃葉 (ngat)

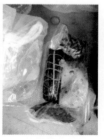

既然走在古道山林裡，不妨品嚐享受排灣族的勇士獵人餐。

品備妥，第二天出發前再把物品逐一清點，利於不疏（輸）之地。

第四節 古里巴堡諾駐在所（quljivavaw）浸水營古道 8.2k

族語 quljivavaw 的意思是凸起來的山之意，歷史不長於大正 10 年（1921）設立，1914 年發生南蕃事件後，考量 malingaling 族人收納太多附近反叛日本軍的部落，於大正 15 年（1926）將此駐在所裁撤，目前遺址只有一棵大黑松以及少量可能是屋基的長方形石塊，是一個長約 10 公尺、寬約 5 公尺的崖邊小平台，是當年古道上支線和主線的重要交通交叉點，日本人稱之為「古道山手線」，其支稜線可下到茶茶頓社群主社 pusavikiyan。

註 20：引自參考楊南郡、徐如林兩位教授賢伉儷一書《浸水營古道－一條走過五百年的路》2014 頁 319－320 及《台東展望》一書。

因駐在所設置在稜線上，現在一般山友們所走的路線，駐在所只能擦身而過，無法親臨目睹遺址，走沒多久您會感覺步道變得寬平好走，就像車道一樣，沒錯，這就是日治時期大正 11 年（1922）2 月，第五次整修與改道浸水營越嶺道在中央山脈的路線。將原本由山頂直下的路線，改為經其北方鞍部越嶺，也就是現在浸水營越嶺古道的路線。第六次整修是大正 12 年（1923）9 月，再度修改浸水營駐在所下方道路，將清代原本陡急的石階路，改修為坡度僅百分之 2.5。以及民國 60 年（1971）代為了執行「林相變更」政策，因伐木、搬運輸、造林開闢而成的林道。

註 21：引自楊南郡、徐如林《浸水營古道－一條走過五百年的路》，2014。頁 222—223

7 公里處前後沿路呈現九芎林生態群。

九芎王對面有一團附生比較長串明顯的垂下書帶蕨，這二張圖片是在不同季節拍攝，展現不同的氣息。

九芎王對面有一團附生比較長串明顯的垂下書帶蕨，這二張圖片是在不同季節拍攝，展現不同的氣息。

這一段路程，您會驚奇發現不一樣的植物生態群落，「九芎群」、「假酸漿群」、「姑婆芋群」、「黃藤群」都在您的左右兩邊相迎招展，九芎群中，有一棵相當粗壯、造型奇特，給它取名為「九芎之王」，樹幹真空長瘤，樹枝繁密撐開，更令人驚嘆的是山蘇、姑婆芋、垂下書帶蕨、松蘿共同附生其中，讓人嘖嘖稱奇，非常符合台灣多元族群融合的概念。

假酸漿葉面特別寬長與西部迥然不同，曾有一位朋友截枝拿到屏東自己的田園插枝栽種，存活長成後發現其葉面還是跟在地的「屏東版」一樣，我想應該是跟土質、氣候、水質有關吧！姑婆芋長得特別強壯，葉面

也特別寬大，可當陽雨傘、排灣族傳統美食桌巾替代使用，還有一項比較特殊的功能，當您在野外皮膚不慎被咬人貓、咬人狗碰觸時奇癢無比而且會越抓越養，奉勸您趕快找姑婆芋，利用它的莖汁塗抹在騷癢處，很神奇的就不養了，是不是跟醫學上所謂的「酸鹼中和」有關呢？

年輕時跟著獵人師父去巡獵場，師父指示我走右側，他從左側，前方60公尺處會合，不疑有詐，行進路徑中一定會碰見咬人貓，當時未帶手套也還不認識咬人貓，結果，右手掌碰觸到了，真的超癢，會面時他鎮定的拔起繫在腰間的番刀採摘姑婆芋莖，請我塗抹看看，果然真的不癢了，離開獵場回工寮後，難免要小酌聊天檢討、分享心得經驗，他正經八百地告訴我剛才的情況，原來師父

到了浸水營古道7公里處，再走幾步就是令人讚嘆的九芎林生態群這一棵九芎王生活並不寂寞，算是在做功德，也有對動植物頗有研究的山友指稱：真空洞裡應該是小動物們棲息生育養身的天堂。

是故意設計的獵人課程，至今，我仍然印象深刻。

　　從第一座涼亭、古里巴堡諾擦身而過到第二座涼亭（出水坡營盤、駐在所），所花的時間約 1 小時 10 分鐘一1 小時 20 分鐘，視腳程速度而定，這第三關取名為「試驗關」，此時，您的大小腿、腳踝、腳掌，可能會出現一些強弱不同疼痠痛的自然反應，有了這樣的現象一定要知會嚮導，好讓給您做一些防範措施，根據幾年下來的經驗法則，我一定會攜帶肌樂、擦勞滅、克痛芬等藥品，以應付不時之需。

古道上 8 公里處前後不同的植物展現旺盛的生命力。

烏毛蕨嫩莖葉可多元煮食

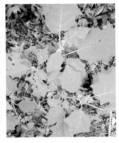

黃藤製作酒甕墊圈鍋也可室內裝飾。

刺茄 (ljasaras) 結果實，成熟後呈黃色，婦女們可串成頭飾。

姑婆芋功能：止癢、遮雨、裝飾，果實是山豬佳餚。

茂密修長之腎蕨，也是排灣婦女製作頭飾迎賓的植物之一。

黃藤可製作大小藤椅

小金石榴（小花野牡丹）

第一節 出水波營盤、駐在所、第二座涼亭（tjuakamuraw）→浸水營古道 9.5k

族語（tjuakamuraw）的意思是指很多原生的台灣柚，但經望來望去、看來看去、查來查去就是連一棵都沒有，推想是不是在民國 50 年代起（1961）伐木造林時全部被砍個精光了。

與力里大社東遷的部落歷史相遇：

註 22：資料由 maljingaljin 頭目後代 giljagiljaw 陳文龍（李亞夫）提供 2019.7.2

東遷三家族：

djakudjakuc、ruveljeng、malingaling 各自於茶茶牙頓溪流域有專屬領域－（台灣系統所屬研究）。

tjaljangatuwan 社的小社 pusavikiyan 內 malingaling 和同系譜 djakudjakuc 頭目家一起，原先從 kaviyangan 社遷到 ralekerek 社居住過。

更早的年代 ralekerek 社的 djaljasupu 頭目家的始祖，從太陽的蛋生下來。

後來這兩家頭目 malingaling、djakudjakuc 遷到 quvulj 暫時定居，然後又轉到 tjuacukes 居住，然而他們兩家頭目在那裡受到 pacaval、kuvaleng、tjalilik、uculin 等社的襲擊，很多人被傷害，因此，djakudjakuc 遷到 qaljapang 定居，而 malingaling 則遷回 quvulj 舊址定居，這兩個頭目家的部下多半離去，分散到現在屏東縣境的 vara lji、tjuaqaciljay、力里母社 ralekerek、tjivavaw 等地居住。

拓殖東遷第一代：

力里大社口傳，malingaling 家族之 qarangbaw 頭目夫婦與力里母社兩家頭目 djakudjakuc、ruveljeng 一起東遷拓殖領域，ruveljeng 家族殖墾大漢山後山及茶茶牙頓溪源頭，而 malingaling、djakudjakuc 則繼續往東擴殖，最後兩家一同建立 quvulj 社，隨後再共同創立 tjaucukes 社，但僅停留兩代，因受到東部其他部落的壓迫 如：pacaval、kuvaleng、tjalilik、quculin，因此，兩家族不得已分道揚鑣，malingaing 重回 quvulej 而

djakudjakuc 創新社至南邊的 qaljapang 社。

清光緒 8 年（1882）設立出水坡營，屯兵有 30 人，清光緒 14 年（1888）東部大庄事件爆發，平埔族與阿美族聯兵攻打清兵，西部軍隊走古道支援被力里大社阻斷，因此放火焚燒力里大社，malingaling 族民其中 7 戶 31 人遷移至 pusavikiyan，malingaling 家女頭目招贅 kaucakic 長子 piya 遷入新部落 pusavikiyan，根據 malingaling 家中典藏的資料證實，清光緒年間在棻棻牙頓社，立為該地社長，清朝官方每月發配 3 洋元（墨西哥鷹洋，當年中國沿海大都以此必為交易貨幣），此為 1874 年牡丹社事件後，清廷派沈葆楨、丁日昌、劉銘傳等大員來台進行開山撫番政策。浸水營古道上出水坡營盤，vuvu piya 曾經擔任過來來往往過路的關卡銀票員差事。（用清光緒皇帝之玉璽蓋印，於 malingaling 家中典藏）。

1914 年發生南番社事件，力里大社聯合排灣族各社叛變，浸水營古道沿線駐在所日警及家人全遭殺害後，日軍強行壓制，將力里大社一分為三，1925 年力里大社東遷 21 戶 76 人至 pusavikiyan，1927 年西遷 40 戶 1931 年 45 戶至歸化門社（kinaliman）。

大正 8 年（1919）新設出水坡駐在所於清營遺址上，但聽老一輩族人說，日本警察半夜值勤時前朝「清兵」常鬧鬼，於是在大正 15 年（1926）遷移至原址西方約 400 公尺設立新出水坡駐在所，但因腹地較小，引水、生活起居都不便，又遷回原址並請當地靈媒殺豬祭拜才平息鬧鬼之事。

營盤址最高點：有 14 個 1 公尺方圍石，全散在山頭上像星辰一樣，長輩說是禁忌，但相傳自古就有了，不知道這到底用做什麼？

縱橫浸水營古道上的主人、傳奇人物：piya（陳加財頭目）

mamazangiljang malingaling piya（陳加財頭目）

接棒人 rangarang(陳文祥頭目)

典藏於 malingaling 家中之墨西哥鷹洋貨幣，感念先輩祖親保存下來視爲證據。

2014 年出水坡社後代尋根

祖靈祭刺球祭典，頭目引領勇士進場

完成祖靈祭使命家臣勇士們與頭目們合影留念

清代餉票歷史證據

71 年後重回出水坡大社 tjuacukes 尋根找到出水坡大社頭目家屋

力里頭目家族與西段後代族人合影

力里頭目家族與出水坡後代子孫合影

力里頭目家族與加羅坂後代子孫合影

生於（pusavikiyan）（1919），歿於（tjuaresir）新七佳村（1991.12.吉日）年輕時期任職浸水營駐在所警丁兼通譯兩次婚姻，第一任妻子為古華社頭目（tjaruljivak）家族之女結婚，但因無子嗣而離婚，其後與力里母社（qacuvung）家族之女（djupelang）結婚，定居於（pusavikiyan）。

1932 年，（piya）時值 13 歲時，日府為了管理方便，將（pusavikiyan）社 20 戶共 76 人，集體遷至 tjuacukes 出水坡社。

1943 年，（piya）時值 24 歲時，日府再因為了管理方便，將已成大社的出水坡社 70 戶，約 50 戶遷至（rurakes），現今台東壢坵村。（piya）不願屈就日府安排，帶 4 戶回力里母社，接收力里社代管權。

1943 年，並未回力里母社之大社 qinaljan，而是回妻子娘家，小社 qangtjuy）居住。

1945 年國民政府接收台灣並於 1949 年（民 38）從大陸撤退來台，台灣再次面臨不同朝代的治理方式，1959 年（民 48）國民政府也是為了管理方便，將力里社集體遷村下山至（malingaling）所屬

的傳統領域，力里山山腳下之 4 處既（tjuakarangan）、（riyaw）、（puljacengan）、（puqainguway）。1972 年（民 61）7 月 22 日，莉泰颱風嚴重土石侵襲，新力里村再次分離遷村，其中居住（tjuakarangan 全部）及 （riyaw、puqainguway 部分） 的族人全被遷至新七佳村（tjuaresir）。

集體下山後之景況，一切從零開始，（kama i piya）頭目發揮了領導統御之特質，帶領指導族人暫時先有個窩避風遮雨，再慢慢逐步的搭建厚實堅固的房屋，從砌石砌磚、交叉樑鑿切、採集建材、芒草等，樣樣精通難不倒陳加財頭目，生長在那個時代的長輩們值得我們後輩緬懷尊敬，我們才有今天安穩的生活環境。

容我敘述個人的真實小故事，彰顯堂叔公無私無我、傳承宗親命脈的胸襟及家族名、人名命名之事宜以及曾經踏查過姑子崙溪、茶茶牙頓溪源頭的歷史過往：

就讀專科四年級暑假時，騎著野狼摩托車前往大漢林道，純粹是野外踏青，沒有設定目的地和目標，騎到 16k 好奇發現路邊有一處工寮，坐著一位老人家正專心的在敲敲打打，原來是在雕刻，我毫不猶豫很有禮貌地跟他打招呼「kama 您好」，他也彬彬有禮的請我坐下，話匣子一開，（kama i piya）先問我：「你是哪一家的孩子，你的名字叫什麼？」，我很「用力」的用族語回答（當時我的族語能力還不是很溜，但是，還沒忘記），我是徐家的孩子，我的名字叫徐美賢，喔、你不是別人，你是我的「孩子」（家族晚輩之意），你就是徐家的老么，將來要當老師的，心裡覺得非常納悶，為什麼這個老人家長輩知道我的身世？當然後來才知道原來他就是我的堂叔公，感謝祖靈的引領遇見該遇見的長者。有成家立業建立獨立家庭時，家屋準備辦理落成啟用，kama i piya 與長輩們討論取「家名」事宜，他想到自己的爸爸（kaucakic puljaljuyan 我曾祖父的大哥）被招贅來到 malingalin 家，從此 kaucakic 家名暫時未沿用懸宕多年，kama i piya 建議由我這個後代承接歷史的命脈，跟內人商量後欣然接受了，這是排灣族非常重要的文化課題。

1943 年陳加財頭目 (mazazangiljan ma lingalin piya) 由出水坡回力里母社後，兼顧農事、文化藝術雕刻，當年就是在這個工寮巧遇，感謝祖靈的旨意與引導。

大漢林道 16k(tjuaqayu、cinakaran) 大平台及緩坡地，上蒼給族人很多的恩賜，所以，這裡的 8－9 戶農墾戶工作勤奮，對人對土地友善相待。

註 23：引用《力里系部落誌第十一篇文化篇》第九章命名篇，由林龜旺老師、林志光校長撰寫 2004，頁 144－146。

A：地名

各個部落除了現在各家所登記的保留地外，原來還包括從深山一直到台東的土地，現已被政府劃為國有林班地，這些是過去祖先們維生的狩獵區，而這些都是有其地名的，大小塊均有，沒有很詳細的界線，因為地方廣闊地名的數量不下有兩千多個，但是，後代子孫只記得常去工作的地名，因此有好多的地名因為沒有使用漸漸淡忘了，現在只能統稱為（vukid）深山的意思。

至於這些名字是怎麼命名的，有些是有典故的，譬如（I pukayan），意思釋放排泄物的地方（故事內容省略），直到約二百多年前才依據該塊土地的實際用途更改其名，如（caceve ljan 墳墓）、（cacevakan 採石場）、（puqarisan 置放熊鷹羽毛的地方）、（puquluwan 置放敵人頭顱的地方）。至於現在力里村主群落（puljacengan 種菜的地方），據耆老的敘述：國民政府剛遷台時（未集體遷村下山前）早有三五成群的族人來此開墾農作物、蔬菜，因而得名（puljacengan）沿用至今。

B：家族名

因為過去沒有文字的記載，很多古時候的事情了解只能透過部落耆老的回憶、講述。據說，部落裡最先只有幾個人，因為近親結婚，生出來的

孩子都是畸形兒，有的眼瞎、耳聾、怪手怪腳的，一直過了好幾代孩子出生才正常，可以自己謀生，成立家庭，長輩們就會為其子孫所成立的家庭取名，因此，只要後世子孫獨立成家，長輩們都依此模式辦裡。

但是若這一個獨立家庭沒有生育或全家滅亡，這個家族名會被保留下來等這個家族有新分戶的，再使用那被保留的家族名，但是該家族如果沒有別的家名，父母或長輩們就會討論命一個新的家名，但是絕對不可以使用別的家族的家名。

文化風俗習慣之不同，在部落裡會有一種情況發生，譬如說，排灣族是「長嗣制度」，如果是長男和長女結婚，而弟妹們都已嫁娶且父母也已往生時，這一對夫妻所各自繼承的家名，只能使用其中一個，而其配偶的家名則會被保留下來，往後世代子孫有新成立家庭者，就可以使用這被保留下來的家名。新成立的家庭，其父母、長輩們會優先從歷代祖先被保留下來的家名中命家名，假若並沒有被保留下來的家名，則要另取新的家名，但是仍要注意的原則就是不得與別的家族中的家名重複，所以新獨立的家庭夫妻，在日常生活中的行為舉

止要特別謹慎，因為這是長輩們替新家庭命名時所參考的重要依據。有一種現象是一對新人結婚後理應從原來的家庭分戶出去，但是這對夫妻卻遲遲不離開原來的家庭，其父母或長輩們可能就會給這個新組成的家庭取名為（ljatjavang）意思是寄居的意思。對於家名的命名，包含頭目的部分，一直到現在還是遵循上述這些原則。

c：人名

當孩子一出生，父母或長輩們就會找出孩子的祖父母（包含外祖父母）以上的輩分的名字來繼承，其所繼承名字的人不一定是已往生的親人，活著的人也可以，只要是祖父母輩以上的輩份就可以讓新生兒來繼承。並且，一個名字是可以同時讓不同的孫子共同來繼承，比如說，若有五個兄弟姊妹，在他們各自所生的孩子中，可以共同繼承五個兄弟姊妹父親或母親的名字，假設五個兄弟姊妹的父親叫（giljaw），如果兄弟姊妹們都各生了兒子，都可以取名叫（giljaw）。也許有人會認為這樣到最後都分辨不清楚了，別誤解，因為他們都屬於不同家的（giljaw）。所以在部落裡，叫一個人的名字時，連家名要一起叫，例如：「paljizaw a giljaw」，（paljizaw）是家名而（giljaw）是人名。

現在新生兒的名字經過雙方家族、長輩們的討論議決後，會利用滿月酒宴客時宣告，並由家族長者或地方士紳來鄭重宣佈，好讓與會的親朋好友清楚明白名字的來龍去脈。

（a）取人名的一般原則：

不可以取別家族祖先的人名，尤其是頭目家族，但是若有頭目血緣的子女和平民子女結婚時，其所生的孩子是可以取頭目家族的人名，理所當然要經過討論才能定案。

父母可從歷代祖先的名字中挑選，用來取自己孩子的名字，但最為忌諱取用凶死意外者的祖先名字。

（b）另創名字而繼承祖先名字的情況：

生了好幾胎都是女孩子時，若再生女孩子時，便取名為 tisaiviq，意思是通通都一樣。

若接連生了好幾個孩子都不幸夭折，再生出來的男孩很可能就會給他取如下的名字：（tiqipu）意思是泥土、（buraq）意思是爛掉、calivat 意思是經過、tikurilj 意思是枯乾，而這些孩子長大後 沒有夭折時，才正式從過去祖先的名字當中重新取名字。

（c）乳名與成年名之對照：

男生	
幼兒名	成人名
ljuwa	puljaljuyan
dadang	rangarang
kibu	kuljelje
ngeljay	piya
djudjuy	cudjuy
女生	
幼兒名	成人名
nini	sauniyaw
ruku	tjuku
perang	djupelang
kabing	babing
ipi	selep

1943 年離開台東回力里母社後，台東聚落（pusavikiyan）、（tjuacukes）、（satip）等聚落已無人煙，前塵往事午夜夢迴時仍歷歷在目，為了讓母社的年輕族人了解 tjaljangaduwan 茶茶牙頓溪流域是我們大力里社的傳統領域，經常帶領年輕壯丁前往狩獵，最具代表性得意門生的人物是劉明福長輩（kaka i cingul），從 70 年代起將近有 20 年的光景，起先由陳加財頭目 piya 帶領走古道，最遠至出水坡社，等陳加財頭目 piya 有年紀了，獵場領域步道也熟悉了，再邀家族夥伴一起前往打拼，他形容當時的古道形同獵徑不

像現在的寬暢，但因為偶有國軍部隊山訓演練行走，古道雖變成步道但還是暢通無阻，總比一般的山徑好走許多。

據老一輩的族人說：陳加財頭目piya年輕時期時常遊走東西部自己的群落族人，想念哪邊的族人就會利用安排時間前往探望關心，族人得知後都會奔向走告「我們的頭目來了、我們的頭目來了」，族人都會以誠懇的態度來迎接善待，彼此共飲共唱共聊，沒有賓客頭目平民之分，而是融洽盡歡的一家人，猶見可知，陳加財頭目piya深受族人們的喜愛和歡迎，因此，我肯定推斷他的行腳和心態，並沒有把部落族人當成他遊走時的「行館」。如同現在malingaling的掌門人陳文祥頭目rangarang善解人意、謙和有禮。

前述有提到他在建築方面的專長，其他方面也不遑多讓，如竹編：腰籃、竹籃子、米篩。藤編：像黃藤編製墊甕圈、牆壁裝飾、番刀握把纏繞等。一般藤像墊鍋圈。另外月桃編的草蓆、置物箱、小置物箱、番刀鞘、鐮刀架等。

以上傳統技藝樣樣精通。另一項卓越精湛的表現是100m、200m、撐竿跳的常勝軍，雖不如當年世界頂尖的楊傳廣國手，但能夠在運動場上馳騁跳躍，也是留下非凡不朽的評價。如果，把他的專長領域綜合起來遠遠超過10項，所以，他是名符其實的十項全能天生好手。

遺址佔地面積非常大，僅次於大樹林駐在所，分為上下兩個區塊，還有水泥屋基、廁所、儲水槽、坡道、升旗台、酒瓶、醬油瓶、碗盤碎片等。

出水坡神社（djingdja）：位於出水坡駐在所西方約40公尺，僅剩下基石，浸水營古道上只有兩座神社，另一座是在西部的力里社，小時候聽我媽媽講故事，日治時期早晚的暮鼓晨鐘響起，聽到了要朝向神社立正目視，如果沒有按規定做被別人檢舉是要受到處罰義務勞動。

古華系的頭目也參與此次的活動,看她微笑的表情應該是 ok,因為,她是運動健將。

日治時期升旗台、番童教育所。

遵循古禮文化遙祭先人,告知後代 vuvu 來了,祈求順利平安。

第二座涼亭休息補充熱量區,期許下一段旅程順暢穩健。

第二節 鐵甲戰士穿山甲（qam）的領地:→浸水營古道 10k

　　離開營盤、駐在所前,先提醒山友們之身體狀況,大小腿、膝蓋、腳踝感覺痠疼,不要硬撐趕快噴灑肌樂、擦拭擦勞滅、克痛芬,檢查個人裝備,尤其是登山拐杖需要高低調整,如果沒有自備拐杖就要準備就地取材,因為,以下路程有三分之二是下斜坡、三分之一是稍平緩,很需要雙腿及膝蓋的支撐力,針對「一般山友」在行前會告知強力建議穿專用登山鞋或雨鞋,遇到坡度比較傾斜時會苦口婆心提醒重心降低以側面、螃蟹走方式行進,沿路也有裝置麻繩設施可以抓穩身體,發揮手腳並用功能,保障每一個山友之安全達到團進團出合作愉快的旅程。所以,我把最後一關稱作是強渡關山、終極挑戰關,希望這樣的形容詞不會嚇到大家,這只

是針對提醒一般的山友，但只要緩慢腳步，一步一腳印前進相信自己的潛能和意志力，除非發生不可抗拒的狀況，唯深信團友夥伴們不會置之不理，一定會全力相挺扶持共同走出有生命的山林。

走沒多久路旁兩邊有類似砌石墻的舊房子，沒錯這是（pasanavaljpakaleva）9戶家族系統曾經居住過的遺跡。

繼續走到浸水營古道 10k 處，前後沿路類似拳頭碗筷大小不一的洞穴呈現眼前，這就是號稱「鐵甲戰士」卻又非常膽小的穿山甲洞穴，早期族人們會利用此古道千里迢迢來此地區捕獵販售，彌補家庭生計所需，其方法因人而異，有的用獸夾、鋼索埋設置放於洞口，有的利用雜草、枝葉、五節芒往洞裡煙燻，等牠鑽出手到擒來，當然，你要觀察判斷巢穴是新挖的還是舊挖的免得您徒勞無功。現在族人的思維模式已跳脫過去的舊巢，守護保育山川的動植物是大家的宣言和共識，另外，造物者的神奇給予穿山甲特殊的保護自己方法和功能，牠其實是哺乳動物，身上的鱗片是毛髮轉變成的，以方便鑽行洞穴，遇到危難時，只要全身捲起來成為球形，一

般動物就無法咬食硬殼了，牠為什麼喜歡鑽行洞穴呢？因為牠非常喜歡吃白蟻直接替植物除害，所以，算起來牠是很優質的森林保育員。

過了出水坡走到浸水營古道 10k 處就是鐵甲戰士 qam 的廣闊領地。

過了出水坡走到浸水營古道 10k 處就是鐵甲戰士 qam 的廣闊領地。

第三節 碩果僅存之樟樹王（rakes）及穩若泰山之板根群：→浸水營古道 10.7k

繼續走穩步伐走到平坦筆直的 10.7k 左側地方，有棵高聳蒼天的大樹，我給它取名為「樟樹之王」，這棵樹幹粗壯約有五、六人才能合抱，靠近它香氣醇厚逼人，但千萬別用刀砍刮傷害它。我在想如果它生長在別處早就被山老鼠啃食掉了，所幸他在古道旁才能屹立不搖至今。夠細心的話，您也會發現楠樹、印度栲群落的板根，造型相當奇特蔚為奇觀，讓您讚嘆大自然的奧妙。

對樟樹王的態度：每到這個地方，我一定會柔性鼓勵山友們駐足去親近擁抱它，這個小動作是耆老們千古相傳的口述：「輕擁輕拍輕吻它，會給您帶來福氣、幸運、平安。」

印度栲：有機緣與楊國禎教授歡喜相遇，得知印度栲的功能葉片大小如同一般人的手掌，葉背呈灰白色，鋸齒明顯，會長出果實，樹主幹是早期族人培養香菇的最佳樹材，無怪乎這一段古道旁之印度栲，主幹粗壯堅實但有被鋸砍過的痕跡。嚴格說起來，它也是我們人類的好朋友，因為，他曾經犧牲小我陪伴我們人類度過艱辛的歲月。

約 5 至 6 人合抱大樹　　每次重逢備感親切

第四節 出水坡山：→浸水營古道 11k

俗話說：「山不在高，有仙則靈，水不在深，有龍則靈。」出水坡山雖不高，標高只有 655 公尺，但山頂上有 1196 號二等三角點界標。登山就在古道旁約 30 秒即可登頂，此山本有極好的風景，卻因茂密高聳的山樹障礙視野，雖然如此，但這個三角點垂手可得，既然來了拍個照收集三角點的點數是一定要的！

這個地帶地勢平緩常有野生動物出現，如山羌、穿山甲、雉雞等，這三種野生動物看見人類經過時，並不會逃跑而是留在原地靜觀其變，當您靠近想要近距離拍照時，它們會躲到樹幹後方，這樣的現象是不是長期遇見人類之故，還是人類山友們違背天然法則進行餵食動作，造成它們期待的心理毫無畏懼之感，如果是我帶的團，絕對雙向溝通禁止餵食，避免影

響它們求生技能或受到人類文明病的侵蝕，因此，友善的打個招呼是最佳的相處策略。

出水坡山就在浸水營古道上 11k 附近等您探訪 12k 處是東段相思樹林之生態區。

第五節 相思樹林→木炭窯：→浸水營古道 12k － 15.4k

再繼續前進就到了緩下坡的地段，整個林相慢慢改變了，很多中低海拔的樹種呈現在您的眼前，此段是相思樹林重要的聚集處，高大粗壯、根盤結實，在 4 － 8 月份剛好是靈芝生長的季節，經過這一段時不難發現許多的靈芝。不過，我挺好奇為什麼東部的族人不曉得這裡有高檔的黃金可以採摘販售，這也好保持古道生態平衡原則，讓古道上的生命線更加豐富、綿延不絕。

相思樹盛開黃花季節是在 5 － 6 月，尤其在西部大漢林道 4k － 16k，因視野廣闊點綴的黃色世界盡收眼底，賞心悅目，而東段的部分由於已成原始林，視野受到限制阻礙，只能欣賞地面上生氣蓬勃的靈芝。靈芝附生在相思樹或黃荊靠近地面枝樹幹上一般的農友均明白自己常去採摘的地方，鮮少去闖入其他農友的領域，這是排灣族優質的尊重文化。一般採摘後清理雜質，室外日曬，如常下雨就必須置於室內做特殊處理，類似處理芋頭乾－烘乾。

成熟造型特殊之靈芝，有的農友不販售，隨興組合創作自己喜歡的藝術品，擺設於客廳或不同的角落，雅人共賞。

木炭窯之結構與功能前已敘述不再重複，由木炭窯現場遙想 50 － 60 年代間，族人辛苦生活的一面，從建蓋木炭窯、砍伐、人力車運、牛力車運、燒炭、木炭販售、造林，這些勞力的工作都是我們東西部的族人胼手胝足、一步一腳印共同完成的，也因為這樣的措施，先輩們才有機會謀取微薄的工資養活家裡人，我們家也不例外，我的父親就是這樣熬過撐過那一段艱困的歲月，才有今天的我們，個人年長後內心那一股充滿著緬懷與感恩的心從不曾間斷過，感謝有您在有生之年全力付出與呵護，使我們徐家繼續繁延下去。所以，每次經過這裡時會油然升起強烈的悸動，令人發思窯之幽情。

據宋教勝耆老口述：在日治中後期，日本人早已開始指導族人如何建蓋木炭窯的技術，土質的挑選、長寬高的設定、地點的選擇、火候的拿捏、材質硬耐度等能力，因此，當林務局開始製作木炭時，其所建蓋的木炭窯，就是委請我們有經驗的族人來建造。時至今日，雖已遠矣，但畢竟是經歷過、感受過，在族人的生活發展過程中，也該算是一部珍貴經典的「族人生命史」。沒有瓦斯烹飪煮食

的年代，人類只好發明製造木炭的技能，以因應生存之道，延續生活作息，進而再進化改善生活品質，生活在那個年代的人，不得不讓我們豎起大拇指稱讚他們的生活智慧。

民國 110.11.19 帶北部山遊團，古道 12.5k 下坡路段還未設置繩索，對「一般」的山友及年齡層偏高的團友，險象環生，造成解說員相當大的身心壓力經向上級反映，於民國 110.12.8 再帶團（海巡署）健行時，已改善設置繩索，心裡非常踏實歡悅，由衷感謝台東林管處，這麼貼心的設施。

經過該路段時，對於人高馬大的山友們可要小心，因為，路基狹窄，頭頂上又有岩壁，必須防範重心不穩的可能性，當然，我都會提醒。

古道13.5k又有黃土下坡路段，下雨時非常濕滑，一定要緊握繩索一步一腳印，力保個人的安全，才能快樂的出關，完成壯舉。

真正要接受考驗的路段，就是這一段13k至14.1k，因體力耗盡、雙腿無力，只能側面一小步一小步前進，尤其重量足夠的更是辛苦哀號說「奈阿捏」，而原住民會喃喃自語說：「airiva iniyanga kakena sa djemekuwac 我不想再走路了」，此時，我會發揮施展心裡輔導角色，時而安慰時而激起他們的終極戰鬥力，再不然就請夥伴們一人或二人或三人幫忙扶持，用牽的、扶的、拉的、抬的到平路休息。

13.8k至14.1k將近有300公尺的路段為下坡難行，所謂「難行」指的是大家的體力體能幾乎都已耗盡，只能憑藉著極度超凡的意志力。過了木炭窯路況都很平緩，但千萬別高興得太早而受騙，真正的難度在後段，開始下坡時才考驗自個兒的腳力，下坡前覺得雙腳疼痛或抽筋的徵兆趕快噴肌樂，徹底執行「預防重於治療」之理念，尤其這一段路土質非常滑，沒有下雨還好，如真遇上濛濛細雨可就要發揮「一步一腳印」的真功夫，有時走路邊的草叢止滑反而比較安全，同團之間，誰的體力好就應主動去協助攙扶或幫忙攜帶背包，同舟共濟，完成團進團出之壯舉，所以，才把這最後一關列為「終極挑戰關」，如同人生的際遇過程要堅持到底，才有成功的機會。

接近平地第一道林班路上方約50公尺地帶及14.5k前後，有好幾棵

是浸水營古道上特有的樹種－石櫟，每年 11 － 12 月果實會成熟而自動掉落滿地，是山豬果腹的最愛，所以不難發現石櫟的周圍有山豬覓食的足跡，根據經驗豐富的勇士，鐵定會在附近埋下重重的機關陷阱。而七里香、無患子也不甘寂寞林立其中增添豐富古道上之植物生態。

古道上石櫟果實是山豬的最愛

古道上的無患子，果實可當肥皂。

七里香是盆栽界的寵兒。

　　走完下坡路來到平地第一道林班路，可以深深的呼吸一口氣恭賀自己脫離苦海，因為接下來再怎麼走不動，用牽的、扶的、抬的、背的都可以想辦法處理，經過小拱橋時注意兩

旁的咬人狗，千萬別碰觸增加您的痛苦，到了溪底營鐵門也有咬人狗，這兩處路旁均有姑婆芋，不小心碰觸上了可以派上用場學以致用。

精緻可愛的小拱橋

咬人貓 (ljakidjur)

咬人狗 (valjlu)

15.0k 是平地第二道林班路您就在茶茶牙頓溪下游的上方行走。

颱風草，葉片觀察會有摺痕，摺痕幾個表示今年的颱風幾次來襲，這是老人家口傳下來的經驗談。

第六節 溪底營、苗圃、吊橋、終點站：→浸水營古道 15.5－15.9k

據老一輩的口述，當年的林班工作地點，如果是在東部的茶茶牙頓溪、姑子崙溪流域，西部的族人就必須乘坐公車由枋寮車站坐到大武車站，再由小型的接駁車載到苗圃或林班工寮，相反的也是如此，前期的林班工作已提過，後期的工作就是砍草、疏枝期望樹苗快快長成大樹，苗圃這個地方承載了林業歷史的轉運站。溪底營佔地非常寬廣平坦，由遺跡可以看出砌石水道之排水設施規劃完善，當年移種的檸檬桉樹、光臘樹、台灣欅已長成林，其他自然生長的七里香、黃荊埔姜、血桐、朴樹、山棕樹等也長得欣欣向榮。

姑子崙吊橋滄桑史：建於大正 6 年（1917），橫跨茶茶牙頓溪上，理應稱作茶茶牙頓吊橋，但因當時姑子崙駐在所正好設在溪底營（苗圃）的北邊而得名之，大正 7、8 年（1918、1919）連續 2 年被颱風吹襲損壞，又在大正 10 年（1921）重新架設吊橋，現在所看到的吊橋遺蹟，是大正 15 年（1926）重建，時隔 90 餘年僅剩橋墩了。感恩楊南郡教授在完成浸水營古道調查後，於 2003 年（民 92）強力建議一定要重建姑子崙吊橋，促使山友們安全無慮，萬一山上來個急雨使溪水暴漲，山友們不可能再走回頭路，硬闖「強渡關山」的結果，有可能被急流沖進太平洋將情何以堪。有關單位接受建議。在 2008 年（民 97）姑子崙吊橋新建完成，走在橋上涼風徐徐一定要心存感激，慢慢的悠閒的走穩，欣賞茶茶牙頓溪、姑子崙溪匯集的風采及大武溪壯闊的溪床。

通過了清風拂面的姑子崙吊橋，第三座涼亭呈現眼前，如果不是防汛期（8、9、10 月）接駁車可以來此載運大家前往大武火車站，事先交待接駁人員協助煮泡麵，吃喝幾口熱騰騰的泡麵，補充流失的體力，也是一種另類的享受，忘記剛才的疲憊，有一種完成偉大壯舉的感覺，畢竟在人生的旅途中您添上了不朽的色彩。但如您選擇了防汛期接駁車就無法來此載運，只能有兩條路擇其一才能走出困境，第一條路是順著大武溪而下，期間有好幾處河段需要過河，跌跌撞撞走到加羅坂活動中心約 1 小時 40 分鐘。第二條路難度高，但水性不佳者通常會無奈的選擇這一條路，這一條路之所以形容難度高，是因為有三座小山必須爬上爬下，本來已經消耗

體力、疲憊不堪了，此時就必須發揮「終極挑戰」的強忍意志力，才能到達部落上方與接駁人員會合，這一段崎嶇難行的山路大約要花 2 個小時的時間，得視「團體戰力」而定。

第三座涼亭至加羅坂部落原本有開闢在山腰間的林道銜接，但在民國 98 年 8 月 8 日發生嚴重的莫拉克颱風災害，亦使林道多處崩毀無法通行，才會有涉水或高繞三座小山之困境，所以，建議山友們防汛期間考慮是否要踏查古道，除非您是登山客的高手，提到這個山腰林道讓人覺得非常可惜，因為，林道沿線您就無法目睹欣賞國家級、世界級到處林立的七里香，如果能修護恢復原來的林道，就沒有所謂的「防汛期」困擾，也將是國人喜愛接近山林的福音。

不過，根據徐如林老師的真實敘述，她於民國 111 年 4 月間曾走訪古道，第三座涼亭（終點）至加羅坂部落之林道已修復可通車，但尚未對外開放車行，只能步行不需再高繞爬上爬下了，期望林管處早日開放車行，嘉惠全體國人山友們。

從 1 月至 3 月正是紫斑蝶越冬的季節，根據專家研究指出，台灣紫斑蝶之棲息地將近有 30 處，而大武紫斑蝶棲息地就在茶茶芽頓溪和姑子崙

溪匯流口上方的苗圃，自 2003 年起林務局台東林管處大武苗圃地區現大規模的越冬型蝴蝶谷，初步估算數量超過 30 萬隻以上，堪稱是台灣目前最大的越冬蝴蝶谷。

註24：參考《台灣大武苗圃越冬蝴蝶谷蝶類生態研究》，趙仁方、陳東瑤。

這個位置正好位於浸水營國家森林步道旁，但有關單位還沒有訂出經營管理發展上的策略，所以，奉勸山友們不要硬闖去干擾它們的生態環境。

從第三座涼亭（15.9k 終點站）乘坐接駁車至大武火車站，大武溪河床便道擇中央路線，未能接近溪谷旁，因此，無緣目睹面見成群的紫斑蝶蹤影，只有在 1 月份帶團行走古道時才巧遇發現僅有的一隻，實屬難能可貴。

當年至今由東往西之起點。

當年造林時期的蓄水池也是美國「林業專家」的游泳池。

檬桉樹比電線杆還高聳粗壯，形成另類的平地林道。

當年的吊橋應該是比較會搖晃，可想而知先人們備感辛勞的心境。

現代吊橋在材質、設備上絕對是比較優質，過往之山友們可安心渡橋。

三月初下午四點多大武溪呈現出來的壯觀景緻（相片達灣提供）。

茶茶牙頓溪下游

春日鄉公所的同仁們，走在姑仔崙新吊橋，準備出關迎向光明的終點。

防汛期大武溪暴漲接駁車無法接駁，只得再花兩小時高繞三座小山到部落上方才能被接駁，而這張圖片既是古道終點也是高繞起點。

茶茶牙頓溪與姑子崙溪匯集處成為名符其實的大武溪。

恭喜春日鄉公所團隊完成「不可能的任務」，不愧是柯自強鄉長優質的團隊，有智慧、有體能、有擔當，把滾動式的行政效率運用得淋漓盡致，春日日安加油！

除非沿著溪谷才會與數萬成群的紫斑蝶相遇，在古道上巧見一隻實屬難得。

第七節 古道上東段聚落加羅坂、大武

　　加羅坂：現在的加羅坂部落跟其他的部落一樣勤奮工作賺錢，在民國60年代族人曾興起種植大量香茅草為業，煉製成香茅精油，改善居民經

過了吊橋抵達第三座涼亭就是終點，您也成了歷史上重要的、舉足輕重的人物，恭喜您完成壯舉。

濟條件，把自己的家屋逐一擴大改建
為現代的平房或樓房，加羅坂部落的
先人前輩們與力里社族人淵源頗深，
像現在的 malingalin rangarang（陳文
祥頭目）、kapalilj buka（許石貴前
輩）都還有往來值得欣慰（時常幫我
們接駁的邱義夫賢伉儷，稱呼許石貴
前輩為表舅），其他的族人聽說也有
關係，但牽涉到「家族性」之因素在
這裡不予贅述。

茶茶牙頓溪與姑仔崙溪匯成大武溪

加羅坂部落精緻小而美，是現在浸水營古道迎賓
送客的唯一據點。

從加羅坂部落往大武村的道路高處可眺望無邊無
際的太平洋，領受心曠神怡的滋潤。

加羅坂部落入口意象－山豬和山羊，頗有獵人勇
士的風采。

這些黃牛推斷應該是荷蘭時期自印尼引進的後代
子孫，這個牧場是介於加羅坂和大武間廣大的盆
地。

大武：大武原稱巴塱衛，原有排灣族巴塱衛社，從清朝時期道光年間起，平埔族、漢人陸續的沿著浸水營古道來台灣東部定居，當時的巴塱衛可説是移民的中繼站，現今的大武分局是日治時期「巴塱衛支廳」的遺址，林務局大武工作站也是日治時代「大武神社」的遺址，目前大門前的台階仍是過去完好如初的參拜道，大武工作站後方有良好的木棧道步道，走完浸水營古道還有時間、體力的人，不妨再安排上去走一走，在小山頭上往太平洋近望，可以清楚看到太平洋上最接近台灣壯觀無比的黑潮，當年的古道東段起點就是大武街尾福安宮旁，經大武神社下方，然後走溪邊山腰路徑經過加羅坂到溪底營（苗圃）。到了大武街上，時間充裕的話，可在大武車站周邊尋找店面餵食五臟廟，否則就要驅車或乘坐火車前往西部枋寮果腹，為浸水營古道之旅劃下完美的句點。

註25：引自《浸水營古道－一條走過五百年的路》徐如林、楊南郡，2014，頁328－329。

大武火車站軟硬體設施完善，讓不同族群的旅客賓至如歸，平安喜樂。

大武火車站軟硬體設施完善，讓不同族群的旅客賓至如歸，平安喜樂。

第八節 古道上與排灣族傳統文化密切的植物－桑樹（ljisu）、榕樹（djaraljap）、山棕樹（valjevalj）、無患子（zaqu）

俗話説：「與君一席話，勝過讀萬卷書。」有些知識、常識並不一定是在書本上可以得到，就如同現在要敘述的桑樹、榕樹、山棕樹、無患子之小典故，經由靈媒柯千花女士解説、徐美賢整理如下：

這三種樹的葉片與我們春日鄉北三村（力里、歸崇、七佳）還信奉傳統宗教者，在生命上、生活上、文化上都有著息息相關的裙帶關係。

桑樹的葉片幼樹和成樹截然不同，幼樹葉片形狀彷彿三座尖山排列著，葉片形狀則呈心形狀，隨著樹齡成長而緩慢的蛻變，根據曾昭雄教授説明它是一種演化、返祖的植物特殊現象。

桑樹的果實就是桑椹，小時候因零食匱乏，常到野外去採摘解饞，是鮮明的童年記憶，至今無法忘懷。

部落勇士獵到獵物時，宰殺前，獵物上半身（五肋骨以上）得請靈媒祭拜，表示感恩土神、河神、祖靈。此時靈媒會使用幼樹桑葉，而桑葉須摘採道路上方的，切記不可在馬路下方採摘，下方意味著不潔淨、不莊重、不夠神聖，這是老祖宗千萬交代的禮俗與規範，勇士獵人遵循此規矩保證您來日鐵定會繼續錦上添花，源源不斷。

榕樹葉的角色是與桑葉天生一對，除了上述捕獲獵物時的祭禮需用外，其餘的文化祭儀上也同時需用，功能性是一致的，角色沒有此優彼劣而是相輔相成。每逢收穫祭（豐年祭masalut）、祖靈祭（五年祭）各項祭儀祭典活動中，都少不了桑葉、榕樹葉存在的意義與價值。

山棕樹：浸水營古道東西段海拔在 800 公尺以下地段區域，還有一種植物與我們排灣族的生活環境衛生有著密切的關係，這個植物名稱是山棕樹，它分佈於東部溪底營營盤遺址上方 300 公尺以下至茶茶牙頓溪、姑子崙溪、大武溪之溪谷、野溪旁，西部分佈則以大漢林道 16k 以下沿路上下左右均有它的立足點隨處可見。

它主要的特色終年常綠，生命力特強，莖部修長硬中帶柔，葉片細長，是製作大、中、小掃帚的最佳材料。清掃效果奇佳事半功倍，廣受族人的青睞喜愛。更早的年代，族人也採摘製作成蓑衣、斗笠。前提及的桑樹與山棕樹分佈的範圍大致相同，長相伴出現彷彿好友。榕樹則不然，頭目、靈媒會在部落、工寮周圍栽種幾棵，一方面國土保安、水土保持，二方面因應祭儀祭典活動葉片使用。在此再次見證老祖宗自成一套與環境共處的生活哲學。

無患子神秘的真實故事與角色：從古老的年代到現代文明，隨時代大勢一直推進，力里社仍有 2 / 3 的族人，依舊延續與實踐著傳統宗教古禮。雖然現代的宗教信仰自由多元，彼此相互尊重與欣賞，卻是從過去的生疑、猜忌、對立，轉型跳出舊巢而

來的，我想這就是民主制度下所孕育出來兼容並蓄的文化風貌，也是台灣民主核心價值之一，當然，更是台灣經過這麼多年的努力所呈現的「美麗寶島」之實踐。

本族群雖然因不可抗拒造成遷徙與天災而分奔離析，到現在依然是互通往來、關心護照，靠的就是對「族人文化」那一份執著與認同，而凝聚這一份力量的主因，除了本身的內化性、族群的共通性外，最大的驅動力莫過於頭目、貴族、靈媒之潤滑功能。由此可見，靈媒在部落裡扮演的角色更是舉足輕重、無可比擬。

註26：資料引用《力里部落誌第八篇 巫師與巫術》，高崑雄、翁玉華所整理撰寫的前言， 2004，頁80。

我們的部落何時開始有巫師及巫術？因為沒有文字記載再加上年代久遠確難以考證。然而，一項不可抹滅的事實是，在這科學昌明及部落門戶開放的今日，新觀念、新思維以及現代化的生活方式之下，我們部落仍然還有一些人苟延殘存、堅強又執著的固守文化的最後一道防線且無怨無悔，她們就是可敬的文化鬥士巫師。

由於她們要取得巫師的資格極其傳奇和神聖，不是部落中任何人自由意志可以取代的。所以，力里部落現在還保有這一些人的生活空間，確實難能可貴。對於這充滿神秘感和原始風味十足的文化資產，更應該極力維護和保存才是正途。

靈媒的誕生非常玄機特殊、神奇奧妙，可遇不可求，據靈媒耆老撰述：「若是與靈界有緣份，祖靈會在您夜晚入睡後，在恰當的時辰『神不知鬼不覺』將無患子放在您的身旁，早上醒來時您就會發現這神聖的『聖品』與您共枕眠一夜，這時切勿緊張不知所措，趕緊告知家人及會知您所屬家族的靈媒。」

當這個福緣降臨在您身上時，您所屬的靈媒及家族長輩會指點迷津，如何辦理各項祭儀以示尊重接納，不外乎下列幾項：①殺豬拜拜祭儀活動，以示宣告宗親族人。②師徒制訓練，包含了祭詞背誦、了解真義。③真槍實彈上戰場實習演練，師父仍在現場引領輔導。④靈媒之間時常縱橫聯繫相互請益。⑤別的靈媒有場域時，可撥冗參與聆聽學習順道協助一些事務。⑥鄉內或部落有大型文化祭儀活動時、大家全員出動共負起靈媒該負的責任。

力里系部落尚有九位靈媒健在，分別是：

① （qauresing qedeves）賴愛

② （talevetev babing）卓金雀

③ （tjamalja babing）柯千花

④ （tjamalja djupelang）傅鈺茹

⑤ （vuruvur maukay）尤秀枝

⑥ （taljangtang maukay）卓秀花

⑦ （piraljiz maukay）楊美玉

⑧ （paricing karuy）盧錦秀

⑨ （ljrucevungan kereker）胡雅文

　　我有一位非常好的知己朋友（吳金旺主任），曾經很慎重很慎重的告訴我：「那怕是最後一根稻草，我仍然堅持我的信仰－排灣族傳統信仰。」當下我沒有給予清楚或模糊、肯定或否定的回應，這樣的議題還真找不出合理的標準答案，因為，在現今多元社會的氛圍下，每個人都擁有自由意識的自主權，不過打從心底我還是非常欣賞他的堅持與執著。

註 27：引用《力里部落誌》第八篇巫師與巫術 高崑雄、翁玉華所整理撰寫的結語，2004，頁 86。

　　力里部落的巫師及巫術是存在久遠的文化習俗，今日雖然受到主客觀因素的衝擊而逐漸沒落。可是，它曾經是部落重要文化以及部落人精神支柱倒是不爭的事實，所以，至今尚有些許人仍然沿襲此傳統並勇敢的游走在新社區、新觀念、新思維以及新的生活習俗的隙縫中。這種執著就像是在酷熱的柏油路面上，仍可見那小草叢其中伸出翠綠的生命般，它是如此精神抖擻和充滿希望的迎向陽光，對自己文化的堅持和珍惜，她們的表現真令人敬佩。

　　前述巫師巫術與無患子（zaqu）是密不可分、一體兩面的裙帶關係，無患子在排灣族的傳統文化、傳統宗教信仰上的地位是舉足輕重，相當重要不可或缺的角色。舉凡排灣族需要重要決策定奪時，就需要透過靈媒利用無患子、ljui（vuas 葫蘆製成的）進行占卜（pakivadaq），詢問祖靈的意願是否同意不同意？此時，靈媒利用（ljui）將無患子放在手上迴繞好幾圈，口中不斷的念念有詞，等待時機成熟時靈媒會提起無患子於葫蘆（ljui）正上方約 10 公分，然後輕輕放下，如果，無患子留住於 （ljui）正上方未滑落下來，表示祖靈欣然同意我們所懇求的，相反的就是不同意，但據靈媒之敘述，為了問清楚弄明白，就如同時下流行的那一句話：「打破砂鍋問到底」，靈媒會反覆幾次再詢問並做同樣的祭儀動作，是與否就由祖靈做重大的抉擇，族人們只能謙卑遵循祖靈下達的指令。

族人需要占卜時靈媒所要準備的靈魂器具有①桑葉。②葫蘆製成的。③無患子。④竹杯。⑤小型置物箱。⑥豬骨頭。⑦小刀。⑧背袋等，理所當然，要占卜前必須跟當事人雙向溝通，需要訴求占卜的內容是什麼？大概不外乎有下列狀況：①族人生病，是什麼病？如何治療？②種植芋頭是否適合？因為擔憂家族中有婦女懷孕。③灑種小米是否適合？跟前述的狀況一樣。④迷路失蹤了。

　　我本身應算是比較特殊活生生的例子，且讓我誠實的娓娓道來描述：

　　民國 92 年被族人推舉為力里社區發展協會理事長志工的義務工作，恰好是五年一次的力里系祖靈祭，加上是陳文祥頭目家族的左右護法之一，但又因為家裡已信奉基督教長老教會之故，在這樣多元多樣的角色扮演中，我頓時不知如何取捨？經多方的商議，我提出個人的想法，那就是以「傳統文化的立場扮演文化使者」共襄盛舉，經秉告駐地牧師及長執同意，又向當時還健在的（mazazangiljan kaulesan tjuku 高 美枝）靈媒占卜，結果一次 ok 同意，心中那一塊沉重的石頭頓開，令我喜出望外、雀躍不已，直到現在我仍舊還是非常熱中參與文化活動，希望循著力里系的文化軌跡傳承發揚並順勢帶動後輩，使之在台灣島的舞台上繼續綻放光芒，感謝上帝的恩澤、祖靈的呵護。

山棕樹功能多元

拜拜時要準備①木板 ②榕樹葉 ③桑葉 ④相思樹皮 ⑤舊乾骨頭 ⑥小米梗，再將已殺好的①豬肉 ②豬腿 ③豬腳 ④龍骨按順序排好，依主家今天拜拜之需求性質，靈媒開始使用特殊的祭文祭詞音調與神明溝通請求，使主家驅危轉善、順利平安。

靈媒拜拜時應有的工具有：

葫蘆、杯子　　　　　　　置物箱　　　　　　　　　背網袋

無患子果實　　　　　　　小刀

第四篇
古道上排灣族語詞彙摘錄

第一篇 走讀浸水營古道－再續前緣

第一章 看見歷史和古道的緣分

第一節 葡萄牙時期：

1. 看見歷史 pacun tua sicuayayan
2. 美麗 nanguwaq
3. 命名 papungadan
4. 殺人獵頭 kiqulu sa qeci
5. 土地肥沃 puculje a kadjunangan
6. 刻苦善良 sarunguwaq kisamulja a caucau

第二節 荷蘭時期：

1. 不理不睬 inikaki sumavan
2. 疫病 saqetjuwan
3. 驅逐 pavaiken
4. 登陸 sema katjunangan
5. 洋槍 kuwang
6. 刀箭 bira vakela
7. 住家、田園 umaq katua qaqumain
8. 大頭目 tjaljavulu ngan tua mazaza ngiljan
9. 藤杖 quway a tukuzan
10. 阿美族 amis
11. 魯凱族 rukay
12. 卑南族 piyuma
13. 排灣族 paiwan
14. 糧食和鹿皮 kakanen katua venan a qalic
15. 船 kungan
16. 載運 kemacu
17. 連續 5 年 tjemedje a lima cavilj
18. 採金 kiaya tua king
19. 發現 djemumak
20. 無法到達 inikamaqati a djemaljun
21. 出草 kiqulu
22. 甘蔗工人 sakiyukiyu i putjevusan a caucau
23. 食宿無著 neka nukanen katua kizuanan
24. 飢寒交迫 maculja ljaljeqel
25. 背脊骨很硬 kuresul a cuqelalj
26. 不投降 ini a kusan
27. 割肉社 kuabar，今古華村
28. 率芒社 seveng，今士文村
29. 直接對戰 maqaqeci
30. 9 年間 cavilj
31. 香菸草 tjamaku
32. 阻擋 qemeceng
33. 可以 maqati
34. 內心 varung
35. 不願意 inikakauwi
36. 趕牛車南下 makapairing malipat i naval
37. 遷到平地 patjavat asema pairang

38. 生氣 matjalaw

39. 一番會商 maljavar、masudju

40. 力里社大頭目 puljaluyan djaljasupu

41. 昂然無懼 inika marekutj

42. 番刀 pira

43. 手 lima

44. 個人 tpitju

45. 血肉成河 mamawanga tua pana a djamuq

46. 竹尖 cinqadjan a qaw

47. 恢復 cemikel

48. 如果成真 nunama paqulit a ngata

49. 地名 ngadan nua kadjunangan

50. 名詞 ngadan nua se ralekerek

51. 早已走入歷史 urikana maqulip anga

52. 話 ljavaran

53. 平地話 ljavaran nua pairan

54. 先輩先人 natja vuvu

55. 鞠躬 remequng a kicungal

56. 遙遠的年代裡 cemadja sicuayan a cavilj

57. 主權 kanimitjan a djinatjas

58. 土地 kadjunangan

59. 家園 kinizuanan a umaq

60. 生命財產 nasi zaisang

61. 智慧 puvarungan

62. 勇氣 sauqaljayan

63. 撒苗撥種 venusam

64. 團結合作 marasutj

65. 最經典的力里系精神 tjapacuacualan a kakudanan

第三節 明鄭時期：

1. 包圍 kini namalitjukuwan a qemeceng

2. 為什麼 akuinika

3. 我想 tjaraizua

4. 元素使然 sikamaya

5. 以不流血 inikapedjamuq

6. 勸告 pasemalaw

7. 左思右想 venarung

8. 逃亡 mavilat

9. 公諸於世 pasemalaw tua i kacauwan

10. 清晨 kadjamadjaman

11. 連夜 remaqezemezemetj

12. 南邊 navalj

13. 東方 kacedas

14. 書信 tigami

15. 殺光你們 qecinmun a mapuljat

16. 頑抗份子 inika kilangdangeda

17. 八個多月 alu anga qiljas

18. 辦法 venarun tu kudain

19. 第四天 sika masan simatjelj a qadaw

20. 登船 ljevavaw tua gungkang

21. 心驚膽戰 namarekutj a varung

22. 千辛萬苦 namazeli a ravac

23. 西部 kaledep

24. 冬季 kaljaljaljeqelan

25. 所幸放晴 avan a manguwaqan saka ma qadaqadaw

26. 戰敗 makilu

27. 整齊的服裝 namarukuze a kinavan

28. 鼓號響起 papungpungpung

29. 緩慢腳步 gemalju a djemavatj

30. 再回首看看 pacikel a pacun

31. 一片雲彩 i vavaw a qerepus

32. 這一天起 tucu a qadaw padakiljanga

33. 換了新的主人 mapavalit a tja mamazangiljan

34. 類似 mamaw

35. 現在 tucu

36. 興奮快樂 maleva

37. 節節失利 makilukilu

38. 兵敗如山倒 maipuq a gadu

39. 糧食 kakanen

40. 十幾萬 tapuluq a kuravan sak uzay

41. 糧餉 zinliyulj

42. 頭痛 saqetju a qulu

43. 偷盜 cemakaw

44. 牛隻 gung

45. 睜一隻眼，閉一隻眼 cemacimicimiyan

46. 猝然逝去 papintjus a macai

47. 人才 puvarung saigu

48. 前無古人 neka nu sicuayan

49. 後無來者 neka nu tjivililj

50. 獸肉 vutjulj

51. 火藥 tamadang

52. 槍枝 guwang

53. 海鹽 qatiya

54. 依舊 kamayan

55. 少數 mavekelj

第四節 清朝時期：

1. 日軍 djipun a sividay

2. 遲遲不退兵 inika vaik a sividay

3. 山徑 djalan a djavacen i gadu

4. 入學 kitulu

5. 學習 kicaquan

6. 紙張 qadupu

7. 丟棄 veneric

8. 焚燒 ljemama

9. 胖嘟嘟 kurakurar

10. 可愛模樣 natjemengelay

11. 薙剃髮 kigunu

12. 夜晚 qezemezeme tj

13. 聽到聲音 malangda a ljingaw

14. 立刻開門 semuqeljev tua paljing

15. 奔跑 mekelj

16. 接力方式 masasumusumus

17. 送達 patjaljun

18. 飛毛腿 djaljau nu mekel

19. 辛苦 mazeli

20. 未婚男子 iniyanan pucekel a uqaljay

21. 郵差 yuping

22. 沈寂 semekez

23. 基督教會 tjurukiyu a kiukay

24. 傳教士 dindusi

25. 再度 mumalj

26. 助力 sikaqeljing

27. 牧師 bukesi

28. 貢獻 paseqeljing

29. 與台灣結緣 makakeljang katua i taiwan

30. 婚姻 pinucekeljan

31. 羞憤自盡 masiyaq sa kipacay

32. 優質 tjaljananguaqan

33. 後代 tjasevalitan

34. 後來 kacuwayanga nucuwayanga

35. 自己 tiyaken

36. 助手 pusalatje

37. 土地測量 sukuriyu tua kadjunangan

38. 戶口普查 kemingsa tua taqumaqanane a caucau

39. 無話可說 nekanuljavaran

40. 危在旦夕 semengac a ravac

41. 大雪中 itua sulja

42. 東尋西覓 kakarim

43. 找不到 ini ka matjumak

44. 出路 sicasaw nuwa djalan

45. 絕糧 3 日 inika nake man a tjelu a qadau

46. 飢餓 maculja

47. 調往 patjavaten

48. 酷熱 maculju aravac

49. 同儕們 seljaseljang

50. 台灣行腳 djinaravacan i taiwan

51. 浩浩蕩蕩 maciyuciyur a tjuruvu

52. 上嶺 pasagadu

53. 騎馬 maka ba

54. 端午節 kaljabacangan

55. 走透透 kanainu djinaravacan anga

56. 接風 kaljava paqaljay

57. 巨款 liyaw a valjitjuq

58. 一家人 taqumaqanan

59. 不再分離 iniyanga ka mavadavaday

60. 同心協力 marasutj

61. 天黑 miseleman

62. 過夜 siyuljay

63. 無法安眠 ini ka sekataqed

64. 檳榔 saviki

65. 嚼食 mapu

66. 快走、快走！kirarimu、
　　kadjaljavu
67. 開開心心 maleva
68. 科舉功名 semeking sa djameq

第五節日治時期：

1. 悲憤 matjalaw
2. 不甘不願 ikakauwi
3. 異族統治 maljiyan nu caucauwan
　　a kilalaing
4. 依循 pacuwal
5. 升旗典禮 paljevavaw tua hata
6. 不得抗旨 ini kamaqati a paqecev
7. 抵抗 paqecev
8. 苦戰 mazeli a kiqeci
9. 拔 sualapen
10. 潰敗的 namakiru
11. 逼迫 pinapaqadiljan
12. 恨之入骨 galemegem
13. 葬身之地 kiniceveljan a
　　kadjunangan
14. 返鄉種田 tjumaq a qemuma
15. 堅拒不從 inika kauwi
16. 準備迎戰 tjunbi a kiqeci
17. 左右手 tjikaviri katua tjikanavalj
18. 不認輸 inika kikiru
19. 骨子硬 kuresul a vinarungan
20. 袖手旁觀 inika pusalatj
21. 想法 vinarungan
22. 逃逸路線 sika vilat a djalan
23. 奮戰到底 kiqecitjeng a patjepacay
24. 假扮老嫗 namisa ramaljengan
25. 現在 tucu
26. 後山 ipasalikuz a gadu 指台東地
　　區
27. 遺憾 aiyanga pawlananga
28. 佚失 maulaw
29. 開始 patagilj
30. 歸順 kisalju anga
31. 考量人道立場 kinemenem tu
　　sipaqaljayan tuwacaucau
32. 落葉歸根 vaik a sema tua
　　tjinkacawanan a umaq
33. 歸化門警官駐在所 kinaliman a
　　gimeng
34. 鬼魂鬧擾 gemalal
35. 撤離 patjavat
36. 慘案 semalimsim a qinciyan
37. 抗日事件 paqeceve tua djipun
38. 部落心臟 ivecekadan i qinaljan
　　katua i qangtjuy
39. 皇民化 pacuwal tua djipun
40. 担憂 mavarung
41. 不為接納 inika ukauwi
42. 頭腦壞掉 makapalak a qulu
43. 最後一次 vilivililjan
44. 打獵 qemaljup

45. 滾動怨恨、氣憤 nama patatawtawt akinamali

46. 無法挽回 iniyanga ka maqati a pacikel

47. 剪斷 vetjeken

48. 高枕無憂 nanguwaqane iniyanga kanamavarung

49. 聯絡 rinraku

50. 受傷 namapasaqetju

51. 裝死 mimacayan

52. 報案 pasemalaw tua gimeng

53. 手槍 pisturu

54. 頭顱 qulu

55. 夜間 qezemezemetj

56. 太陽 qadaw

57. 彈盡援絕 mapuljat a tamadang

58. 焚燒整個部落、農園 ljamain a qinaljan katua puquman

59. 深山 vukid

60. 追逐 lemain

61. 如同迷途的羔羊 mamaw tua sizi iniyanga kaqemeljan tu makainu a djalan

62. 事實 matazuangata、paqulit （兩種說法，看在哪一種情境）

63. 敘述 tjemaucikel

64. 宿命 kinaqatiyan

65. 平息 semukanga

66. 改變 mumalj、mapavalit

67. 強迫 papaqadiljan

68. 遷移 patjavat

69. 親友 kasusu

70. 勸說 kematju

71. 分散 mavadavaday

72. 無力 neqanganupicul

73. 蛻變 maumalj、mapavalit （兩種說法，看在哪一種情境）

74. 官舍 kakasiuljayan

75. 神社 djinedjiya

76. 參拜 kicungal

77. 眺望 ljemizaw

78. 凌晨 kadjamadjaman

79. 腳程奇快無比 djaljaw nu vaik

80. 抬著 qemalu

81. 上坡 paljezaya

82. 新建 tjuqatin

83. 氣喘吁吁 mazeli a minasi

84. 中午 masukencengelj

85. 抵達 djemaljun

86. 用餐 keman

87. 等候多時 cuwaiyanga kaljavaljava

88. 暴雨 paljeqaca a qutjalj

89. 天黑了 masulem anga

90. 容易著火 madjulu a medjek

91. 參加 kipakiyayan

92. 回天乏術 iniyanga kamenguwaq

93. 擦拭 sisican

94. 許多 tjuruvu

95. 學者 nakitulu

96. 新領土 vaquwan a kadjunangan

97. 鐮刀型 mamautuatjakit

98. 獵場 papuringayan

99. 甘蔗 tjevus

100. 厚利 putan

101. 黃牛 kakungan

102. 水牛 sakimkim

103. 搬運 sisakuc

104. 拖動 sirakac

105. 蔗園 putjevusan

106. 病倒 saqetju sa kaipuq

107. 突然牛性大發 papintjus a
　　 masankinamali

108. 漫長 cuwacuway

109. 借鑑 sikitulutulu

110. 反對 inikapukauwi

111. 賠償 venalit

112. 賠款 tjinukuyan

113. 更名 pavalitan a ngadan

114. 睡獅 nataqed a ikuljaw

115. 世界警察 kalevelevan a daizing

116. 重建 umaljen、menumalje
（兩種説法，看在哪一種情境）

117. 以逸待勞 kaljavaljavanga

118. 明白 purukuz

119. 研判 sikinemenem

120. 仿照 pacual

121. 吉普車 tjipu

122. 沾鹽巴 tjemiyuq tua qatiya

123. 大功告成 maqacuvung

124. 直升機 pulupira

125. 輕 saceqalj

126. 重 sadjelung

127. 高砂義勇軍 giuday

128. 坦克車 sinsiya

129. 山洞 qetjung

130. 當兵 semasividay

131. 撤離 vaikanga

132. 幼兒 kakeriyan

133. 茁壯 meqaca、mekurar
（兩種説法，看在哪一種情境）

134. 過去了 cemalivatanga

135. 無法再重來 iniyanga kacemikel

136. 生逢戰亂 secenceng itjen tua
　　 maqaqeciqeci

137. 千千萬萬不要 maya ngata

第六節 民國時期：

1. 貪污 kipa ramur

2. 不願意 inika kauwi

3. 幫助 pusaladj

4. 末期 viviljananga

5. 多次 puliyaliyaw

6. 觸目所及 tjapinacunan

7. 林務局 sandinka

8. 緩慢 gemalju

9. 堅硬 kuresur

10. 砧板 gagitjegitjan

11. 高大粗壯 vavaw saka kurar

12. 樟樹 rakes

13. 人力車 kinma

14. 牛力車 buqebi

15. 來源 kasizuanan

16. 屹立不搖 kamayananan

17. 鋸砍薪材 kikasiu

18. 販售 paveli

19. 海 ljavek

20. 客家人 kirang

21. 養殖漁業 paquzip tua ciqaw

22. 結伴而來 maciyuciyur

23. 看得見 mapacun

24. 會哨 mecevung

25. 游泳池 ljaljanguyan

26. 台灣櫸 tjeves

27. 光臘樹 samecem

28. 又高又直 vavau saka masevec

29. 棲息地 kinizuanan

30. 音樂天賦 pinaqadiyan tua semenai

31. 雲開了 minperau anga qerepus

32. 霧散了 mavadavaday anga cimaru

33. 遺忘了 rinaurau anga

34. 印象深刻 namapaqenetje

35. 無人能及 neka numakapacual

36. 收回去了 inalapanga

37. 捫心自問 kivadaq aken

38. 鼓舞 mapuzangal

39. 活起來了 migacalja anga

40. 陳年往事 sicuayan a sengesengan

第二篇　走讀浸水營古道－西段古道行腳

第一章 大漢林道下現代聚落路線解說篇

1. 枋寮 pangliyaw
2. 水底寮 tjapuliya
3. 新開社區 sinkuiceng
4. 玉泉村 yadaw
5. 七佳村 tjuvecekadan
6. 歸崇村 kinaliman
7. 力里村 ralekerek
8. 歸化門社：大社 kalevuwan、小社 pasanavalj
9. 力里國小 ralekerek gaku
10. 接駁車 sipasa satjesatjez a djidusiya
11. 載運上山 tjemukur a pasa gadu
12. 瀑布 tjariparipan
13. 洗滌塵埃 kiramata pinaqup
14. 舊七佳 tjuakarangan
15. 團結合作 marasudje
16. 人潮沸騰 tjuruvu a caucau
17. 地瓜 vurasi
18. 芋頭乾 aradje
19. 南洋芋 baljar
20. 絲瓜 runi
21. 長豆 qarizang
22. 高麗菜 tjamurumuru
23. 芒果園 puraikingan
24. 萬綠農場 qarinaved
25. 青娥農場 tjuakamuraw
26. 感謝政府 masalu tua sihu
27. 鄉土教育 situluwan tua sengsengan anga i kacalisiyan
28. 重新思考 mumalj a venarung
29. 蒐集資料 kakarim tua na vecik
30. 可能有 tjaraizuwa
31. 沼澤 bereq
32. 和平相處 malja ljenguwanguwaq
33. 破損 makapalak
34. 積水窪地 maliljung a zaljum
35. 精挑細選 peniliq
36. 更迭 mapavalit
37. 路線 djalan
38. 竹筍 cuvuq
39. 陡坡 calisi
40. 21 年 rusanga puluq a cavilj sakaita
41. 下山 ljeteku tua gadu
42. 猴子 raire
43. 農事體驗 paqayam a karakuda
44. 腳部輕鬆 seljenguwaq a tja kula
45. 圍牆 ljivek
46. 鳥鳴聲 zemaizaing a qayaqayam

47. 大石塊 kakurakuralan a qaciljay

48. 教化 temulu

49. 相信 masalu

50. 番學堂 mamau tua kakituluwan tucu

51. 上學用功 kisamulja kitulu

52. 胖嘟嘟 kurakurar

53. 討人喜愛 tjemengelay

54. 獵徑 qaqaljupan a djalan

55. 娓娓道來 kupasemalavay

56. 鳥兒 qayaqayam

57. 每天 ljemitaqadaw

58. 奇拿富包芋頭乾粉 palju

59. 奇拿富包小米 vaqu

60. 山藥 qaqilj

61. 白蘿蔔 taicaw

62. 山東白菜 renaq

63. 茄子 nasu

64. 苦瓜 kaukui

65. 南瓜 siyak

66. 破布子果實 valiyu

67. 龍鳳菜 ljaqacay

68. 陸喬 ada

69. 刺蔥鳥不踏 tjanaq

70. 香椿 tjanaq 無刺

71. 山萵苣 samaq

72. 番茄 tumatu

73. 厚殼樹嫩葉 kaljavas

74. 三名 matjelu

75. 樹豆 puk

76. 竹筍 cuvuq

77. 好鄰居 ljaqediqedi

78. 食慾大增 pugarang

79. 祖靈屋 vinqacan

80. 灌溉 pazaljum tua quma

81. 力健農場 tjiqatjutju

82. 四通八達的坑道防空洞 namadjadjaljudjaljun a djalan i qetjung

83. 種粒越大越好 nukakuralan tjananguwaq

84. 價錢才會賣得高 pazangal nu tjasipaveli

85. 拜訪詢問 djemaljun a kivadaq

86. 習慣 sikudan

87. 力里蕃童教育所 ralekerek kakituluwan nua kakeriyan

88. 長途跋涉 semuaruq tua djalan

89. 翻土 qemuda

90. 扛桌椅 cavuliden a cukui katua qaqiladjan

91. 野溪爆滿衝破堤防 mapeljuq a zaljum i kaveljiwan

92. 逃難 mavilad

93. 協助 pusalatj

94. 無法原地重建 inika maqati a umaljeng a semanumaq

95. 絕不含糊鬆懈 inika kemudapaqedeleng kivangavang
96. 最佳的 tjaljananguaqan
97. 學習 kicaquwan
98. 畢業 kitjaula
99. 嶄新 vaquwan
100. 無法涉水 inika maqati a tjemelju
101. 歸崇村娘家 kinaliman qayuqui
102. 半夢半醒 inika nasekataqed
103. 閃電雷雨 celalaq qudjalj

第二章 大漢林道上 6k － 12k 現代路線解說篇

1. 大漢林道 6k 檢查哨 tjuazaljum
2. 大漢林道 7k 平台 cevucevungan tjuakulju kakaqepuwan
3. 大漢林道 9k tjuarinang
4. 大漢林道 11k tjuanadjeljapa
5. 大漢林道 11.6 公里 tjuakavayan
6. 大漢林道 12 公里 gemadu
7. 野百合花 qungalj
8. 消失了 maulaw
9. 崁頭窩山歸化門營盤遺址 7k 族地名 tjualjisu
10. 狼煙 siki pakeljang a cevulj
11. 九芎 djaqas
12. 小牧童 pagugung a kakeriyan
13. 三輪車 kaljutjilu
14. 故事 milimilingan

15. 夫妻檔 marecekel
16. 原漢 kacalisiyan pairang
17. 盛開 hemana
18. 聯手 marasutje
19. 真相 kaqulidan
20. 樹枝葉 ricing katua asaw
21. 恩愛夫妻 namareka tjengelay a marecekelj
22. 熱戀交往中 namareka tjengelay
23. 一頭霧水 inika purukuz
24. 地名 barunga
25. 心有靈犀一點通 mamau a tjavarung
26.「我的身體髒臭枯黃，但我的心永遠如九芎的新皮，潔淨如月。a ku kinacavacavan sasequ sasakuya ljakua a kuvarung mamaw tua djaqas katua qiljas，kamayamayan a na sasanguwaq」，「我走了，我會在天上矜持的等您，緣續在人間的相伴。vaikangaken uri kaizuangaken i kalevelevan a kaljavaljava tjanusun，mamau tua ikacauwan a marecekejl」。
27. 老死往生了 ramaljeng anga sa pacay
28. 步入晚年 ramaljeng anga
29. 地瓜 vurasi
30. 彎月鍋或獵人鍋 hanggu

31. 忐忑不安 na mavarung

32. 攻擊 penangul

33. 竹蔞捕魚 remumuke

34. 電鋸手鋸 remirarir

35. 平地人 pairang

36. 山素英 ljasaras

37. 老人家耆老 ramaljeng

38. 芋頭乾 aradje

39. 地瓜削皮 tjemuljak

40. 石礫 lesir

41. 落石 maruqu a qaciljay

42. 相互秉告 marepasemalaw

43. 工作態度 sikarakudan madjimi

44. 獨唱 semenay a macidilj

45. 族語 pinaiwanan a ljavaran/kay

46. 刺花 rapas

47. 竹簍 purure

48. 鐮刀背架 teljure

49. 木架 rutuk

50. 麻雀 kerilj

51. 孩子們 mareka a ljak

52. 日出而作、日入而息 maljiya
    karakuda masulem semekez

53. 不會農事農務 inika saigu a
    karakuda qemuma

54. 集思廣益 maljavare

55. 左右 tjikaviri tjikanavalj

56. 地名 cinakaran

57. 飲用鹽洗 tekelen sikiramata
    sipavanaw

58. 牡丹村 varalji

59. 結盟聯手 marasudje

60. 驃悍 paravac

61. 人名 simrangan

62. 老力里田園 tjuarari

63. 榕樹 djaraljap

64. 翁玉華女士家族名 revuci

65. 簡春福村長家族名 piraljiz

66. 黃連代表家族名 mazazangiljane
    ruveleng

67. 李金雄君家族名 purepure

68. 學以致用 sikarakuda a kinasaigu

69. 郭秀鈴 djalungan

70. 徐萬北 vuvuanga i sauru

71. 清楚 maruqulid

72. 天色已漸漸黑暗 urimasulemanga

73. 輪工 mazazeliyuliyulj

74. 銘記在心 paqenetj a pivarung

75. 徵詢鄉民意見 kivadaq tua
    igunay a caucau ukinamakuda a
    vinarungan

76. 櫻花 sakurahana

77. 政府 sihu

78. 畢業 kitjaula

79. 嶄新 vaquwan

80. 無法涉水 inika maqati a tjemelju

81. 歸崇村娘家 kinaliman qayuqui

82. 半夢半醒 inika nasekataqed

83. 閃電雷雨 celalaq qudjalj

84. 入山 sema gadu

85. 區隔 patja tjukudain

86. 下山 leteku tua gadu

87. 上山 semagadu

88. 靠近 kidut

89. 捫心自問 tjakivadaqan a tjavarung

90. 習慣 kakudanan

91. 家族 tjakatjumaqan

92. 貞潔高尚 namaseqetje a
kakudanan

93. 銘記在心 tjapaqentjaw

94. 長遠的路 aluq a djalan

95. 傳統美德 tjakakudanan a
nanguwanguwaq

96. 中間 vecekadan

97. 馘首 qiniquluwan

98. 新建 semanumaq

99. 地名 dangas →懸崖峭壁之地

100. 遙遙相對 namapacacevung

101. 改變過 iniyanan kapavalit

102. 照顧 kilalain

103. 思慕之情 nasinglit

104. 謝謝…對不起…masalu…
djavadjavay」

105. 聽從主人 kilangda tua
kemacukacu

106. 強健碩壯 kural a kinacavacavan

107. 牛背上 ivavaw tua uquje nuwa
gung

108. 牛拉車 buqebi

109. 泛淚 peluseq

110. 採牧草、甘蔗葉 kiquzu tua
kangusan katua tjapuy

111. 小魚乾 ciqa ciqaw

112. 白米 paday

113. 沒得挑 neka nu tjapiliqen

114. 徵得 kivadaq

115. 整地 semangatj、qemusul

116. 種植 temalem

117. 潛水射魚 medep sa panaqe tua
ciqaw

118. 撒小米種 venaqu

119. 牛犁 qemuda

120. 種地瓜 menuqumuqu sa talem
tua vurasi

121. 搗小米、稻米 maisu tua vaqu
katua paday

122. 扛穀 cemavulid

123. 製作福球 semanaya tua qapurung

124. 木製三輪車童玩 kaljutjilu

125. 長公子 tjalja vulungan tua aljak

126. 塵土飛揚 qunevulj a qipu

127. 長大的 meqaca

128. 沒有讀 inikana kitulu

129. 漢名 tjiniukukuwan a ngadan

130. 家名 ngadan nua tjumaq

131. 後繼有人 izuanga a senvalit

132. 假酸漿 ljavilu

133. 魚藤 qayu

134. 每天 ljemita qadaw

135. 地名 tjuacuqu

136. 比較長 tjalaruq

137. 力量 picul

138. 古謠 sicuyan a sasenayan

139. 80 歲 alu anga puluq a cavilj

140. 辛苦危險 tjazemeli saka tjasemengac

141. 槍林彈雨 mamau tua qudjalj a tamadang

142. 竹子 qaw

143. 竹筍 cuvuq

144. 買菜 veneli tua ljaceng

145. 堅固耐用 kuresul

146. 活廣竹 kaqauwan

147. 問過 kivadaq

148. 破布子 valiyu

149. 福球 qapurung

150. 三種 masantjelu

151. 規矩 kakudanan

152. 山藥 qaqilj

153. 嫩葉 djuludjulu asaw

154. 攪拌 kadikaden

155. 小團糕 qavay

154. 40 年的歲月 sepatje anga puluq a cavilj

156. 庇護 sinikiljivak

157. 醃肉 valeng

158. 儲存穀倉做為戰備糧 rekesen a pasa tua salang

159. 圓鍋粥 dinadivec

160. 放在酒甕 pini tua djilung

161. 杵 qasilu

162. 臼 valanga

163. 催趕 venilad

164. 收穫那麼多 liyaw a kiniqinuman

165. 噪音 cemuleq a ljingaw

166. 疼痛 saqetju

167. 認真訓練學習 kisamulja a kiundu kicaquwan

168. 築路 seman djalan

169. 20 戶 rusa puljuq a qumaqanan

170. 難度 pazangal

171. 「靠水而居 nakidut tua zaljum」

172. 播種 temalem

173. 所作所為 sikudan

174. 石板屋 qinaciljay a umaq

175. 姓名 qedeves

176. 錯誤 pasaliyu

177. 年輕 maqacuvucuvung

178. 郭秀鈴頭目家族名 tjalungan

179. 中山路 i vecekadan

180. 雨過天晴 maqadaw anga

181. 回程時 pacikel

182. 往來交通 sipacacikel a djalan

32. 地名 tjuruvauku
33. 製作鐮刀佩掛 seman teljur
34. 幽默 benurelj
35. 聰明 puqulu puvarung
36. 遇見人類 rupacun rusecevung tua caucau
37. 鍋子 pariyuk
38. 製作竹籠 seman rumuke
39. 受洗 kiparauraw
40. 為數不少 liyaw
41. 密告 pasemalaw
42. 山蘇 lukuc
43. 家庭訪問 sema tua umaq nua situ a kivala
44. 誰家的子孫 ljaima a mareka su matjaljaljak katua su vuvu ？
45. 「你的祖母 vuvu 是我們一輩子的恩人，把我們當成自己的家人一樣 照 顧。」masalu masalu a na su vuvu rupaseqeljing tua caucau niya paqentjen a patjemamiling saka sinan mamaw a men tua takumaqanan a kilalaing a pakan。
46. 失散多年 maulaw a cuacuai a cavilj
47. 大漢林道 16k 地名 tjuaqayu
48. 重新再起 kemudaitjen a mumalj tua sengsengan
49. 緩坡地 calisilisi a pakalju

50. 高冷蔬菜 maka vukid a ljaceng
51. 賣得高 pazangal nu tjasipaveli
52. 耕作地 qaqumain
53. 宣告 pasemalaw
54. 管轄權 kilalain
55. 高山鯝魚 qusic
56. 迷失方向 sekaulaw
57. 酒酣耳熱之際 temekel tua vawa maculju anga calinga
58. 真實故事 paquliqulid a milimilingan
59. 地名 ngadan nua kadjunangan
60. 石柱 qeluz
61. 成林 meqacanga a kasiw
62. 天上飛翔 minlayalayap i kalevelevan
63. 急急忙忙 malatjak
64. 空曠的平台 tjaljiqaca
65. 日出 cemedas
66. 寧靜 naminpetj
67. 進入眼簾 mapacun i maca
68. 人力背負 caucauine a venacaq cemavulid
69. 砲彈 tamadang
70. 傲慢 qemariw
71. 最後撤離台灣 vilivililjan a vaik i taiwan
72. 令人難測 inika tjen a purukuz

73. 濃霧 qemerepus

74. 折斷小樹枝 ventjiluq tua kakuljakuljayan a kasiw

75. 年輕時 maqacuvucuvung

76. 傍晚時分 masulesulem

77. 飛的 minlayap

78. 經過 cemalivat

79. 入口處 sisaqumaqan

80. 近 demut

81. 附近 idudut

82. 可以 maqati

83. 清楚 maljuquid

84. 祭拜 palisi

85. 請益 kivadaq

86. 飛翔 minelayalayap

87. 戰亂 maqaqeciqeci

88. 高海拔 ivukid

89. 獵到 tjemameq

90. 懷念 singelit

91. 槍林彈雨 mamau tua qudjal a tamadang

92. 搭救解危 maqeljing

93. 提起 pasemalaw

94. 殺獵物 cemulju tua sacemel

95. 南北大武山 kavulungan

96. 祖靈屋前 vinqacan

97. 治療 pucemel

98. 走這一條路 djemavac tucu djalan

99. 路經 cemalivat

100. 書籍 qadupu

101. 藥品 cemel

102. 銘感在心 pinivarung a saluwan

103. 3 次 putjelu

104. 傾塌 maipuq

105. 納貢 pasatja

106. 交易 marepaveli

107. 逃亡 maviljat

108. 聽見 malangda

109. 飲用水 tekelen a zaljum

110. 40 人 malje spatje a puluq a caucau

第三篇 走讀浸水營古道－東段行腳

第一章 浸水營古道上東段 0k － 2.8k 現代路線解說篇

1. 0.k 起點入口處 sipatagilj sisaqumaqan
2. 制高點 ljalizavan →浸水營古道 1.5k
3. 分叉路：sikavaday nua djalan →浸水營古道 1.6k
4. 州廳界：kagaduwan →浸水營古道 2.8k
5. 善良好客 sasarunguwaqan
6. 心情特別歡愉 nasarunguwaq kuvarung
7. 雲 qerepus
8. 霧 cimaru
9. 雨量豐沛 ruqudjalj
10. 不會再來了 iniyanga katje na urimangtjez
11. 三種 masantjelulj
12. 詢問 kivadaq
13. 祖靈屋 vinqacan
14. 靈媒 pulingaw
15. 告知 pasemalaw
16. 分叉 sikavaday
17. 寶貝 sinan pazangal
18. 前額 djaqis
19. 不允許 inika maqati
20. 獻貢 sivadis
21. 長頭髮 quvaquvaljan
22. 進去 ljetalatje
23. 生長快速 tjeljuway a meqaca
24. 移掉獸夾 sualapen a ringay
25. 九芎 djaqas
26. 繁多 liyaw
27. 最後一次 vililjan
28. 非常重要 napazangal a ravac
29. 鋸砍過 riniraril anga

第二章 浸水營古道上東段 2.9k － 8k 現代路線解說篇

1. 姑子崙山 maruljinay →浸水營古道 2.9k
2. 浸水營駐在所 tjuazaljum →浸水營古道 3.5k
3. 第一座觀景亭與休息區 ljalizavan saseqezan →浸水營古道 6k
4. 古里巴堡諾駐在所 quljivavaw →浸水營古道 8.2k
5. 想一想 kinemenem
6. 結盟朋友 mareqali
7. 馬拉地 varalji
8. 刀 pira
9. 強悍 rarakacan

10. 丟棄 siveric

11. 鮮花 hana

12. 怪可憐的 semedurutje

13. 不怕 inika marekutj

14. 床 qaqerengan

15. 榕樹 djaraljap

16. 尋找 kakarim

17. 義務勞動 pusalatje a karakuda

18. 咬人貓 ljakitjur

19. 一目了然 purukuz、maljizaw
（兩種說法，看在哪一種情境）

20. 我極為痛惜、難過 saqetju a
kuvarung

21. 赤茄 ljasaras

22. 所懸掛 sini pakelay

23. 沿途中 djemaladjalan

24. 經過 cemalivat

25. 告知 pasemalaw

26. 要求 kiqaung

27. 被馘首 kiquluwan

28. 死傷 namacai katua nasekakuda

29. 氣憤 matjalaw

30. 一路上 djemaladjalan

31. 繩索 calis

32. 草叢 pucemecemel

33. 換洗衣服 sikipavalivalit a kava

34. 前進 semaqayaw

35. 堅固 caljeqil

36. 地震了、地震了，趕快出來
lemuni lemuni casavu

37. 屋頂 qaljiw

38. 穀倉 sarang

39. 雕刻 vencik tua kasiw

40. 敵蕃頭骨 qulu nua qalja

41. 山藥 qaqilj

42. 稻米 paday

43. 藜 djulis

44. 小米飯 dinumec

45. 問我 kivadaq tjanuaken

46. 回答 patevela

47. 雙手 rusa lima

48. 無法 ikamaqati

49. 作陪 pudjadjalan

50. 滴下眼淚 peluseq

51. 禁忌 palisi

52. 不強求 inika papaqadilj

53. 艱鉅 pazangal

54. 幽谷 italataladje nua pana

55. 口述 pasemalaw、semusu、
tjemaucikel（三種說法，看用在
哪一種情境）

56. 脫落 kitjaula

57. 遵循 pacualan、pasusu（兩種說
法，看用在哪一種情境）

58. 拔掉 sualapen

59. 鹹魚乾 qapedapedan a ciqaw

60. 假酸漿 ljavilu

61. 香噴噴 saljum

62. 咬人狗 valjelu

63. 出水波營盤、駐在所、第二座涼亭 tjuakamuraw→浸水營古道 9.5k

64. 鐵甲戰士穿山甲 qam 的領地：→浸水營古道 10k

65. 碩果僅存之樟樹王 rakes 及穩若泰山之板根群：浸水營古道 10.7k

66. 相思樹林 tjuqulj→木炭窯 cacalu：→浸水營古道 12k － 15.4k

67. 溪底營、苗圃 cevucevungan、吊橋 tjekeza、第三座涼亭終點站：→浸水營古道 15.5 － 15.9k

67. 桑樹 ljisu

68.. 榕樹 djaraljap

69. 山棕樹 valjevalj

70. 無患子 zaqu

71. 地名 tjuakamuraw

72. 新七佳村 tjuaresir

73. 家族名 tjaruljivak

74. 地名 tjuakarangan

75. 領導統御 remasudje

76. 當什麼 urimasan nema

77. 商量 maljavar

78. 長輩們 ramaljemaljeng

79. 枯乾 makulji

80. 麻繩 quwar

81. 團進團出 maciyuciyur

82. 夥伴們 maresalasalatj

83. 穿山甲洞穴 kinaliyan nua qam a berung

84. 毫無畏懼 neka nu rekutjan

85. 疏枝 semuricing

86. 安全無慮 ikamavarung

87. 尖叫奔跑 qemauqaw minperaw

88. 崎嶇不平 sarukuya

89. 族語講話對談 penaiwanan a maljavar

90. 在家裡使用自己部落的語言 nui tjumaq itjen，qiljengal tua i qinaljan a kay 或 ljavaran

91. 坐下 qemiladj

92. 問我 kivadaq a ken

93. 名字 ngadan

94. 地名 ngadan nua kadjunangan

95. 置放敵人頭顱的地方 puquluwan

96. 耳聾 maculeq

97. 經過 cemalivat

98. 早晚 kadjamadjaman selemannanga

99. 聽到了 lemangda

100. 膝蓋 cungal

101. 下斜坡 paljelauz

102. 腳 kula

103. 地名家族名 pasanavalj pakaleva

104. 雜草 cemel

105. 喜歡 tjengeljay

106. 白蟻 vuqavuqalj a sasiq

107. 除害 sualapen a nakuyakuya

108. 香氣 salum

109. 逃跑 mavilad

110. 樹木茂密高聳 liyaw kakuraran a kasiw

111. 靠近 ljiyadut

112. 最佳的 tjaljananguaqan

113. 緩下坡 siljelawz

114. 販售 paveli

115. 改變 mapavalit

116. 木炭販售 paveli tua qidung

117. 勞力的工作 masipicul tua sengesengan

118. 工資 zinliyulj

119. 指導 temulu

120. 經驗 pinakazuanan tua caquwan

121. 重量 sadjelung

122. 滑 djalut

123. 颱風 venali

124. 損壞 makapalak

125. 幫忙攜帶背包 pusaladje a kemacu tua nemanga

126. 回頭路 pacikel

127. 建議 kiqaung

128. 三座小山 masantjelulj a gadugaduwan

129. 爬上爬下 paljezaya paljelawz

130. 帶回家 kacuin a tjumaq

131. 仔細聆聽 remukuz a kilangda

132. 下次再見面 ucevungiyanga nu tjaivililj

第五篇　建議

「工欲善其事，必先利其器」，想要與浸水營古道結緣走一趟，必須要有充分萬全的準備，才能立於不敗之地，乘興而去，盡興而歸，也就是我們常掛在嘴邊的座右銘：「快快樂樂的出門，平平安安的回家。」以下是我個人粗淺的經驗談與建議，供諸君參考：

1. 檢視個人的身心狀況，切勿勉強參加，造成團隊困擾。
2. 購買可以控管伸縮之登山杖，忘了帶別緊張，導覽解說員會就地取材。
3. 早餐先行處理，中餐自備，可在枋寮地區、七佳 7 － 11 購買，或由力里社區發展協會及 umaq 食堂製作或代訂「獵人餐」。
4. 個人簡易藥品自備，肌樂、擦勞滅由導覽解說員隨身攜帶備用。
5. 為貫徹「無痕山林」準則，自備垃圾袋，忘了帶由導覽解說員提供。
6. 輕便雨衣，禦寒夾克，此古道氣候瞬息萬變，預防總比淋雨好吧。
7. 早中餐飯後，吃一根香蕉可防範抽筋現象發生。
8. 可攜帶一些高熱量的食品，使身體保持高昂的氣勢和體能。
9. 為了隨時補充身體的水分，記得要帶礦泉水、舒跑或其他飲料。
10. 穿著雨鞋或登山鞋，保證您高枕無憂，安全無慮。
11. 路途中遇上山羌、山羊、藍腹鷴、台灣獼猴，相視對禮，可拍照但切勿餵食。
12. 當驚奇發現一株一棵挺可愛又特殊的小型植物，切勿有非分之念而想要拔掉帶回家，他絕對無法適應「都市叢林」的生態環境，讓這裡的生物就讓它留在這裡悠悠的生活。
13. 秋冬季節常有虎頭蜂、帝王蜂出沒，小姐、女士們請勿塗抹太厚太濃的胭脂，如遇上了，不要慌張尖叫奔跑，應保持肅靜繞道而行方為上策。
14. 心境保持虛懷若谷的態勢，因為，你走得這一條路是五百年來，卑南族、排灣族、平埔族、漢人、荷蘭人、日本人形形色色的人物所留下的歷史現場，心懷感恩與謙卑以示尊重。
15. 大漢林道 16k 以上之路段，有幾處路段凹陷呈崎嶇不平現象，造成駕駛員、山友們心驚肉跳，若能盡快鋪陳順暢深感德便（111 年 4 月已鋪好，感恩），大漢林道 23.5k 國家步道入口處，各相關單位可否研討協商設置

公共廁所，避免山友們「野外求生」造成生態環境嚴重汙然，東段部分之第一、二座涼亭可否採取自然工法設置掩埋方式，第三座涼亭因水源豐富應可設置堅固之公廁，使山友們養成護山淨山愛山林步道的觀念和行為，共同維護這一塊台灣碩果僅存的「後花園」淨土。

16. 既然已列為國家級古（步）道，建請中央相關單位研擬，編列適當預算，訓練儲備管理人才，定期巡道清理整潔，哪一天，外籍人士組團踏查國家古道，結果發現四個定點休息區髒亂不堪，豈不是丟了台灣的尊嚴，國家的榮耀，我覺得這是勢在必行、刻不容緩的事務，因為，這一條有生命歷史悠久的古道，勢必要生生不息、永續經營的傳給我們的後代子孫。

17. 東西段解說牌文字呈現，除了漢字、英文，可否補上排灣族語，以彰顯尊重在地珍貴的文化資產。

一

第六篇　結語

在浩瀚宇宙中我只不過是一粒小小的種子，能夠為浸水營古道的「她」寫下這一段時期的點點滴滴，並觸類旁通沿路淡寫著墨她的風情萬種，絕對稱不上曠世巨作，而是在「她」的周遭淡淡的、純純的、真正的留下紀錄，了我人生下半場心中的念頭與執著，也就不枉費個人對人生一貫的該有的使命感、責任感、價值觀。心裡的話由以下簡述呈現之，敬請讀者朋友們參考不吝指正：

1. 擔憂力里系統語音腔調全面瓦解消失，才做這樣的紀錄，將來如果有那麼一天真的口語化消失殆盡，那就只能留給歷史檔案吧！？

2. 要不是為了搶救保留紀錄經典又特殊的語音腔調給族人後代子孫，讓其了解有這麼一塊「語音腔調特殊場域」的環境，很擔心被主流風向「制式化、制度化、合理化、統一化」，我想這不是我們願意看見的現實與事實，因為，會喪失了「多元文化價值認同與尊重」轉型正義之精髓。因此，何苦來哉？海底撈針、雞蛋裡挑骨頭而大費周章，所能解釋的可能是內心深處裡那一潭水驅動使然。

3. 有一天跟陌生人初次使用族語講話對談，聽了通常慣性定律的直接反應是，您大概是來自哪一鄉（同族群）？哪一村？是否？我的經驗法則也是如此，個人被猜或我猜對方應該都在 70 % 以上的準確度，平時在外活動遊走保持高度的敏感度與仔細聆聽的判斷習慣，這是一種欣賞、學習、尊重的高尚美德，再覺得疑惑需要理解時，放下身段勇敢謙虛的詢問對方自然迎刃而解，彼此信任誠懇相待，下次再見面時已不陌生成為好朋友，何樂而不為呢！

4. 族語之扎根工作：再怎麼呼籲、宣告是零功能的，最實際的做法應是從個人、家庭教育祖父母、父母、子孫做起，以自助、自強、自救的行動自然而然在生活中行雲流水真實演出，必有潛移默化、扭轉乾坤之功效，達到「言教、身教」之雙重奇異果實。

5. 2021 年 11 月 6 日（六），參與屏東縣族語戲劇競賽活動志工，活動地點設置於國立內埔農工體育館，各組分別是學校組、家庭組、社會組，各原鄉均派隊共襄盛舉，參與團隊無不渾身解數，淋漓盡致演出，當然，有競賽就有名次排列，活動結束後進行總講評，由賽嘉國小文學博士曾

有欽校長擔任，校長說得好，只列舉兩點：

除了肯定各國小老師們的辛勞細心指導，讚美各鄉族推人員的認真付出，感受到族語推廣得扎實與前進。校長也道出了一項危機：各學校學生們的族語對話、會話，已經聽不出是哪一個部落的孩子，擔憂學生的族語朝向學校化、公式化、制度化、統一化。呼籲在座的家長們、vuvu 們，在家裡使用自己部落的語言，確實做到自然而然的家庭化、生活化，如此，族語傳承才能事半功倍，得到更多更實質的效果，有一些語言學習之障礙自然解套迎刃而解。

由衷感謝幾位寫序的長官親友：

本鄉大家長柯自強鄉長（paivulj rangarang gutjiyusang），柯鄉長形同我的親弟弟一樣，先父柯芬芳老師是我國小六年級的導（恩）師，雖然，相處只有三個月時光就去服義務役，但卻影響了我的一生，因為，每個禮拜總會收到老師的一封信，字裡行間關心鼓勵有加，這一份恩情自然形成對柯鄉長的親情，不管是同事期間或日後成為日理萬機的大家長，我都以兄長的角色扮演好我該做的事務，希望能夠成為鄉長的助力。

屏東縣議會戴文柱議員：戴議員是我人生旅途中重要的貴人，在求學階段比我大一屆，總是扮演著學長、模範生的領航功能，從事教職後更扮演著輔導指點的積極角色，尤其成為主官管的關係時，更形緊密協助部屬，每當發現我的業務、事務繁忙時，都會主動撥冗分擔協助，使校務得以順暢無礙不致延宕。在狩獵文化上之歷程，他也是我的教父之一，使我在這個議題工作上能夠如沐春風、得心應手，減少我模糊不定繞圈圈的窘境，期望永遠的長官在未來的仕途上平步青雲，為地方的福祉營造更多的空間。

陳文祥頭目：記得小時候至青少年時期，每當我的娘家有任何事務，他們父子（陳加財頭目 piya、陳文祥頭目 rangarang）總會出現在我們家關照協助，我還不懂當時的姻親關係（前面已敘述），歲數稍長方知原委，排灣族非常重視宗親源頭，因此，到現在還是一樣緊密結合，在這個家族宗親之角色，我還是個左右護法（parakaljay），另一個角色則由宋文聖主席堂哥擔任，而且已經宣告由我們各自的孩子繼承這個神聖的角色。陳文祥頭目，做人處事非常和藹可親、踏踏實實、彬彬有禮，絕不拖泥帶水，草率應付，傳承了頭目擁有的風

範和骨氣。

　　立法院伍麗華委員原職於教育界之菁英中流砥柱的角色，當任過老師、主任、校長，為了原住民的福祉與希望，毅然決然投身政治界，我們看到了她問政的品質，也感受到團隊服務的內涵，願意為這本記錄寫序，是我莫大的光榮，透過這樣的平台，使得我們看見更多、吸收更多，促使原住民有更豐潤的內涵與正能量的道路。當然，我們更期盼伍委員繼續為原住民發聲，而我們就是伍委員最堅強的後盾。

　　原民會鍾興華副主委雖不是力里系族人，但因地緣的關係我從小就認識他了，他原是來義鄉白鷺社優秀子民，後來遷徙至現在的春日鄉七佳村，從小生長在這塊土地上，嚴格說起來，我們應當是同班同學，但當時為了符合行政區域之劃分，就這樣同學的緣分插身而過。求學階段，我對鍾副主委的奮鬥史也了然於心，非常佩服他的努力與堅持，可說是原住民的最佳表率當之無愧。有他的加持和鼓勵，在人生的舞台上更能激盪起積極正向的作用，感恩有您（masalu）。

　　也由衷感恩協助細心校對的幾位長官親友：

　　陳玉賢校長是我教職生涯退休前的最後一位優質的校長。擁有國學博士深厚的造詣，感恩永遠的長官陳校長之用心指教，對本書內容結構條整、章節爬梳、文詞修潤補充，使這本書翻閱起來順暢易懂，騰躍出書中的生命。

　　最要感謝是徐如林與楊南郡兩位老師，由於他們的書，震撼敲醒、觸動我的生命深處。他們蒞鄉演說浸水營古道之歷史後，於 110 年春節過後，為了近距離直接請益，特別與內人聯袂北上，相約於台灣大學附近小餐館見面，並來個早午餐果腹，難得體驗台北的生活。席間，我很誠懇請徐老師對所有的內容予以指正充實，這樣的請求，對於一位極富盛名「大人物」的學者來說，不啻是一種奢求，因此內心很惶恐不安，沒想到徐老師欣然答應願意協助，雖然此時是台北街頭的冬天，細雨紛飛格外寒冷，但我的內心熾熱雀躍奔騰，貴人相助，永銘於心。

　　對台灣古道人文歷史深入透徹，尊封她為「台彎古道之母」，是對如林老師由衷的讚佩景仰。徐老師對於本書不足之處予以補足加註，避免偏離史實或

疏漏造成遺珠之憾，尤其一頁一頁的把錯別字挑出來修正，深深感恩。

曾昭雄老師於 110 年下半年屏東大學與春日鄉公所合作辦理導覽解說課程時擔任講師，講授內容豐富多元，學員們拍掌叫好。我在他身上學到的是解說員應有的態度溫潤、表情互動、事實論述、語意表達清楚與適時的幽默感。同時增長我對植物、民俗植物療法、飲食習慣、氣候變遷等的認識。

解秀珍（aljuy）老師三十幾年來，始終扮演著恰如其分賢內助的角色，任何事務都會尊重傾聽我的想法和意見，並共同商議取得共識。感謝上帝的恩賜引導，祖靈的啟示，讓她有機會成為排灣族語教學的第一線，推廣排灣族語工作的實踐者。族語的推動推廣需要大家共同參與，瞧見她總是忙忙碌碌，尤其是晚上編排的族語課程，我總會撥冗時間陪伴她當志工而樂此不疲。有關族語詞（字）彙語文的部分，深得她找出寶貴的時間，協助幫忙繕寫，並請益向她學習共同研讀細心校對，謝謝辛（心）勞可敬的賢內助。

陳文龍（季亞夫）老師：文龍（giljagiljaw）是我的姪兒輩，是我們家族中非常出色的後輩，叔姪間彼此相互學習，可說是教學相長、相得益彰的典型，他尊重我，我更敬重他的專業與才華。他原是新聞媒體人，現在已回部落從事深根研究排灣族歷史文化。對於歷來的文獻探討紀錄頗有心得，尤其是日治時期之文史更深入，是一位值得期待的後起之秀。對於浸水營古道上的自然生態、人文歷史事件、地理環境均瞭如指掌、如數家珍。姪兒給了我許多寶貴的意見，同時也為本書提供豐富珍貴的東部家族遷移文史資料。

這一條乘載歷史記憶的百年古道，不管是現今的大漢林道或東段的浸水營古道，在傳統領域不論概念與實質上，其土地的原始主人都應該是我們大力里社所擁有的，以現在事實的現況陳述：

1. 大漢林道至 16k 止均是原住民保留地，17k 以上至 23.5k 及至 28k 大漢山（大樹林山）不分青紅皂白成為國有地，事實上理應是力里社（mazazangiljan djaljasupu、kazangiljan、kaulesan）家族的傳統土地。
2. 大漢山後方至馬羅氏山區域是（mazazangiljan ruveleng sauniyaw）黃連的傳統山林土地。

3. 從馬羅氏山向東至加羅坂（qaljapang）故居遺址是（mazazangiljan djakudjakuc tjanubak）謝家定的傳統領域。

4. 姑子崙山（maruljinay）往西下方之日暮山（sakuljikuljing）、日暮瀑布（sapuljupulju tjariparipang）流域是為陳一川（tjaungacuq）的傳統領域。

5. 從州廳界（kagaduwan）經過浸水營駐在所（tjuazaljum）、右方茶茶牙頓溪流域（quvulj、pusavikiyan）、左方姑子崙溪流域，到達出水坡駐在所（tjuakamuraw、tjuacukes）→溪底營（cevucevungan）→大武溪→太平洋，這麼廣大的區域都是（mazazangiljan malingaling rangarang）陳文祥家族的傳統土地。

　　遺憾的是政府重新劃編行政區域時，竟將該區域歸為達仁鄉所有，真的是一頭霧水、霧裡看花的無奈。

　　而溪底營（cevucevungan）、大武溪、太平洋歸類為平地鄉鎮大武鄉，原住民部落加羅坂（qaljapang）如同長期宣判為寄居孤兒，情何以堪。所以，激發我引用葉神保、張金生兩位博士因民族發展的淪陷瓦解心靈深處受創，而道出感慨萬千又經典務實的論述，希望誘出「主流社會」、「主政者」面對過往的歷史，看清醜陋鴨霸強勢的一面，重新拾起良知良能，使台灣國人在這一片土地上能共生、共舞、共榮、共享。

　　對此張金生博士有一段心靈的話：光復初期山上自己的土地被國家濫伐、濫墾、佔據，山地保留地慘遭縮水蹂躪，國家法律限制了原住民在自己的土地上生活的空間，讓原住民失去自由、權力、財產，進而迫使我們離開自己的土地，這是強權、霸凌、滅族的政策，爾後，語言消失！部落不見了！民族也滅了！原住民蛻變成街角的流浪漢。

註1：張金生，《新化－個排灣族部落的歷史》，碩士論文 2022.6，頁 14。

　　葉神保博士語重心長的話：「風華一世的 tjuquvuquvulj（內文）社群，在台灣歷史的轉折中已成歷史名詞」，……而今留在當地「依舊笑春風」的是滿山滿谷遍野開滿金色花朵的相思樹，在風雨中搖曳，展現堅強的生命力，而社群的生命力亦如相思樹般，當慘遭砍伐後，野火一燒，族裔依然鑽出地面，如同「春風吹又生」，勇敢堅強的展現生命的風采。

　　…………

曾幾何時，傲視南台灣的社群，在外來政權強勢納入國家體系，強迫遷徙各處，使社群高傲的眉宇間，蒙上了哀愁，淌下了悲情的淚水，曾經最愛的社群就此隱沒在各鄉的行政區域裡，做無期的等待，等待「族群自治」的春天來臨，再現「歷史共同記憶」裡的內文社群。

註2：葉神保，《排灣族 tjukuvukuvulj（內文社）社族群遷徙與族群關係的探討》，
　　　2022.12，頁293。

僅就節錄這兩段博士的話語，就可知內在的感受外在的期許，我個人也湧出一些想法：

> 用深層的情感去感受大地的偉大。
>
> 用深層的思維去理出歷史的微妙。
>
> 用深層的誠意去體驗先人的智慧。
>
> 用深層的包容去了解蛻變的歷史。
>
> 用深層的正義去豐潤咱門的土地。
>
> 用深層的微觀去引導後代的子孫。
>
> 用深層的觀念去守護唯一的台灣。
>
> 生活在台灣，珍惜每一次相逢。
>
> 生命在台灣，珍愛每一寸土地。

唐代文學家韓愈曾説：「書山有路勤為徑，學海無涯苦作舟。」意旨在讀、學習的道路上，沒有捷徑可走，相當呼應此悠悠古道的前世今生，從荷蘭時期淘金之夢、明鄭時期光復神州、清朝時期開山撫番、日治時期南洋之夢、國民政府枕戈待旦、現在時期珍愛固守台灣，這一條五百年的歷史古道，從來沒有因為國家體制更迭而改變其路徑，始終靜靜的迎風招展歡迎大家的造訪，並期望來相會的各界山友們，不管您是智者、仁者、凡夫俗子、全體國人，保持以身心健康快樂的心情相扶相禮，以緬懷感恩的心態見賢思齊，以脫俗潔淨的行動無痕山林，讓這一條古道的生命繼續存在著百年、千年、萬年、萬萬年……！直到永遠。

停筆之前，祈望若能觸動泛起陣陣漣漪和蕩漾，也不失為一種對部落族人的回饋方式之策：

1. 對於有意從事導覽解說的族人朋友有所啟發和實質受惠。
2. 對人文歷史關懷有一點滋潤。
3. 對狩獵文化有一些認知。
4. 對古道上的動植物增進一些常識。
5. 對排灣族文化能深植建立一些粗淺的概念。
6. 對前後山之山脈名稱、相關地理位置，能確認了解其偉大之處。
7. 對前後山之河川名稱、流經之處能確認並了解其貢獻之功能。
8. 對族語的生活習慣用語與應用，能引起全方位的共鳴而產生滾動式效應，是為殷勤的盼望與期待。

對於族人大時代無奈遷徙的命運，可否有人設身處地去遙想過他們的感受和悲情，古道行腳八年來，每一次有每一次的情愫感動，唯一不變的真情那就是每到浸水營駐在所、出水坡營盤駐在所，油然而生泛起生命之淚，又與叔公、大伯公見面了，尤其是大伯公今生無緣會見一面，總會遙祭薄酒告知大伯公您的（vuvu ti cudjuy）又來了，請您繼續庇佑熙熙攘攘的旅人，就像您在清朝時期光緒年間在出水坡營盤擔任收費員恭迎奉送的謙懷態度。

也曾經有機緣兩次天為被、地為鋪過夜，盼望與大伯公夢裡相見，但總是一夜好眠到天亮，我想大伯公可能是不想驚擾我吧！我深感蒙恩身為這一塊土地的族裔，無怪乎與「她」邂逅結下這麼深厚的緣分，雖稱不上走過千山萬水，但每當走過一趟看見一座又一座的高山一條又一條的河川，心中想著當雙腳還能移動時，就讓白髮繼續在古道上探索、築夢、風中飛揚，灑下無盡無數心海的紀錄和經典的回憶。

主要參考書目

1. 《浸水營古道 一條走過五百年的路》，徐如林、楊南郡，2014。

2. 《炭火相傳 payiljus 白鷺部落文史紀錄》，林時吉、陳文山，2009。

3. 《ralekerek 力里部落誌》，翁玉華、徐美賢，2004。

4. 《蕨類觀察圖鑑》，郭城孟，2020。

5. 《排灣字典 paiwan dictionary》，Raleigh Ferre，1982。

6. 《新化一個排灣族部落的歷史》，張金生，2002。

7. 《大龜文王國的歷史 payuwan 消失在台灣史上的原住民王國》，張金生 2018。

8. 《力里方言分類詞彙手冊》，鄭仲樺編審，翁玉華，2015。

9. 《排灣族 caqovoquvolj（內文）社群遷徙與族群關係的探討》，葉神保，2002。

10. 《日本時期排灣族「南蕃事件」之研究》，葉神保，2014。

11. 《千里步道 環島慢行 一生一定要走一段的土地之旅》，周聖心、徐銘謙、陳朝政、黃詩芳、楊雨青，2011。

12. 《台灣原住民部落事典》，林修澈，2018。

13. 《排灣族月桃編織－編桃編學》，顏成仁、娥拉韻‧瑪瓦里，2016 高至聖、謝珍泥。

14. 《力里國小校史專輯》，徐美賢，2002。

15. 《七佳 tjuvecekadan 部落誌》，郭東雄，2004。

16. 《排灣族 tjuvecekadan（老七佳）部落》，趙秀英、廖秋吉、鍾興華，2013。

17. 《台灣原住民飲食植物圖鑑》，陳豐村 張承晉，2005。

18. 《傳聞中的嘉蘭舊事－陳正煇老師的一生》，陳孝義，2017。

19. 《探險台灣 鳥居龍藏的台灣人類學之旅》，鳥居龍藏，楊南郡譯註，1996 年初版，2021 年三版。

20. 《平埔族調查旅行》，伊能嘉矩，楊南郡譯註，1996 年初版，2021 年，三版。

21. 《台灣踏查日記 上‧下集》，伊能嘉矩，楊南郡譯註，1996 年初版，2021 三版。

22. 《生蕃行腳 森丑之助的台灣探險》，森丑之助，楊南郡譯註，2000 年初版，2021 年四版。

23. 《台灣原住民族系統所屬之研究》，第一冊本文篇，台北帝國大學土俗、人種學研究室調查，楊南郡譯註，2011 年。

24. 《台灣原住民族系統所屬之研究》，第二冊，台北帝國大學土俗、人種學研究室調查，譯註楊南郡，2012 年。

25. 《牡丹社事件史料專輯翻譯（一）風港營所雜記》，王學新譯註，民國 92 年。

26. 《古道夢－浸水營越嶺路西段植群》，陳玉峰、楊國禎、潘富哲、董藹光，2021 年。

27. 《山流》，黃溫庭，2003 年。

28. 《名利你好－大加汗部落的故事》，賴世豪，2009 年。

29. 《歸崇文史紀錄》，屏東縣春日鄉歸崇社區發展協會編著，民國 100 年 12 月 26 日。

30. 《休閒農業－體驗的觀點》，段兆麟編著，2008 年。

31. 《排灣族語圖解辭典－生物構造篇》，拉夫琅斯‧卡拉雲漾編著，2011 年 12 月。

32. 《屏東排灣族女性手紋研究》，陳枝烈編著，2013 年。

33. 《南排灣族語言文化詞彙寶典》，楊新川編著，2017 年 1 月。

附錄

有幾項議題內容與歷史過往對我來說一直是未解開的疑惑，利用這樣的陳述祈望專家學者、文史工作者共同激起共鳴，尋找那失落或需要被導正的歷史還原真相，這需要各位先進站在不同的立場、角度、論述，坐下來平心靜氣取得共識，方能撥雲見日、重見光明，使台灣的歷史典籍正確性、一致性，如此一來必能造就福音以饗豐潤國人。

一、「三條崙→卑南道」名稱由來：兩種說法論述

1. 清同治 13 年（1874），官方開闢的第一條開山撫番道路：金崙溪→諸野葛社→沿著稜線往上爬→中央山脈衣丁山南鞍→向西古樓→經來義、丹林→潮州，這一條為崑崙坳古道。

2. 清光緒元年（1875），官方開闢得第二條開山撫番道路：大武北邊的大鳥萬社入山→經過姑仔崙社往上爬→中央山脈姑仔崙山→南下大樹林山→稜線向西→經力里社地界→下到射寮（現糞箕湖、餉潭），這一條為南崑崙古道。

3. 清光緒 8 年（1882 年）官方開闢的第三條開山撫番道路：大武→溯著大武溪→姑仔崙與茶茶牙頓溪的會流點→沿著稜線往上向西→出水波→中央山脈大樹林北鞍→沿稜線往西→經過力里社地界→枋寮，這一條為浸水營古道。

是否因其三條路線而得名？經過徐如林老師的校對指正，並非如此，而是如下之說明。

水底寮地區耆老長輩口述流傳，輾轉得知：站在水底寮街道（當時還沒有高樓大廈）往東邊仰望，可清楚目視發現由上而下之三條稜線，先人就因此命名為三條崙。

二、「浸水營」古道駐在所名稱由來：說法論述如下

清光緒 20 年，古道正式改名為「浸水營越嶺道」。（zaljum）指單純的水，（ipuzaljuman）指任何東西（含人）在水中，（tjuazaljum）指形容該地區多雨潮濕的地方，楊南郡、徐如林兩位教授的論述立場也在此，（mamazangiljan malingaling rangarang）陳文祥的先父口傳也是如此說。但新一代的研究學者，則覺得有沒有可能是日本語的諧音。

三、「穗花山（tjuamikakarang）」的名稱疑惑？

先前我一直以為該座山也是姑子崙山，形成雙母峰型態，直到遇見植物生態樣區調查四位教授，才敲醒我的腦袋，不過我仍舊持疑惑的態度，因為，還沒有親訪踏查親眼看見穗花杉的生態群落？數量又如何？

據老七佳耆老長老口述：「林務局在推動林班事業時前往上班」，「好像」有看過穗花杉？期待「植物生態樣區調查」時，跟著四位教授們的腳步前往踏查，解開心中的謎。

四、規劃辦理浸水營古道參訪活動：

110 年 10 月 24 日（日）原民會主委夷將‧拔路兒 Icyang‧Parod 蒞臨視察浸水營古道行程

壹、工作要點：

一、由本會夷將 ‧ 拔路兒 Icyang‧Parod 主任委員率隊辦理行政院蘇貞昌院長視察安通越嶺古道及浸水營古道建議行程場勘。

二、調查古道文化遺址，建構原住民族古道有形及無形知識，並以古道文化內涵、故事、背景為導向的具體優化，落實國家級綠道發展之政策。

貳、工作期程：

一、地點：浸水營古道（屏東縣春日鄉）

二、期程：110 年 10 月 24 日（日）上午 09:00 － 12:00

三、人員：

（一）原住民族委員會：夷將 ‧ 拔路兒 Icyang‧Parod 主任委員、賴玉娟視察、楊正斌處長、林婉嘩科員。

（二）原住民族文化發展中心：曾智勇主任、謝美蘭組長、祖祖樂組員、工作人員（王正宇、洪天莉）

（三）四輪傳動接駁車及導覽人員分配：1. A 車導覽人員：徐美賢老師乘載人員：原住民族委員會主任夷將‧拔路兒主任委員及賴玉娟視察 2. B 車導覽人員：陳文龍老師乘載人員：原文發中心曾智勇主任及楊正斌處長。

肆、行程及交通系統要道建議：浸水營古道行程規劃表

時間	項目	內容	路況及景點照片
09:00-09:30 (30分鐘)	集合	地點：力里部落祭祀文化廣場	文化祭祀廣場
09:30-09:35 (5分鐘)	工作介紹	由徐美賢老師進行當日踏查行程簡報。	
09:35-09:45 (10分鐘)	祈福儀式	1.於廣場遵循排灣族敬告祖靈儀式，請當地靈媒以排灣族語與祖靈溝通，並邀請主委以客人身份，獻上檳榔、香菸、米酒等感謝祖靈庇佑山林，期盼行走往來於浸水營古道的人民，受祖靈庇佑。 2.主祭人員：柯千花	祭祀小屋
09:45-10:35 (50分鐘)	由文化祭祀廣場前往小力里部落(獵人小屋)	1. 路面性質：產業道路(水泥鋪設道路)單行道、連續緩坡(髮夾彎、顛簸)。 2. 從文化祭祀廣場搭乘四輪傳動接駁車(小型車)，行經力里橋後左轉進入產業道路(水泥鋪設道路)，依指標轉入歸崇農路途經歸化門社遺址(車上導覽講解)。 3. 後駛入大漢林道，途經檢查哨及7K處(舊部落及營盤駐足交匯處)，途中 9K處有崩塌，須小心行駛，依指標往前(約15分鐘)到達獵人小屋11K處。	水泥路面　9K坍塌處 歸化門社遺址

時間	項目	內容	圖
10:35—10:55 (20 分鐘)	與族人交流並分享山林知識	1. 邀請主委以客人身份參觀獵人小屋，由徐美賢老師講解獵人文化及地理位置，享用族人製作的風味餐。 2. 風味餐內容：奇拿夫(芋頭粉及小米粉)、芋頭、地瓜、花生、野菜、小米酒。 3. 地點：小力里部落-獵人小屋。	 小力里部落 入口意象　小力里部落　獵人小屋
10:55—11:35 (40 分鐘)	前往浸水營古道（登山口 23.5K）	1. 路面性質：產業道路(水泥鋪設道路)單行道、連續緩坡(髮夾彎)、路面顛簸。 2. 小力里舊聚落(獵人小屋)前往浸水營登山口(23.5K)路段間，手機訊號不佳。	 水泥鋪設道路(單行道)　道路轉彎處高低落差大
11:35—11:55 (20 分鐘)	古道導覽（大合照）	1. 路面性質：土徑、碎石、緩坡。 2. 從登山入口往前步行(約 5 分鐘)約 150 公尺，有路面坍塌須注意安全，再往前步行約 50 公尺處路面為山坡路段連續陡升(緩坡)，需考量身心狀況。 3. 導覽人員：徐美賢老師、陳文龍老師。	 古道入口　距入口處150公尺處有土石坍塌
11:55—13:10 (1 小時 15 分鐘)	自浸水營登山入口處往餐廳	1. 路面性質：產業道路(水泥鋪設道路)單行道、連續緩坡(髮夾彎)、土徑、碎石 2. 返程路段皆為下坡路段，須注意路面顛簸及行車距離安全。	 返程路段皆為下坡
13:10—14:10 (1 小時)	用　餐	餐廳名稱：枋寮海鮮美食- 阿達漁港餐廳 地點：940 屏東縣枋寮鄉中興路 76 號	 阿達漁港餐廳
14:10	返　程		

建議事項：

※ 徐美賢老師建議：

一、為維護這一條歷史國家步道環境，在下列幾個休息駐足點，可否建置搭設公廁，以紓解國人或國外人士之方便，避免野外求生，造成休息駐足點髒亂不堪，貽笑國際。

二、既為號稱國家步道，中央有關單位，應有能力正式編制管理衛生人員。

三、防汛期，建議進行較陡坡路段修繕（自然工法木條階梯、繩索設置），維護山友們之安全。

四、公告嚴禁自由車隊進入行駛，違者重罰。

※ 陳文龍老師建議：

一、沿途廁所建置：問題越來越明顯，部落族人早已反應，保留地上可見衛生紙及相關排泄物。

二、接駁車 11k 以上由部落承接：除軍車外，旅行社車隊為了趕時間造成交通緊張與部落族人不便，若發生意外後果難想像。

三、沿途告示牌嚴重缺乏部落意識：大都為民國 92 年楊南郡老師所著之研究背景，史觀與角度大都為文獻紀錄。

四、古道東段管理權儘早協助力里部落自主管理：此地傳領為力里部落 malingaling 頭目（陳文祥、陳志明、陳文龍）家族所有，沿途共四處古部落文物都已遺落，少部分留存頭目家族。為建立及傳承文化工作，力里部落有多個民間組織，應儘早協力推動由部落跨行政區域進行自主管理。以符原住民轉型正義及部落文化延續。

五、古戰場文資登錄：浸水營是排灣族對國際爭戰最多處之地。荷蘭赴東淘金、日本南蕃事件慘案，都發生在力里大社。目前力里大社雖無人居住，但古戰場遺跡仍在，並有數百戶石板遺構。建立族群史觀有強大基礎，應立即將古道現在文資登錄內容整合，形成文資古道鏈（目前已有一處為文資身分，另有一處正申請文資身分），發展成台灣原住民重要歷史場域。

六、建請主委利用跨部會相關會議時提出建議。

在祖靈屋前大家以謙懷的心靈，透過靈媒傳誦告知天、地、祖靈，我們來親近您了，並由徐美賢老師轉達祈福的精闢內容。主委拿著聖杯聖水，敬天、敬地、敬祖靈，並將聖杯水置放於祖靈屋內，喃喃自語請祖先們酌飲。

主委行儀如禮，遵照在地古禮傳統，祈福儀式結束，全體夥伴一起在祖靈屋前拍照留念，讓歷史留下見證這一刻珍貴的畫面。

2021 台灣基督長老教會排灣中會第 57 屆牧傳會辦理尋走宣教足跡「浸水營古道」生態之旅活動計畫

1.計畫緣起

台灣具有豐富的地質地形景觀及自然資源，森林覆蓋率約 58%，生物多樣性，並有多元文化及民族交織融合，急遽發展山野健行、森林生態旅遊的潛力。而位於屏東南台灣浸水營有其重要植物地理區，此區屬中低海拔，長年潮濕地表植物豐富，以蕨類及蘭科植物最為豐富，樹冠呈濃密，原生林保存良好，浸水營古道除了有豐富的動植物生態，這裡有台灣珍貴的「穗花杉」自然保護區，同時是全台灣蕨類植物種類最多的區域 238 種蕨類商數 11.3 全台之冠。另外，也是野生動物繁衍的重要棲息地（kinizuanan），農委會公告為：浸水營野生動物重要棲息環境。

浸水營古道有五百年的歷史記載，它具有深厚的歷史，那是曾經生活在這島嶼上的人們，以血肉寫成許多感人故事的地方。在不同時代的族群裡，許多先輩曾走過相同的這條路上，有婚嫁（pucekelj）、納貢（venadis）、交易（marepaveli）、訪視、逃亡（mavilat）、探險、移民（patjavat tua kini zuanan）、販牛、郵遞、傳教、調查、行軍、赴任、征戰（kiqeci）、警備、巡視、健行以及許多發生在這條古道上可歌可泣的故事。

2.計畫目的：

藉尋走宣教歷史足跡「浸水營」生態之旅，讓我們聽見（malangeda）、看見（pacun）台灣歷史、生態之美，同時，親身體驗、感受 1885 年先輩們前往東部宣教冒險患難之精神。學習前人背負福音宣教使命，鞭策自我宣教福音道路上甘心委身、願意（kauwi）承擔並跟隨主耶穌的腳蹤。同樣，也讓牧者在身、心、靈得以釋放、紓壓、健身。

3.辦理單位：台灣基督長老教會拍灣中會牧傳會。

4.協辦單位：台灣基督長老教會立裡教會。

5.辦理地點、時間：

（1）地點：屏東力里部落→台東加羅坂部落。

（2）時間：2021 年 4 月 5 日（1）→ 4 月 6 日（2），計二天一夜。

6. 實施對象：排灣中會牧師、傳道師。

7. 活動聯絡人：會長依佈恩牧師。

8. 前置作業人員：

（1）3 月 22 日邱河泉牧師、李耀光牧師、陳俊明牧師、巴黎牧師、陳聖華牧師、田啟榮牧師。

（2）4 月 3 日邱河泉牧師、李耀光牧師、陳天財牧師。

※ 以上牧師非常辛苦，擔任揹帶飲用水（tekelen a zaljum）、帳篷（pupang）、鍋子（pariyuk）及第二次過夜前一晚揹食物（kakanen）、佈置搭帳棚、煮晚早餐，感謝主（masalu tua cemas），感恩有您（masalu izua suun）。

9. 活動內容：

2021 年尋走歷史「浸水營古道」生態之旅 4 月 5 日（一）		
06：00 ～ 06：50	會前報到（力里活動中心停車場）	幹部同工
06：50 ～ 07：00	裝備整理 / 會前報告	全體同工
07：00 ～ 08：00	專題一：「浸水營古道」五百年	專題老師（一）
08：00 ～ 08：30	大漢林道 11k（力里小聚落）	導覽解說（一）
08：30 ～ 09：30	大漢林道 20k（大樹林前營駐在所遺址）	導覽解說（二）
09：30 ～ 10：00	大漢林道 23.5k（浸水營古道入口處）	拍照 / 上裝 / 出發
10：00 ～ 10：30	浸水營古道制高點（1.3k）	導覽解說（三）
10：30 ～ 10：50	浸水營古道分叉路（1.4k）	導覽解說（四）
10：50 ～ 11：30	州廳界（2.5k）	導覽解說（五）
11：30 ～ 11：50	浸水營駐在所遺址（3.5k）	導覽解說（六）

時間	行程	負責
11：50 ～ 13：20	觀景亭休息站（6k、中餐時間）	導覽解説（七）
13：30 ～ 14：00	九芎林植物生態群（7k）	導覽解説（八）
14：00 ～ 15：00	植物生態群落（7k － 9k）	導覽解説（九）
15：00 ～ 15：30	到達出水坡營盤駐在所遺址（9.5k）	導覽解説（十）
16：00 ～ 17：00	卸裝 / 紮營地 / 煮晚餐（9.5k）	工作同仁
17：00 ～ 19：30	晚餐時間	工作同仁
19：30 ～ 20：30	專題二：「浸水營南蕃事件」	專題老師（二）
20：30 ～ 22：00	夜間生態觀察	導覽解説（十一）
22：00 ～	晚禱 / 就寢	工作同仁
2021 年 4 月 6 日（二）		
05：00 ～ 06：00	起床 / 靈修	工作同仁
06：00 ～ 07：00	早餐	工作同仁
07：00 ～ 08：00	整理會場 / 整裝 / 出發	工作同仁
08：00 ～ 10：00	穿山甲、樟樹王、楠樹、出水坡山、木炭窯生態群（古道 9.5k － 12.5k）	導覽解説（十二）
10：00 ～ 11：00	姑仔崙駐在所、溪底營遺址（12.5k － 14k）	導覽解説（十三）
11：00 ～ 11：30	茶茶牙頓溪、姑仔崙溪（吊橋）、 大武溪床（14k － 15.9k）	導覽解説（十三）
11：30 ～ 12：30	午餐	工作同仁
12：30 ～ 13：30	接駁車賦歸力里教會	工作同仁
13：30 ～ 14：00	加羅坂部落	工作同仁
14：00 ～ 16：00	力里教會 / 結束禱告	工作同仁

10. 相關 1885 年宣教足跡（略）：與上一頁資料相符。

11. 預期效果：

此活動規劃參與人數為 40 人（malje spatje a puluq a caucau）上線，透過本次活動尋走歷史「浸水營古道」生態之旅活動，使身為原住民（kaca lisiyan）能夠瞭解這條古道是貫穿台灣歷史重要步道，是夾雜許多可歌可泣令人感動震撼的故事情節，同時，藉此機會學習重視生態環境的重要性，在漫步森林中真正感受到，上帝所創之美景，讓自己的身、心、靈得以釋放。

邱河泉牧師二度蒞臨力里長老教會駐地牧師，為人誠懇謙懷、平易近人，傳道內容解說採取漢族語雙管齊下，使老中青少都能沐浴其中。

特殊的日子有其特殊的作法，如家庭式獻詩，達到正面的效果與積極的迴響，邱牧師的傳教方式，融會了制式化、家庭化、活潑化、生活走動化。

國家圖書館出版品預行編目資料

拿筆的排灣族勇士－走讀浸水營古道 / 徐美賢(Cudjuy Kaucakic)著. --
初版. -- 臺北市：
博客思出版事業網, 2023.10
面；　公分
ISBN 978-986-0762-51-8(平裝)
1.CST: 歷史 2.CST: 人文地理 3.CST: 浸水營古道
733.9/135.2　　112007664

台灣原住民叢書2

拿筆的排灣族勇士－走讀浸水營古道

作　　者：徐美賢（Cudjuy Kaucakic）
主　　編：盧瑞容
編　　輯：陳勁宏、楊容容
美　　編：陳勁宏
封面設計：陳勁宏
審稿校對：楊容容、古佳雯、沈彥伶、徐如林、曾昭雄、陳玉賢、季亞夫、
　　　　　解秀珍/族語
耆老口述：蔡天助、高美香、阮春富、宋教勝、翁玉華、曾阿美、洪加田、
　　　　　陳文祥、傅玉珠、宋文聖、邱河泉、沈秋花、沈仲文、徐貴、
　　　　　徐萬力、王水流、李文貴、杜吉明、徐清水、馮英義、蔡丸居、
　　　　　毆吉明、劉清吉、柯文瑞、邱銀能、湯志偉、林志雄、陳振國、柯千花
出　　版：博客思出版事業網
地　　址：臺北市中正區重慶南路1段121號8樓之14
電　　話：（02）2331-1675 或（02）2331-1691
傳　　真：（02）2382-6225
E‑MAIL：books5w@gmail.com或books5w@yahoo.com.tw
網路書店：http://bookstv.com.tw
　　　　　https://www.pcstore.com.tw/yesbooks/
　　　　　https://shopee.tw/books5w
　　　　　博客來網路書店、博客思網路書店
　　　　　三民書局、金石堂書店
經　　銷：聯合發行股份有限公司
電　　話：（02）2917-8022　傳真：（02）2915-7212
劃撥戶名：蘭臺出版社　　　　　帳號：18995335
香港代理：香港聯合零售有限公司
電　　話：（852）2150-2100　傳真：（852）2356-0735
出版日期：2023年10月 初版
定　　價：新臺幣450元整（平裝）
ISBN：978-986-0762-51-8